社会教育主事に求められる役割
― 市区町村行政組織に着目して ―

桜庭　望 著

風間書房

は じ め に

　本書は、日本大学大学院総合社会情報研究科に提出した学位論文である。学位論文の題名は「社会教育主事の役割に関する実証的研究～市区町村行政組織に着目して～」であり、平成29（2017）年3月に博士（総合社会文化）を授与された。

　社会教育主事の在り方については、学位論文執筆中にも文部科学省生涯学習分科会における議論があり、学位論文提出後の平成29（2017）年3月31日には社会教育法が改正され、地域学校協働活動に関する事項が加えられた。さらに社会教育主事養成の見直しにより平成30（2018）年には、社会教育主事講習等規程が改正された。社会教育士の称号付与という新たな仕組みが作られ、履歴書や名刺に「社会教育士」の名称を記載できるようになった。社会教育主事として発令されない限り活用されなかった任用資格の見直しは、大きな意味を持つ。博士論文提出後にも、こうした社会教育主事をめぐる重要な状況変化があったことから、本書の刊行にあたり加筆修正を行った。

　本研究の発端は、筆者自身が高等学校理科教員から町教育委員会の派遣社会教育主事を経て、生涯学習推進センター、青少年教育施設等20年間にわたり社会教育の現場を経験し、管理職として学校現場に戻った際、改めて社会教育主事が果たす役割を明確にしたいと考えたことによる。前述のとおり、社会教育主事を取り巻く環境は日々変化している。本書が、社会教育主事を目指す人々の参考となり、社会教育主事の研究がより一層進む一助となれば幸いである。

目　次

はじめに

序章 ……………………………………………………………………………… 1
　第1節　社会教育主事が行政組織に及ぼす影響 ……………………………… 1
　第2節　生涯学習と社会教育 …………………………………………………… 5
　第3節　当該テーマに関連する先行研究の検討 ……………………………… 9
　第4節　研究の視点 …………………………………………………………… 12
　第5節　研究の構成 …………………………………………………………… 15

第1部　社会教育主事制度の変遷

第1章　社会教育主事制度の歴史 ……………………………………………… 25
　第1節　戦前の社会教育主事制度 …………………………………………… 25
　第2節　終戦直後の社会教育 ………………………………………………… 29
　第3節　社会教育法、答申等にみる社会教育主事の役割 ………………… 31
　第4節　社会教育主事の行政組織内での位置付け ………………………… 43
　第5節　社会教育主事の減少 ………………………………………………… 51

第2章　都道府県の社会教育主事 ……………………………………………… 61
　第1節　戦前の社会教育主事 ………………………………………………… 61
　第2節　戦後の社会教育主事 ………………………………………………… 69
　第3節　都道府県社会教育主事の役割 ……………………………………… 75

第3章　派遣社会教育主事の役割 ……………………………… 87
第1節　派遣社会教育主事制度の発足 ……………………… 87
第2節　受け入れ市町村職員の立場 ………………………… 90
第3節　派遣社会教育主事の立場 …………………………… 94
第4節　派遣社会教育主事制度の役割と効果……………… 102
第5節　派遣社会教育主事制度の意義と現状……………… 116

第4章　行政組織内における社会教育主事のキャリア ……… 127
第1節　社会教育主事の採用………………………………… 127
第2節　専門職採用の場合…………………………………… 132
第3節　社会教育主事の異動………………………………… 145
第4節　社会教育主事のキャリア…………………………… 150

第2部　社会教育主事の役割と影響

第5章　市区町村行政職型社会教育主事の経験と自治体での活用 … 161
第1節　社会教育主事への聞き取り調査…………………… 161
第2節　人事異動実態………………………………………… 164
第3節　社会教育主事の業務の特徴………………………… 166
第4節　異動のメリット・デメリット……………………… 171

第6章　社会教育主事のネットワーク………………………… 175
第1節　人とのつながり……………………………………… 175
第2節　つながりの多さと中心性…………………………… 181
第3節　ネットワークの特質………………………………… 185
第4節　新たなネットワークづくり………………………… 188

第 7 章　社会教育主事の専門性 …………………………………… 195
第 1 節　社会教育主事の資格 ………………………………………… 195
第 2 節　社会教育主事の専門性における先行研究 ………………… 199
第 3 節　他部局と比較した社会教育主事の専門性 ………………… 205
第 4 節　社会教育主事の研修 ………………………………………… 208

第 8 章　新たな時代の地域住民への支援 …………………………… 219
第 1 節　社会教育主事が果たす役割の変化 ………………………… 219
第 2 節　コーディネーターとしての役割 …………………………… 221
第 3 節　現代自治体職員に求められるもの ………………………… 224

終章 ……………………………………………………………………… 233
第 1 節　本研究の総括 ………………………………………………… 233
第 2 節　社会教育主事経験者のロールモデル ……………………… 234
第 3 節　今後の課題 …………………………………………………… 236

謝辞・おわりに …………………………………………………………… 241
参考・引用文献 …………………………………………………………… 243

序　章

第1節　社会教育主事が行政組織に及ぼす影響

　社会教育主事は、教育公務員特例法第二条において指導主事とともに「専門的教育職員」に位置づけられた「教育公務員」である[1]。社会教育法第九条の二で「都道府県及び市町村の教育委員会の事務局に、社会教育主事を置く」とされ、「社会教育主事は、社会教育を行う者に専門的技術的な助言と指導を与える。ただし、命令及び監督をしてはならない」とその役割が記されている[2]。社会教育主事は、大学での単位取得や社会教育主事講習受講による資格を有する者を地方自治体が社会教育主事として任用し教育委員会に

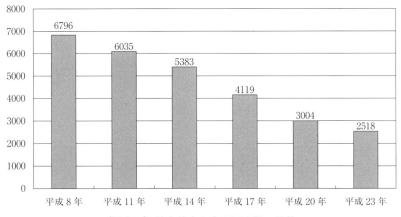

〈図序-1〉社会教育主事配置人数の推移

（平成8年度～23年度）

出典：文部科学省『社会教育調査』（平成8年度～23年度・本調査は3年毎のもの）

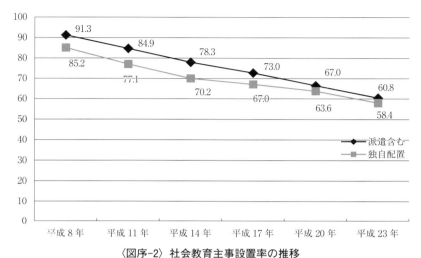

〈図序-2〉社会教育主事設置率の推移

(平成8年度〜23年度)

出典：文部科学省社会教育調査（平成8年度〜23年度・本調査は3年毎のもの）

配置する[3]。

　平成8（1996）年には6,000人を超えていた全国の社会教育主事数は、次第に減り続け半数を下回るようになった〈図序-1〉[4]。その要因には、行財政改革により自治体職員数が約2割減少したこと[5]、市町村合併による自治体数の半減[6]など自治体職員数の動向に関する影響に加え、市町村の社会教育主事設置率の低下がさらにこうした傾向に拍車をかけた〈図序-2〉[7]。

　社会教育主事の設置は地方自治体の義務であるが、昭和34（1959）年に社会教育主事の市町村への必置義務が課せられた際に、人口1万人未満の町村は当分の間、設置が猶予されていた[8]。なぜ、社会教育主事をおかないのかについては、市町村が独自に進める社会教育行政方針の中で、社会教育主事を重要とする認識が低いと言わざるを得ないが、社会教育主事の世代交替が進まないという地方自治体の人事異動上の問題もある。社会教育主事の必置義務を継続するかどうかという議論も平成25（2013）年に文部科学省の審議

会によって行われ[9]、地方自治体組織における社会教育主事が果たす役割が改めて問われている。

　社会教育法による社会教育の定義は、昭和24（1949）年以降大きく変わっていない。同法第二条には「『社会教育』とは、学校教育法（昭和22年法律第26号）又は就学前の子どもに関する教育、保育等の総合的な提供の推進に関する法律（平成18年法律第77号）に基き、学校の教育課程として行われる教育活動を除き、主として青少年及び成人に対して行われる組織的な教育活動（体育及びレクリエーションの活動を含む。）をいう」と定義されている。そのために第三条では国と地方公共団体が、「すべての国民があらゆる機会、あらゆる場所を利用して、自ら実際生活に即する文化的教養を高め得るような環境を醸成するように努めなければならない」としている。

　社会教育主事は、地方公共団体の社会教育行政を進める中核的役割を担うことが期待されていた。社会教育主事の設置は昭和26（1951）年の社会教育法改正により定められてから、時代とともに社会教育主事をめぐる状況は変化している。昭和34（1959）年に都道府県に必置であった社会教育主事が市町村にも必置義務化された。都道府県と市町村の果たす役割は自ずと違い、この違いを区別せずに社会教育主事を論ずることはできない。市区町村においては、地域住民との関係で捉えると社会教育主事の果たすべき役割は、より一層重要である。

　社会教育法は度々の改正を経て今日にいたっている。その度に、社会教育行政が担う役割は増えている。社会教育主事の職務にも様々な変化が生じ、本来果たすべき役割が次第に見えにくくなっていたのではなかろうか。

　例えば、平成20（2008）年の社会教育法の改正では、主として学齢児童・生徒に対し、学校の授業の終了後等に行う学習等の機会を提供する事業の実施と奨励[10]が新たに教育委員会の事務として加えられ、その背景には政府や文部科学省が進める「放課後子ども教室推進事業」などへの対応があった。

　社会教育行政が担う範囲が生涯教育・生涯学習の理念とともに広がったこ

とも、社会教育行政の在り方を複雑にし、社会教育主事の立場を曖昧にしてきた。

　昭和40（1965）年、ユネスコから提唱された「生涯教育」[11]は様々な議論を経て、平成２（1990）年「生涯学習の振興のための施策の推進体制等の整備に関する法律」において、初めて「生涯学習」という表現により法律上で使われるようになった。さらに年月を経て、平成18（2006）年の新しい教育基本法では、「生涯学習の理念」が記された。第三条「国民一人一人が、自己の人格を磨き、豊かな人生を送ることができるよう、その生涯にわたって、あらゆる機会に、あらゆる場所において学習することができ、その成果を適切に生かすことのできる社会の実現が図られなければならない」というものである。新しい教育基本法を踏まえ、平成20（2008）年に社会教育法も改正された。社会教育法第三条「国及び地方公共団体の任務」に「国民の学習に対する多様な需要を踏まえ、これに適切に対応するために必要な学習の機会の提供及びその奨励を行うことにより、生涯学習の振興に寄与することとなるよう努めるものとする」が追加され、法的に社会教育行政は、生涯学習振興を担うことになった。

　生涯学習を推進することにより、社会教育行政が生涯学習振興行政の中に埋没したという捉え方がある[12]。社会教育関係者自身が生涯学習という大きな枠組みの中で、自らの職務の範囲を狭めたために、社会教育行政が過小評価されるに至ったことも指摘できる。社会教育主事は、生涯学習振興行政においても中核的役割を果たすべきである。行財政改革が進み生涯学習の新たな振興方策には人的、財政的な限界がある。既存の行政組織の中で生涯学習振興をどう位置づけ、生涯学習の理念に近づく社会の実現のため、社会教育主事がこれまで果たしてきた役割と、行政組織に及ぼす影響について明らかにしていかなければならない。

第2節　生涯学習と社会教育

　わが国における「生涯教育・生涯学習」の潮流は、社会教育行政と密接に関係している。昭和40（1965）年、ポール・ラングランがユネスコの成人教育国際委員会で「人間は一生を通じて教育の機会を提供されるべきだ」という「生涯教育」に関する提言を行った。わが国では、昭和41（1966）年の中央教育審議会答申『後期中等教育の拡充整備について』の中で、「わが国の教育界と一般社会とにしばしば見受けられるかたよった考え方を改める努力が必要である。すなわち、学校中心の教育観にとらわれて、社会の諸領域における一生を通じての教育という観点を見失ったり、学歴という形式的な資格を偏重したりすることをやめなければならない」との記述が見られる。昭和46（1971）年、社会教育審議会答申『急激な社会構造の変化に対処する社会教育の在り方について』が出され、「家庭教育、学校教育、社会教育の三者の有機的役割分担を確立し、また、人々の生涯にわたる学習を支える多様な機会と場を提供する社会教育の役割を確認するなど、生涯教育の観点から体系化を図ること」が提言された。

　昭和56（1981）年の中央教育審議会答申『生涯教育について』は、本格的に「生涯教育」を取り上げるものであった。冒頭、「生涯教育の意義」で、「人間は、その自然的、社会的、文化的環境とのかかわり合いの中で自己を形成していくものであるが、教育は、人間がその生涯を通じて資質・能力を伸ばし、主体的な成長・発達を続けていく上で重要な役割を担っている。」と述べられている。

　昭和62（1987）年の『教育改革に関する第4次答申（最終答申）』において、3年間設置された臨時教育審議会から教育改革の推進のための方策が示された。答申では、我が国の近代化と産業の発展に沿った学校教育の量的な拡大や学校教育への過度の依存などに伴う弊害、特に学歴社会の弊害に対す

る是正の要請、自由時間の増大に伴う新たな学習意欲の高まりと多様な教育サービス供給体系の登場、科学技術の進展等に伴う学習需要の増加等を時代的背景として捉え、21世紀へ向けての教育改革の重要な柱の一つとして、学校中心の考え方から生涯学習体系へと移行していくことが提言されている。自ら意欲を持って学ぶ学習者の立場を尊重し、「生涯教育」ではなく、「生涯学習」という言葉を用いている。

　こうした背景には、昭和47（1972）年ユネスコの教育開発国際委員会が作成した『learning to be』（未来の学習：フォール・レポートと呼ばれる）に、「学習社会論」が展開され生涯を通じた学習を進める教育を通じた自己開発が示されたことや、昭和51（1976）年のユネスコ第19回総会（ナイロビ）勧告『成人教育の発展に関する報告』の中で、「生涯教育及び生涯学習」という視点が示されるなど、次第に「教育」に変わって「学習」が強調されるようになったことが挙げられる。また、昭和63（1988）年、文部省には生涯学習局が設置され、社会教育局が生涯学習局に名称変更されている。

　平成2（1990）年の中央教育審議会『生涯学習の基盤整備について』では、「生涯学習」の振興を図る政策が提言された。地方公共団体における教育行政と一般行政との連携・協力体制づくり、行政と民間・学校などの教育機関との連携を図る諸施策を速やかに進めることが示された。都市部においてはカルチャースクールや大学の公開講座による学習機会に対して行政も着目するようになった。

　各都道府県に一つの生涯学習センターを設置することになり、県立の生涯学習センターの中には生涯学習担当を行政本体から切り離した公社が担うケースもあった。生涯学習センターは大学などにもおかれ、従来の公民館とは異なり、ひとつの村や町レベルでは成り立たない新しいタイプの講座や、社会教育関係職員の養成、情報提供、放送・インターネットを活用した新規プロジェクトなど様々な試みが生まれた。

　平成3（1991）年の中央教育審議会『新しい時代に対応する教育の諸制度

の改革について』では、生涯学習の成果の評価に関する実態と考え方について答申するとともに、高等教育の改革について触れた部分でも生涯学習の視点を掲げている。学校教育を生涯学習の一環として捉え、過度の受験戦争など学校教育が抱えている問題を解決するためにも、生涯のいつでも自由に学習機会を選択して学ぶことができ、その成果を評価するように生涯学習社会を築いていくことが望まれている、と述べられた。

　平成4（1992）年の生涯学習審議会『今後の社会の動向に対応した生涯学習の振興方策について』では、リカレント教育の推進、ボランティア活動の支援・推進、青少年の学校外活動の充実、現代的課題に関する学習機会の充実の4つを当面取り組むべき重点課題に挙げた。それぞれの課題の充実・振興方策について具体的に述べるとともに、家庭、学校、企業、生涯学習関連団体、行政の果たすべき役割について触れている。

　平成8（1996）年の生涯学習審議会答申『地域における生涯学習機会の充実方策について』では、地域社会の中で様々な学習機会を提供している機関や施設の生涯学習機能の充実という視点から検討を加え、提言が取りまとめられた。大学をはじめとする高等教育機関、初等教育機関、社会教育・文化・スポーツ施設、各省庁や企業の研究・研修のための施設という4つの類型から、それぞれが地域に果たすべき役割が述べられている。

　平成10（1998）年の生涯学習審議会答申『社会の変化に対応した今後の社会教育の在り方』では、社会教育行政が発足以来50年近くを経て、社会の変化に伴う人々の多様化・高度化する学習ニーズや生涯学習社会の進展等の新たな状況に対応した社会教育の推進が求められていることを背景に、今後の社会教育行政の在り方や具体的方策について検討が行われた。学校、民間諸活動、首長部局、生涯学習施設間、市町村の広域連携などの生涯学習社会におけるネットワーク型行政の必要性について、答申が行われた。

　平成11（1999）年の生涯学習審議会答申『学習の成果を幅広く活かす－生涯学習の成果を活かすための方策について－』において、これからの社会

は、誰もが自らの能力と努力によって自分の未来を切り開いていくこと、夢や志を実現することが可能であると信じられるような、柔軟で活力ある社会にしていくことが大切であるとして、学習成果を「個人のキャリア開発に生かす」「ボランティア活動に生かす」「地域社会の発展に生かす」の3つの分野に生かすための実例を交えた取り組み方法を示している。

　このように日本における生涯学習振興行政は社会教育行政とともに議論され、その進展が図られてきた。教育の独自性を保つため各自治体の教育委員会は首長部局から独立しており、生涯学習推進体制は、首長部局と教育委員会の連携の中で考えていかなければならない。生涯学習活動は、今日の地方自治体においては、市町村の首長部局系統に属する活動とみなす自治体と、教育委員会部局系統に属する活動とみなす自治体に大別される。日本の行政の特質は、縦割りである。教育委員会と首長部局には、様々な行政組織としての壁が生じるのが実態である。首長部局と教育委員会が共通の目標に向かって取り組む施策の例はそれほど多くはないが、平成12（2000）年度から13（2001）年度にかけて行われた「IT講習」では、予算措置を首長部局が担当し、講習の実施を教育委員会が担当するという連携体制がとられた。生涯学習振興は、特定の部局による一部の施策として扱われるのではなく、行政のあらゆる面から地域住民の学習活動を支える方策が必要である。

　一般市民の目から見れば、「社会教育」と「生涯学習」の違いはわかりにくい。日本における生涯学習振興は、行政区分的にも曖昧な面を持つ。文部省の「社会教育局」が「生涯学習局」と名称を変え、それにならって、各自治体でも社会教育担当部署を「生涯学習」という名称を使用する方向へと流れて行った。組織再編を伴わない名称変更だけの場合は、社会教育のことを生涯学習と呼ぶようになったという誤解や施策の混同が生じることとなった。「社会教育法」には、明確に「社会教育」とは何かと言った定義付けと各自治体が取り組むべき事務について規定されている。一方、平成2（1990）年に出された「生涯学習の振興のための施策の推進体制等の整備に

関する法律」には「生涯学習」についての明確な定義がなされなかったことにも、大きな混乱の要因が潜んでいる。教育基本法が平成18（2006）年に改められ、生涯学習の理念が示された後、社会教育法に生涯学習が位置づけられるのは、平成20（2008）年の社会教育法の改正時であった。

　地方自治体において生涯学習を主に担当する部局は、生涯学習部（課）と呼び、主に教育委員会に所属することが多いが、首長部局に所属する場合もある。「社会教育」と「生涯学習」の双方の組織が共存する自治体や、生涯学習部（課）の中に社会教育行政を含める場合や、その逆もある。行政としての生涯学習振興は、「社会教育」のみならず、大きな枠組みとして捉えていかなければならない。

第3節　当該テーマに関連する先行研究の検討

　社会教育主事制度の変遷とその役割を明確にするための先行研究について触れておく。社会教育主事の歴史研究においては、蛭田道春（1999）が、社会教育主事の歴史（制度、職務内容など）を考察し、大正期に始まった社会教育主事制度と戦後の制度の関係について論じている[13]。戦前の社会教育主事制度の在り方は、現在までの社会教育主事の変遷をたどるうえで欠くことができない視点である。

　松下圭一（1986）は、戦後の社会教育への疑問を呈し、もはや市民は教育対象ではないとし「社会教育の終焉」を唱え、社会教育関係者に多くの議論を呼び起こした[14]。社会教育の在り方は時代を反映して変化し、現在の社会教育はむしろ市民の目線にたった「学習」を主とし、松下（1986）が指摘した当時の状況も変化している。

　市民活動と社会教育に関して、瀬沼克彰（1999）は、管理から支援へのパラダイム変化が生じているという視点で、住民参加方式が各地で展開される例をあげている[15]。各種の市民活動の支援は、社会教育主事が培ってきた手

法、人材が活かされていく場面である。

　社会教育と生涯学習に関しては、古市勝也（2012）が、生涯学習・社会教育行政の一般行政化が進む様々な背景を踏まえたうえで、一般行政化のメリット、デメリットを挙げている[16]。社会教育と他行政部局の違いを明確にすることで、さらに考察が深められるであろう。

　稲葉隆（2012）は、社会教育行政と生涯学習振興行政との関係から1990年代以降、社会教育行政が「埋没」状況にあるとする[17]。社会教育主事のあるべき職員像は、教育委員会のみならず首長部局を含めた行政組織全体の中で論じていかなければならない。

　湯上二郎（1992）は、平成２年のいわゆる「生涯学習振興法」が社会教育に与える影響として「教授」から「学習」へと離して独立させたことであると指摘している[18]。生涯学習振興によって、社会教育主事の役割がどう変化してきたのか、こうした先行研究を基に明らかにしていかなければならない。

　社会教育主事の異動に関する調査研究については、国立教育政策研究所社会教育実践研究センターによる『社会教育主事の養成と活用・キャリアの実態に関する調査報告書』[19]のデータがある。調査は教育委員会内の現職を対象とし、調査時の社会教育主事の異動が首長部局か教育委員会のどちらかであるか、という分類のみで行われている。教育委員会を通じたアンケートは、平均の異動年数などの傾向を掴むことはできるが、組織を超えた職員の動向を把握するには限界があり、行政組織全体における異動の実態を捉えていくことが必要である。

　社会教育主事の異動に関した研究は少なく、その背景として、現職の社会教育主事が異動させられる、または教員が本人の意に反して派遣社会教育主事に任命されるという不当配転問題がクローズアップされ（内田1995等）[20]、社会教育の専門性に論議が集中したことがあげられる。社会教育主事の採用時の条件にもよるが、社会教育主事も行政組織の一員であり、自治体職員の

異動という現実に即して論じていく必要がある。市区町村の社会教育主事をめぐる実態に応じて、人材育成の手法の一つである人事異動を通じて社会教育行政を経験した職員が、異動後に他部局で社会教育的な手法を活かすことができるのか、社会教育主事として培った人的ネットワークを活用できるのかを研究することは、社会教育主事の役割を行政組織全体に広げて捉えていくことができる。

社会教育主事の専門性に関しては、国立教育政策研究所社会教育実践研究センター（2001、2006、2009、2011、2012、2015a、2015b）[21]、北海道立生涯学習推進センター（2007、2008）[22]などの調査研究があり、その成果に基づき専門性を高めるための研修が実施されている。社会教育主事は、専門性を有する人材＝スペシャリストとしての資格を与えられているが、現実には多くの自治体で、一般職と合わせたジョブローテーションの中に組みこまれており、「ジェネラリストとしてのスペシャリスト」という捉え方[23]が必要である。社会教育主事は、様々な個人・組織をつなぐコーディネーターとしての専門的役割を果たし、その経験・能力は、一般行政職＝ジェネラリストとしても行政組織内に高く貢献できることを示し、自治体組織内の認識を高めていかなければならない。

生涯学習・社会教育関係者のネットワークについては、社会教育主事と市民・関係団体とのネットワークがどのようになっているか実証的な研究が必要である。社会教育主事のネットワークはソーシャル・キャピタルとなりうる。梶井祥子（2010）は、北海道内の9地域10地点で「つながり」を調査し、文化・スポーツという趣味縁をソーシャル・キャピタルとともに論じている[24]。社会教育主事がソーシャル・キャピタルを醸成しているという裏付けを得た研究による補強が求められる。

派遣社会教育主事に関する研究は充分に行われていない[25]。現職教員を市町村教育委員会に配置するという派遣社会教育主事の国庫補助金制度発足に対して、昭和49（1974）年当時は、イデオロギー的な反対もあった。派遣社

会教育主事制度に対する全日本自治団体労働組合（自治労）からの反発が強く、当時の組合運動の文書に市町村教育委員会における社会教育主事の実態を見ることができる。数少ない派遣社会教育主事に関する研究の中でも、冨士貴志夫（1979）は、「派遣社会教育主事に関する実証的研究」において、制度上の問題を追求しながらも市町村にどう役立つかの論議を始めている[26]。堀井啓幸（1993）は、町村派遣社会教育主事の意識調査を通じて、派遣社会教育主事の実態を明らかにしている[27]。また堀井の指摘をもとに松橋義樹（2008）は、昭和57（1982）年度に文部省委嘱によって行われた派遣社会教育主事の役割に関する道や県調査の存在を示し、「派遣社会教育主事制度に対する評価の視点に関する検討」において、7つの道と県による『派遣社会教育主事の役割等に関する調査研究報告書』の分析を行っている[28]。派遣社会教育主事の制度上の有効性については、馬場祐次朗ら（2009）の研究[29]があり、派遣社会教育主事制度を維持する道府県が減っているなかで、各自治体の考え方についての集約が行われている。

これまで、社会教育主事制度に変化が生じた際の反論は多かったが、制度が定着した後の検証は不十分であった。特に社会教育主事の市町村必置、派遣社会教育主事制度に対する反対の声により、研究が進まなかったという背景がある[30]。時代に応じた研究の視点が求められる。社会教育主事のあるべき姿という理想論に主として目が向けられ、現実の社会教育主事制度を正しく評価してこなかったことが、今日の社会教育全体への認識低下を招いたといえるであろう。

第4節　研究の視点

近年の社会教育主事をめぐる論議においては、社会教育主事の現状と課題を踏まえて、職務の明確化、必要な資質・能力、配置先などが検討課題となっている。首長部局から社会教育主事の役割が評価されていないとの指摘も

あり、行政として生涯学習振興をどのように進めるかにより、社会教育主事の在り方も各自治体で大きく異なっている。生涯学習の振興は、教育委員会の社会教育関係部門のみならず、行政部局全体の課題でもある。

社会教育主事の専門性に関する先行研究では、都道府県と市町村の社会教育主事の専門性の違いに関して研究はほとんど行われてこなかった。また、派遣社会教育主事に関する研究は少なく、昭和49（1974）年の国庫補助金制度開始時には「市町村の自治を守る」という観点で、自治労から強烈な批判をあびており、派遣社会教育主事制度が定着するにつれどのような評価がされ、また現在において国の補助金廃止後も継続している自治体にはどのような意義付けがされているのかを注意深く検討しなくてはならない。本研究では、派遣先市町村と派遣社会教育主事本人の双方の立場から、この制度を歴史的に解釈することを試みた。また昭和57（1982）年に文部省の委嘱により行われた道や県の『社会教育主事の役割等に関する調査研究報告書』から、6つの報告書について市町村行政に及ぼす影響について新たな分析[31]を行った。

神田嘉延（1994）、内田和浩（1995）など、専門職である社会教育主事の不当配転問題に対する研究[32]では、住民の学習権という視点から社会教育主事が果たす役割の重要性に触れられている。内田和浩（2015）は、地域社会に求められる社会教育主事の養成という視点で、北海道内の教育長から異動に関する聞き取りを行っており、「専門職の配置計画をきちんとしたうえでの異動は必要不可欠なことであると考える」と、新たな分析を提示している[33]。

行政組織内に生涯学習への理解を深めていくためには、社会教育主事が異動した部署で経験を活かし、社会教育的な考え方や手法を伝えていくことが必要ではないか、という観点から本研究では市町村行政組織の社会教育主事の異動に注目する。本研究は、行政組織全体として社会教育主事を捉えることに意義がある。また、異動を前提として社会教育主事のキャリアがどのよ

うに活かされるかを明らかにすることにより、自治体内における社会教育主事の位置づけを改めて見出すことができる。社会教育主事が果たしてきた役割、有資格者の活用、社会教育主事経験による人材育成など、行政組織全体を展望した研究は、今後の社会教育をめぐる論議においても重要となる。

社会教育主事制度をめぐっては、社会教育に関する理解者を増やし地域での多様な活躍をさらに推し進めるため、より多くの資格を活かす場を提供するべきとの考えと、高度な専門性を担保し、実務経験に裏打ちされたより高いレベルを求める考えがある[34]とされる。現在、社会教育主事資格は大学での資格取得が活かされていない。行政・教育経験者を社会教育主事講習により社会教育主事として養成することが行われてきており、大学での資格取得と現実の就業にギャップがある。

多くの高等教育機関で社会教育主事の資格取得が可能であるものの[35]、文部科学省の調査によると、平成21(2009)年度に203大学において社会教育主事資格を取得した卒業生2,614人のうち、教育委員会事務局に採用になった人数は10人の0.4%であった[36]。この10人が社会教育に携わっているかは不明である。同調査で8.9%(232人)は公務員となっており、異動により、社会教育主事として発令される可能性はある。将来的に資格保有者が社会教育主事として任用されるためには、社会教育を学んだ職員が人事異動のローテーションの中に組み込まれていかなければならない。市区町村職員採用の際に、まちづくりなど市民協働を学んだ学生がより多く採用されるよう教育行政機関への働きかけが必要となる。

社会教育資格取得者・資格保有者が、行政組織の中で力を発揮していくためにも、社会教育主事を自治体行政組織全体の中に位置づけた研究が重要である。

社会教育主事という役職を多くの自治体職員に経験させるには、多様な人材の活用と人的流動性を高める必要がある。そのためには、社会教育主事としての経験が、他部局への異動後も、大いに活かされているという確証が必

要である。個々人の力量形成もあるが、行政組織内で評価されるためには、社会教育主事はどのような資質・能力があり、社会教育主事の経験がその後の仕事にどのような影響を与えるのかという点が明らかにされなければならない。

　社会教育主事必置義務の是非、教育委員会のみの設置が妥当かどうかという論議も行われたが、本研究は社会教育主事あるいは、それに相当する役職が自治体行政組織内に必要であることを論証していく。社会教育主事をめぐる状況変化を踏まえ、本研究では、社会教育主事の役割として「地域住民の側で考えることができ、住民のニーズに応じて学習を支援し、住民との協働を実現すること」であると仮定する。これまで社会教育主事が担ってきた役割を明らかにしたうえで、これからの社会教育主事はどうあるべきかという課題について答えを探っていく。そのために、都道府県と市区町村、行政職型と一般職型、派遣社会教育主事と市区町村社会教育主事のそれぞれの実態を整理しなければならない。住民と接する市区町村社会教育主事が、どのような考え方を持ち、どのような能力を開発し、どのように市民と接していけばよいのかについては、他部局との比較による聞き取り調査の考察から導いていく。これまでの行政組織へのアンケート調査では解明されていない点は、様々な異動経験を持つ職員からの情報を基に分析する。本研究において、社会教育主事は、行政組織内において重要な市民との接点であることを示していきたい。

第5節　研究の構成

　研究全体を2部構成とし、第1部は4章構成である。主たる内容として社会教育主事制度の変遷について論じていく。
　第1章では、社会教育主事をめぐる歴史的背景をたどる。戦前の社会教育主事制度がどのようであったか、終戦直後にはどのように社会教育制度が生

まれ変わったかを見ていく。戦後、社会教育法に社会教育主事が位置づけられ、文部科学省（文部省）の答申と社会教育法の改正により、どのように社会教育主事の役割が変化していったかという背景をもとに、現在の社会教育主事をめぐる状況を示す。

　第2章では、都道府県の社会教育主事について論じる。戦前の社会教育主事は都道府県に設置され、社会教育を進める行政組織を代表する位置づけであった。戦後の社会教育主事制度の復活に端を発し、現在の行政組織においてはどのように都道府県の社会教育主事の役割が変化していったのか、また現在の都道府県の社会教育主事には何が求められているのかを明らかにする。

　第3章では、派遣社会教育主事制度が果たしてきた役割について明らかにしていく。国庫補助金による派遣社会教育主事制度発足当時の状況から、この制度をめぐる問題点を整理する。社会教育主事を受け入れる市町村職員の立場と、派遣される職員の双方の立場から、この制度がどのようなものであったのかを検証する。社会教育主事が配置されることで、社会教育行政にどのような影響があるのかは、いくつかの県の調査研究から示していく。派遣社会教育主事制度が社会教育主事全般に及ぼした影響は大きく、この制度の功罪を明らかにする。

　第4章では、行政組織内において社会教育主事がどのようなキャリアを形成しているのかをみていく。社会教育主事の採用にあたっては、専門職として採用される場合と一般職からの異動により社会教育主事となる場合がある。また、派遣社会教育主事や都道府県教育委員会の社会教育主事は市区町村とは異なる採用や異動となっている。社会教育主事には様々なキャリアとタイプがあることを示す。

　第2部は、4章構成であり社会教育主事制度が自治体行政組織に及ぼす影響という視点で、市区町村の社会教育主事を対象として論じていく。

　第5章では、市区町村行政職型社会教育主事の経験と自治体での活用につ

いて論じる。社会教育主事の異動の実態について聞き取り調査を行い、結果を分析した。様々な行政組織内の部局経験との比較から社会教育行政の特殊性がわかった。異動についてのメリットとデメリットはあるが、社会教育主事の専門性は、異動経験によっても高められることが明らかとなった。

　第6章では、社会教育主事の行政組織内での位置づけをネットワークという観点から分析した。社会教育主事は、人とのつながりが多く、様々な個人や団体をつなぐ中心的な役割を果たしていた。特に住民との接点において、社会教育主事は貴重な役職であり、新たなネットワーク形成に関与するものであることを明らかにした。

　第7章では、社会教育主事の専門性について、先行研究をふりかえるとともに、市区町村職員の異動を通じて明らかにされた他部署との比較から、社会教育主事の専門性を明らかにした。

　第8章では、社会教育主事が果たす役割が時代に応じて変化してきたことを踏まえ、行政の新たな仕組みへの対応が必要となること、「新しい公共への対応」にはコーディネーターとして社会教育主事の経験が活かされることなどを明らかにし、現代自治体職員に求められる資質・能力が社会教育主事の経験によって培われることを明らかにしている。

　終章では研究の総括を行い、これまでの社会教育主事経験者が、今後の行政活動推進に大きな役割を果たすことへの期待と、社会教育主事が担う役割に関する研究への今後の課題を示した。

　本研究は、現実の市区町村の実態に即し、社会教育主事を多角的に捉えることにより、現制度において社会教育主事が持てる資質・能力をいかに行政組織に活用していけばよいのかを論じた。個々の社会教育主事の力量を発揮するためには、行政組織内における社会教育主事に対する理解が進まなくてはならない。何よりも重要なのは、市民との接点という視点で社会教育の重要性が認識されることであり、社会教育主事は、その中心的な存在としての活躍が求められる。

〈注記・引用文献〉

1) 教育公務員特例法第二条に示される教育公務員は、地方公共団体が設置するもの（以下「公立学校」という。）の学長、校長（園長を含む。以下同じ。）、教員及び部局長並びに教育委員会の専門的教育職員をいう、とされ、同条5にこの法律で「専門的教育職員」とは、指導主事及び社会教育主事をいう、と定められる。

2) 昭和24（1949）年制定の社会教育法に、昭和26（1951）年に社会教育主事の設置が規定された。

3) 社会教育法第九条の四に定められる。

大学に2年以上在学して62単位以上を修得し、又は高等専門学校を卒業し、かつ、次に掲げる期間を通算した期間が3年以上になる者で、社会教育法第九条の五の規定による社会教育主事の講習を修了したもの（以下略）

続く社会教育法第九条の五には、社会教育主事の講習が規定され、文部科学大臣の委嘱を受けた大学及びその他の教育機関が行うものであるとされる。

平成26年度において、社会教育主事講習を実施する機関は、国立教育政策研究所社会教育実践研究センターにおいて2回、北海道教育大学、弘前大学、東北大学、宇都宮大学、金沢大学、愛知教育大学、滋賀大学、岡山大学、広島大学、鳴門教育大学、九州大学、熊本大学の12の大学において各1回行われている。

文部科学省　http://www.mext.go.jp/a_menu/shougai/gakugei/syuji/1279836.htm
（2016年9月10日参照）

4) 文部科学省による社会教育調査が3年毎に行われており、平成23年度には社会教育主事数は2,518人となっており、平成8年度の6,796人と比較して半数以下（都道府県職員も含む）となっている。『社会教育調査平成23年度結果の概要』p.15

5) 自治体職員全体は、平成8年から平成23年に1,174,547人から926,249人と21%減っており（地方公共団体定員管理調査）、社会教育関係職員は38,903人から29,436人と24%の減少となっている。『社会教育調査平成23年度結果の概要』p.14

6) 平成の大合併により平成11年度3,229自治体から平成22年度で1,730自治体に減少。平成26（2014）年4月5日現在で、1,718自治体となっている。

7) 市町村合併により自治体数も半減しているが、社会教育主事の設置率低下は市町村配置そのものが減少していることを物語っている。文部科学省による社会教育調査では平成8年度に91.3%だった社会教育主事の設置率が平成23年度では60.8%に減少している。

8) 昭和34（1959）年の社会教育法改正により市町村の社会教育主事は義務設置とされ、経過規定によって人口段階別に猶予期間が設けられたが、昭和38（1963）年3

月に人口1万人未満の町村を除いて猶予期間が満了した。
9) 全国市長会から平成24 (2012) 年7月に出された『「さらなる基礎自治体への権限移譲」及び「義務付け・枠付けの見直し」について』では、社会教育主事の必置義務の廃止が提案された (p.23)。それを受け、文科省中央教育審議会生涯学習分科会に平成25 (2013) 年3月「社会教育推進体制の在り方に関するワーキンググループ」が設置され、有識者による審議が5月～7月に6回行われた。平成25 (2013) 年9月に出された審議の整理には、引き続き必置を原則とすることが望ましく、配置先も教育の独立性から教育委員会が望ましいとされた。その後、平成25 (2013) 年10月に全国公民館振興市町村長連盟から出された要望書『公民館の強靭化について』では、社会教育主事の配置を市町村教育委員会事務局のみに限定せずに柔軟な対応とすること、社会教育主事の権能強化と必置規定順守の要望が出されている (p.7)。
10) 平成20 (2008) 年の社会教育法改正により家庭教育に関する情報提供とともに「主として学齢児童及び学齢生徒に対し、学校の授業の終了後又は休業日において学校、社会、教育施設その他適切な施設を利用して行う学習その他の活動の機会を提供する事業の実施並びにその奨励に関すること」が教育委員会の事務として規定された。
11) 1965年パリで開催されたユネスコ成人教育国際委員会において、ポール・ラングラン (Paul Lengrand) が提出したワーキングペーパーに、生涯にわたる統合的な教育について述べられている。
12) 稲葉　隆「社会教育行政の『埋没』状況に関する一考察」、『日本生涯教育学会年報第33号』2012、p.197～212
13) 蛭田道春『社会教育主事の歴史研究』学文社、1999
14) 松下圭一『社会教育の終焉』筑摩書房、1986
15) 瀬沼克彰『市民が主役の生涯学習』学文社、1999
16) 古市勝也「生涯学習振興における一般行政と教育行政」『日本生涯教育学会年報』33、2012、pp.91-106
17) 稲葉　前掲論文　p.197
18) 湯上二郎編著『新訂・社会教育概論』日常出版、1982、p.2
19) 国立教育政策研究所社会教育実践研究センター『社会教育主事の養成と活用・キャリアの実態に関する調査報告書』、2011、pp.27-31
20) 内田和浩「『2種類の社会教育主事』をめぐっての一考察：『職としての社会教育主事事件』(高知地判平成5年3月22日判例地方自治116号14頁を事例に」『社会教

育研究』14、北海道大学教育学部社会教育研究室、1995、pp.41-57などがある。
21）国立教育政策研究所社会教育実践研究センターによる
『社会教育主事の教育的実践力に関する調査研究報告書』、2001
『社会教育主事の職務等に関する実態調査報告書』、2006
『社会教育主事の専門性を高めるための研修プログラムの開発に関する調査研究報告書』、2009
『社会教育主事の養成と活用・キャリアの実態に関する調査報告書』、2011
『成人の主体的な活動等を促進支援する地域の指導者の資質と役割に関する調査研究報告書～社会教育主事有資格者の位置付けを中心に～』、2012
『社会教育指導者に関する調査研究報告書』、2015a
『社会教育施設における職員養成の在り方～指定管理者制度を通して見た社会教育施設における職員養成に関する調査研究報告書～』、2015b
22）北海道立生涯学習推進センター『社会教育主事の専門性に関する調査研究』、2007及び『社会教育主事の専門性に関する調査研究Ⅱ―研修プログラム事例集―』、2008
23）文部科学省中央教育審議会・生涯学習分科会「社会教育推進体制の在り方に関するワーキンググループ」第1回社会教育推進体制の在り方WG（平成25年5月8日開催）においての発言【菊川委員】正にそういうことだと思うのですけれども、さっきおっしゃった、司書と学芸員は一定の資料を扱うというスキルがあるということですね。それに対して社会教育主事は、例えばコミュニケーション能力とかファシリテーション能力、あるいはプレゼン能力とか、それはひょっとしたら全ての公務員に要求される能力であると。だから、社会教育主事のことをジェネラリストとしてのスペシャリストといった人がありますけれども、正にそういうことだと思うのです。
http://www.mext.go.jp/b_menu/shingi/chukyo/chukyo2/007/siryou/1342327.htm（2016年9月10日参照）
24）小林好宏・梶井祥子編著『これからの選択　ソーシャル・キャピタル　地域に住むプライド』（財）北海道開発協会、2010
25）鈴木眞理・伊藤真木子・本庄陽子（編著）『社会教育の連携論』学文社、2015、p.157
鈴木はイデオロギー的な色彩の濃い批判、非難により「日本の社会教育行政・制度の研究一般の研究と同様に、派遣社会教育主事に関する研究は、きわめて不十分にしか存在してこなかったのである」と指摘する。

26）冨士貴志夫「派遣社会教育主事に関する実証的研究（社会教育職員の養成と研修；特論）」『日本の社会教育』23、日本社会教育学会年報編集委員会、1979、pp.225-231
27）堀井啓幸「派遣社会教育主事と生涯学習活動—S県における町村派遣社会教育主事の意識調査から—」『日本生涯教育学会年報』14、1993、pp.93-106
28）松橋義樹「派遣社会教育主事制度に対する評価の視点に関する検討」『生涯学習・社会教育研究ジャーナル』2、生涯学習・社会教育研究促進機構、2008、pp.89-108
29）馬場祐次朗・上田裕司・稲葉　隆・松橋義樹「派遣社会教育主事に関する実証的研究〜都道府県状況調査の分析〜」『日本生涯教育学会論集』30、2009、pp.33-42
30）鈴木眞理・伊藤真木子・本庄陽子（編著）『社会教育の連携論』学文社、2015、p.164
　　鈴木は「派遣社会教育制度は国家的な統制施策である、という決めつけ方でこの制度を批判してきた勢力が存在していたことは周知のことであろう」と制度批判が繰り返されていたことを指摘する。社会教育主事の市町村必置義務化においても国家的な統制であるとの論調がみられた。
31）昭和57（1982）年度に行われた、広島県、鹿児島県、佐賀県、北海道、石川県、群馬県の各教育委員会による『派遣社会教育主事の役割等に関する調査研究報告書』を分析した。
32）神田嘉延「社会教育主事の専門職問題—貝塚市と鶴ヶ島市の事例を中心として—」『鹿児島大学教育学部教育実践研究紀要』4、1994、pp.9-22と前掲内田論文（1995）
33）内田和浩「地域社会から求められる社会教育主事養成（その2）：北海道内市町村教育委員会へのアンケート調査をもとに」『北海学園大学開発研究所開発論集』95、2015、pp.1-12
34）前掲　国立教育政策研究所社会教育実践研究センター2012、p ⅱ　社会教育実践研究センター長　服部英二　はじめに「社会教育主事制度をめぐっては、社会教育に関する理解者を増やし地域での多様な活躍をさらに推し進める意味で『汎用資格』的な取り扱いにすべきとの考えと、高度な専門性を担保するには、安易な拡大路線は危険で実務経験に裏打ちされた、より高いレベルでの養成や講習システムを構築すべきとの考えの二つの潮流があると思われます。その意味でこの問題を解決するのは容易ではありません。」
35）平成26（2014）年度は200の高等教育機関で社会教育主事の資格取得が可能（4

年生大学169、短期大学31）であった。平成27年4月1日では177校となり、4年制大学が157校、国立大学が42である。http://www.mext.go.jp/a_menu/shougai/gakugei/syuji/1284692.htm（2016年9月10日参照）

36）文部科学省中央教育審議会生涯学習分科会（第65回）社会教育の推進を支える人材の在り方に関する基礎データ集 p.25「大学において社会教育専門職資格を取得した卒業生の進路」（平成24（2012）年5月18日開催）による。

第1部　社会教育主事制度の変遷

第1章　社会教育主事制度の歴史

第1節　戦前の社会教育主事制度

　本章では、社会教育主事の姿がどのように変わってきたのかを、法整備、文部科学省（文部省）関係各種答申、他の制度との比較等から検証する。

　社会教育主事の根拠は、社会教育法に記される。社会教育法は、昭和22 (1947) 年の教育基本法とともに戦後の教育改革の一環としてつくられた。戦後の復興期に課せられた課題と現代社会が直面している課題は大きく異なるため、社会教育法は時流に応じて幾度かの改正を経て今日に至っている。社会教育法の変遷により社会教育主事の役割も変わってきた。行政組織全体では行政改革[1]が進んだことと、指定管理者制度[2]の導入などが社会教育行政に大きな影響を与えている。

　戦後の社会教育は、戦前の制度の反省のもとに整備されている。まず戦前の社会教育がどのようなものであり、大正期に始まった社会教育主事制度が戦後どのように生まれ変わったのか、その変遷をたどる。

　近代的な教育制度に社会教育が位置づけられるのは明治以降である。政府が手がけた社会教育施策は、施設整備からであった。わが国では明治初頭から欧米の制度を見習って図書館、博物館などの社会教育施設の整備が始まった[3]。

　明治4 (1871) 年に、学術・教育を担当する官庁として東京神田の湯島聖堂内（昌平坂学問所跡）に文部省が設立された。明治5 (1872) 年、湯島聖堂において文部省博物館として最初の博覧会が開催された。この施設の公開が日本における博物館の創立・開館とされている。その後、博物館は全国に広

がっていった。図書館も同様に明治5（1872）年、書籍館という名称で昌平坂学問所跡に誕生し、全国に開設されていった[4]。

「社会教育」に相当する言葉として、「通俗教育」が初めて使用されたのは明治18（1885）年である。「通俗教育ニ関スル事務」が文部省普通学務局の所掌事務として規定されている[5]。しかし、明治37～38（1904～1905）年の日露戦争の頃までは、図書館等の整備の他に、特にとりあげるべき方策は立てられなかった。

社会教育という言葉は、明治25（1892）年の山名次郎著『社会教育論』に登場する。教育の外に出て教育の事を云うため「社会教育なる新文字を掲げるに至りしむこと」[6]と表されている。

明治20～30（1887～1897）年代は、通俗教育とともに青年団体についても当時の文部省が奨励し、特に農村において発展していった[7]。各地で農村青年が青年会や夜学会を開いている。これには、青年の立場で青年の学習と自立を目指し全国組織化をリードし続けた山本瀧之助の力もあった。山本瀧之助は、「青年団運動の父」と称される[8]。

また政府は、明治34（1901）年設立の愛国婦人会、明治38（1905）年設立の中央報徳会などの団体にも直接、間接的に力を貸しており、こうした団体は戦時下においては社会教化が主たる目的となっていった[9]。

明治38（1905）年の日露戦争終結以後は、社会教育が本格的に整備されていく時代であった。明治37～38（1904～1905）における日露戦争は、日清戦争（明治27～28年）に比して莫大な戦費が嵩み、日清戦争の10倍以上の85,000人の戦死者を出して終結している。政府は財政再建のため公有林野の整理開発などを進め、市町村財政の救済を進めている。青年団は日露戦争後の地方再生の担い手となっていった。これは国民生活の窮乏、地方社会と市町村の再建を目指す「地方改良運動」と呼ばれ、地方行政の一部を代行し、共同耕作、道路整備、納税促進などに青年団は携わるようになる。青年団による教化的社会教育の促進は、経済上の問題解決策でもあった。

文部省は明治38（1905）年12月に「地方長官に対し地方青年団体の誘掖（ゆうえき）指導ならびにその設置奨励について」の通牒を発し、これが青年団の活動方策を指示する初めての方針である。その後、青年団活動は全国に広がっていった[10]。

　明治43（1910）年の社会主義者による大逆事件（天皇暗殺計画）は、その後の社会主義運動や労働運動に大きな影響を与えている。翌年の明治44（1911）年、文部省は、「社会教育」ではなく「通俗教育」という表現で新たな動きを始めている。文部省官制に「社会教育」が使われるようになるのは大正期まで待たなければならない。

　明治44（1911）年、文部省は通俗教育調査委員会官制を制定し、通俗教育に関する事項の調査審議が行われ、通俗教育全般に関する文教方策が検討された。これにより、当時の教育行政に加えられた通俗教育は、1．書籍および図書館・文庫・展覧会等の観覧施設に関するもの、2．幻燈・活動写真等の娯楽施設の指導に関するもの、3．講演会に関するものの3つが主要な内容である。これらの分野は、その後の通俗教育振興の主要なものとなった[11]。

　通俗教育調査委員会官制は大正2（1913）年に廃止され、文部省分課規程の改正により、図書館・博物館・通俗教育・教育会の社会教育に関する行政事務が一体化し、通俗教育の進展は促進されている。大正期に入ると、それまでの「通俗教育」から「社会教育」という言葉が新たに使われるようになる[12]。

　成人を対象とする社会教育に関し、第一次世界大戦後、文部省は講座制による本格的な成人教育を奨励している。講座の開設に当たって文部省は、大学・高等専門学校等の教員や施設等を利用し、学校拡張の方式をとって成人教育の組織的発展に努めている。

　大正6（1917）年、内閣直属の諮問機関として「臨時教育会議」が設置され学制改革が論議された。この会議は、第一次世界大戦以来諸情勢に教育を

沿わせ、明治5（1872）年以来の教育制度を完成しようとするものであった。臨時教育会議の答申に基づき、大正8（1919）年に文部省官制を改正し、普通学務局内に通俗教育・図書館および博物館・青年団体およびその他に関する事務をつかさどる新しい課が設けられた。次いで、大正9（1920）年に各地方庁学務課内に社会教育担当の主任吏員すなわち社会教育主事を特に任命するよう、文部省通牒が発せられた。これにより、各地方庁学務課内に社会教育主事が任命され、翌年には第一回社会教育主事協議会が開かれている。社会教育主事という職がここに登場する[13]。名称は同じであっても現在の社会教育主事と役割が異なることに留意しなければならない。戦後の社会教育の再構築は戦前の制度への反省を前提としており、社会教育主事の性格は戦前とは全く異なったものになっている。

　大正10（1921）年には従来の通俗教育という語を社会教育に改めその振興が図られることになった。内務行政も関与していた青年団と教化団体は文部行政に移管され、昭和4（1929）年に文部省に社会教育局が創置された。昭和4（1929）年の教化総動員運動の開始によって、文部省はいっそう教化活動を推進する方策をとるようになった。また、昭和7（1932）年には社会教育振興のため、全市町村に社会教育委員を置くことが勧められた。

　昭和12（1937）年に日中戦争が始まり、日本は国際的な孤立を深めていく。昭和15（1940）年には、全国社会教育主事を中心とした講習会が開催され、隣組組織を基盤とする社会教育的活動の方法を文部省が指導する。昭和16（1941）年には太平洋戦争へと突入し、戦時下においては国民に対する教化活動を文部省の社会教育局が推進している。社会教育は戦時体制に組み込まれ、軍国主義的な国民教化運動が強化されていく。戦況が厳しくなると、教化運動徹底のため青年団や婦人団体などの統合が相次いだ。昭和17（1942）年に戦時下の行政簡素化のため社会教育局は廃止され、その後の行政機構は時局に応じて組織再編され、決戦体制へと向かって集中化していった。

このように、昭和初期からの社会教育は国民教化に主眼がおかれるようになり、戦時下では全ての体制が戦争のためのものとなっていった[14]。昭和20（1945）年に終戦を迎え、新たな社会教育の構築が始まっていく。

第2節　終戦直後の社会教育

昭和20（1945）年の敗戦を契機として国政全般は連合国軍最高司令部の占領下となり、教育はCIE（民間情報教育局）のもと大きな改革が行われた。文部省は昭和20（1945）年9月に「新日本建設ノ教育方針」を発表し、社会教育に関しては、国民道義の高揚と国民教養の向上が新日本建設の根底をなすものであるので、成人教育その他社会教育の全般にわたってその振興を図りたいこと、国民文化の興隆を進めたいこと、および統制によらない自発的な青少年団体を育成したいことなどが述べられている[15]。同年10月には社会教育局が文部省に復活する。戦前の体制を転換して民主化することが社会教育の主要な課題となり、CIE（民間情報教育局）が大きな役割を果たす。

同年11月には社会教育振興に関する文部省訓令等が発せられ、都道府県における社会教育専管課の設置、青少年・婦人団体などの育成、学校施設の開放と教職員の協力、社会教育団体の活動促進、図書館・博物館等の整備・増設、各種講座の開設など、戦後施策の基本的な方向がうたわれている。

終戦・敗戦の混乱の中からどうやって立ち上がるのかといった考えは、社会教育法成立までの動きにも色濃く反映されている。社会教育法をめぐる立法に携わった一人でもある井内（2001）は、関係者に共通した思いを次の(1)〜(5)のように振り返っている[16]。

　(1)上位下達の、教化、動員の活動ではなく、社会教育はあくまでも、国民の自発的な自己教育、相互教育であること。(2)学校教育に過重な負担と犠牲をかけ、これに寄りかかりすぎないで、自らその振興のための人的、物的条件を整備すること。(3)個人的、偶発的な事情に根本的に左右されない、線香花火的な事業に追

われない、常住的な文化環境を整備すること。(4)国民の自由な活動、営みである社会教育の活動が実り豊かになるように側面から助成するサービス行政が、社会教育に関する国及び地方公共団体の役目であること。(5)成人教育とともに、義務教育年限の延長も伴った新学制の実施を円滑ならしめ、定時制高校や勤労青少年教育の振興に充分配慮すること等。

こうした思いが、社会教育法の成立に盛り込まれていった。

終戦から1年もたっていない昭和21（1946）年7月には、「公民館の設置運営について」という文部次官通牒が各地方長官宛に発せられている。公民館の編成及び設備は、必ずしも画一的にすることはなく、努めて弾力性のあるものとすべきであるとしたうえで、教養部・図書部・産業部・集会部の「各部に主事を配属してその活発な運営を担当せしめること」が示されている。これは内務省、大蔵省、商工省、農林省、及び厚生省において諒解済みであることも附記され、新たな枠組みにより、町村独自の地域づくりが始まっている。

全国的に新たな時代への考え方が広まっていたことを示す資料として、昭和22（1947）年に石川県教育民生部社会教育課が作成した「社会教育の参考資料」を挙げる。社会教育に関する主要問題には次のような記述が見られる[17]。

> 本来教育は人間の一生を通じあらゆる機会、あらゆる場所に於て、すべての手段方法を通じて行わなければならないものであって、学校教育は教育方法の一面に過ぎず、社会教育は学校教育に勝るとも劣らぬ程の重要性をもつべきものであるに拘らず、わが国に於て、社会教育が学校教育に比べて兎角等閑視せられ勝ちであったことは寔に遺憾であった。

こうした記述にも、今後社会教育に力を入れていかなければならないという意気込みを感じることができる。戦後の混乱が背景にはあるものの、社会教育を振興していこうという当時の基本的な考え方は、現代にも通じるものである。

昭和22（1947）年に教育基本法（旧法）が制定される。遅れて社会教育法が昭和24（1949）年に成立した。この間、国会においても活発な審議が行われ、個人の自由を尊重し非組織的なものを規制するのではなく国として組織的なものを援助しなければならない等の議論が交わされた。

「指導」という表現は緩和され、国民全体の水準を上げていくために自由な活動を支援するという考え方が反映されている。国及び地方公共団体の任務として、すべての国民があらゆる機会、あらゆる場所で相互教育的な活動を行うことを支援するという社会教育の趣旨が社会教育法の条文に盛り込まれ、その後の社会教育行政が進められていった。

戦後の社会教育行政を平成10（1998）年の生涯学習審議会答申では次のように概観している[18]。

> 戦後の社会教育行政は、初期における勤労青少年に対する教育機能、地域住民に対する生活文化や教養の向上、女性の地位向上と社会参加の促進、高齢者に対する生きがいづくりなどを中心的な目的においた社会教育を展開してきた。例えば、市町村にあっては、公民館を中心として学級・講座等の事業を実施し、学習グループの育成等に努めてきた。

女性、高齢者、地域というキーワードで示される課題は今日においても変わりはない。終戦直後から、社会教育は様々な年代を対象として新たな時代へと向かう社会的な気運を反映して進められてきたと言える。

第3節　社会教育法、答申等にみる社会教育主事の役割

1　社会教育主事の規定とその動向

前章において、社会教育法の成立時の理念については現代においても変わるものではないことを確認した。その後の社会教育法の変遷と社会教育主事をめぐる現状を考えてみたい。

戦前の道府県におかれた社会教育主事は教化に主眼が置かれ、現代の社会教育主事とは性格が異なることは第1節に示した。戦後の社会教育主事の規定は、地方自治法から始まる。

昭和22（1947）年の地方自治法第十七条に「前十一条に定める者を除く外、普通地方公共団体に必要な吏員を置く。」とされ、同十七条に、「教育吏員は、上司の命を受け、教育を掌る」とある。十八条には、「地方自治法に特別の定めるものを除く外、都道府県に左の職員を置く。」とされ、その職員は、

> 第十八条の職員　局長、部長、課長、主事、技師、視学、小作主事、<u>社会教育主事</u>、農業団体監督主事、商工組合監督主事、貿易組合監督主事、建築監督主事、物価調整主事、麻薬統制主事　　　　　　　　　　　　　　（下線筆者）

と、初めて地方自治法に社会教育主事が挙げられており、蛭田（1999）は、「戦後、行政上の必要性があったと推察する」[19]と述べている。

側島（2001）は岐阜県の例をあげ、昭和22（1947）年7月の県職員録に社会教育主事の職名があり、社会教育主事が復活したと考えられることを示している[20]。同年1月に県庁の教育民生部教学課に青年教育官が配置されており、後に社会教育主事に職名が変更されている。

続く、昭和23（1948）年、教育委員会法が施行され、教育委員会法施行令第十六条に都道府県教育委員会の事務に置かれる職員として、課長、主事、技師、社会教育主事が定められた。社会教育主事は、「上司の命を受け、社会教育に関する視察指導その他の事務を掌る」とされ、官製的な表現となっていることに注目したい。

岐阜県では、昭和23（1948）年に県教育委員会が発足し、この時の社会教育行政を所管する社会教育課には、先の県庁教育民生部の社会教育主事をはじめとする17名の陣容が整えられている[21]。

その後、教育公務員特例法と社会教育法の整備が行われている。その過程

は、戦後の社会教育主事の新しい姿に対する論議が反映されたものになった。特に行政職員の社会教育への関与については慎重な扱いがされたことから、昭和24（1949）年の社会教育法制定時に社会教育法の中に社会教育主事に関する記述はなかった。

教育公務員特例法の一部が昭和26（1951）年に改正された。社会教育主事は指導主事とともに教育公務員の専門的教育職員として位置づけられ、専門職としての社会教育主事に対しても制度的な規定を加える必要性が生じた[22]。これを受け、社会教育法にも社会教育主事に関する記述が追加されることになる。昭和26（1951）年の社会教育法改正では第二章として、次の文言が追加された。

> 第九条の二　都道府県の教育委員会の事務局に社会教育主事及び社会教育主事補を置く。
> 2　市町村の教育委員会の事務局に社会教育主事及び社会教育主事補を置くことができる。

都道府県の教育委員会に社会教育主事及び社会教育主事補を置くことを義務付け、市町村の教育委員会には置くことができる任意の設置とされた。第九条の三に「社会教育主事は、社会教育を行う者に専門的技術的な助言と指導を与える。ただし、命令及び監督をしてはならない。」と定められた。

この条文が定められるまでは教育委員会法において社会教育主事は、「上司の命を受け、社会教育に関する視察指導その他の事務を掌る」とされており、社会教育法では、「上司の命を受け」という記述は省かれた。「視察指導」という表現を改め「専門的技術的な助言と指導」が社会教育主事の主たる職務となった。ここに社会教育主事が国民の自発的活動の支援者であるという立場が示され、戦前の統制・監督的なものから、助言・指導的なものへと変わっている。

戦後、地域青年団も民主化に取り組み、地域婦人会も復活して活動を始めている。社会教育活動は、団体指導中心の活動から地域の公民館を中心とし

た様々な活動へと広がっていく。昭和30年以降の高度成長期には、社会教育施設の整備も進んだ。昭和20年代の社会教育主事は、主として都道府県の事務局でその任にあたる職員であった。

昭和34（1959）年には、それまで都道府県教育委員会事務局に置くとされた社会教育主事を市町村にも設置する社会教育法の改正が行われた。市にあっては昭和37年3月31日までの間、町村にあっては〈表1-1〉[23]に示すように設置猶予期間が政令で定められた。

〈表1-1〉市町村人口規模と社会教育主事設置に関する猶予期間

	人口区分	法律・政令に規定する設置猶予期間	局長通達に掲げる設置指導の目途
市		昭和37年3月31日まで	34年度中に設置
町村	人口3万人以上	昭和37年3月31日まで	
	人口1万5千人以上3万人未満		35年度中目途とし、遅くとも36年度中に設置
	人口1万5千人以上1万5千人未満	昭和38年3月31日まで	37年度中に設置
	人口1万人未満	当分の間猶予	実情を勘案して速やかに

出典：文部科学省生涯学習政策局「社会教育に関わる人材の在り方についての資料」（平成25年5月）p.5

社会教育主事制度が市町村へと広がったことは大きな転換点である。社会教育主事は、より一層市民に近い場所での活動を支援することになった。これを社会教育主事制度のパラダイム・シフトの一つと捉えることができる。

ここで、改めて社会教育主事に関する社会教育法の構造をみてみよう。昭和26（1951）年改正により、第九条の二から第二章として社会教育主事及び社会教育主事補の規定が挿入されている。第九条の二に「社会教育主事及び社会教育主事補の設置」、第九条の三に「社会教育主事の職務」、第九条の四に「社会教育主事の資格」、第九条の五に「社会教育主事の講習」、第九条の六に「社会教育主事及び社会教育主事補の研修」が記される。第二章は、第

九条の二〜六の範囲で社会教育主事の規定となっている。

　社会教育法
　第二章　社会教育主事及び社会教育主事補
　（社会教育主事及び社会教育主事補の設置）
　第九条の二　都道府県及び市町村の教育委員会の事務局に、社会教育主事を置く。
　2　都道府県及び市町村の教育委員会の事務局に、社会教育主事補を置くことができる。
　（社会教育主事及び社会教育主事補の職務）
　第九条の三　社会教育主事は、社会教育を行う者に専門的技術的な助言と指導を与える。ただし、命令及び監督をしてはならない。
　2　社会教育主事は、学校が社会教育関係団体、地域住民その他の関係者の協力を得て教育活動を行う場合には、その求めに応じて、必要な助言を行うことができる。※第九条の三の2は平成20（2008）年に付加
　3　社会教育主事補は、社会教育主事の職務を助ける。
　（社会教育主事の資格）
　第九条の四　次の各号のいずれかに該当する者は、社会教育主事となる資格を有する。
　（中略）
　（社会教育主事の講習）
　第九条の五　社会教育主事の講習は、文部科学大臣の委嘱を受けた大学その他の教育機関が行う。
　2　受講資格その他社会教育主事の講習に関し必要な事項は、文部科学省令で定める。
　（社会教育主事及び社会教育主事補の研修）
　第九条の六　社会教育主事及び社会教育主事補の研修は、任命権者が行うもののほか、文部科学大臣及び都道府県が行う。

　社会教育主事と社会教育主事補の必置規制の変遷を〈表1-2〉に示す。
　昭和34（1959）年の社会教育法改正により、「都道府県及び市町村の教育委員会の事務局に、社会教育主事を置く。」となり、昭和57（1982）年に社会教育主事補に関する記述が変更された。社会教育主事補の設置状況は極めて低かった（昭和56年度都道府県30%、市町村15%）実態があり、行政の合理化

〈表1-2〉 社会教育主事及び社会教育主事補の必置規制の変遷

		都道府県	市	町村
昭和26年支改正	社会教育主事	必置	任意設置	任意設置
	社会教育主事補	必置	任意設置	任意設置
昭和34年支改正	社会教育主事	必置	必置	必置※
	社会教育主事補	必置	必置	任意設置
昭和57年支改正	社会教育主事	必置	必置	必置※
	社会教育主事補	任意設置	任意設置	任意設置

※人口1万人未満の町村においては当分の間猶予
出典：文部科学省生涯学習政策局「社会教育に関わる人材の在り方についての資料」（平成25年5月）p.6

の観点から、社会教育主事補については、都道府県教育委員会、市教育委員会においては、必置とされていたものが町村教育委員会と同じ任意設置に改められた。

　昭和34（1959）年の法改正後の市町村への社会教育主事の設置は思わしくなかった。例として岐阜県の設置状況では、社会教育主事設置を義務付けた昭和34（1959）年から10年を経た設置率はやっと50％を超えた状況であり、昭和37年度中に設置すべき町村教育委員会でも3町村が未設置であり、「当分の間猶予」とされた小規模町村教育委員会では43教育委員会が未設置の状態であった。こうした状態は、特に財政上の問題や町村の人材不足が影響していた[24]。

　市町村への社会教育主事の設置が進まないことを打開するためには財政的な支援も必要であったが、確実に成果のあがる方策がとられた。市町村における社会教育行政体制の充実強化を図るとして、昭和49（1974）年に派遣社会教育主事の制度が設けられている。国の派遣社会教育主事給与費補助制度により、都道府県から市町村へ社会教育主事が派遣された。同措置により社会教育主事未設置町村へ一定期間社会教育主事が派遣されている。以後、全国の社会教育主事の合計数は倍増し、平成8（1996）年頃には全国の社会教

⟨表1-3⟩ 人口規模別社会教育主事配置状況（平成23年度）

区　分	教育委員会数	社会教育主事を置く市町村数	設置率
総　数	1,742	858	49.3%
人口50万人以上	33	22	66.7%
30万人以上～50万人未満	50	29	58.0%
5万人以上～30万未満	478	250	52.3%
1万5千人以上～5万人未満	552	266	48.2%
1万5千人未満	629	291	46.3%

出典：文部科学省生涯学習政策局「社会教育に関わる人材の在り方についての資料」（平成25年5月）p.8

育主事は6,000人を超えている。

　しかし、同制度は各都道府県事業として定着したとされ、国の地方に対する人件費補助の見直しにより平成10（1998）年に個別事業に対する助成から地方交付税措置いわゆる地方公共団体の一般財源と化し、補助金は24年間続いて終了した。市町村の社会教育主事設置率も平成8（1996）年頃は90％代へと達したが、国庫補助制度の見直しにより、社会教育主事の設置率は低下した。人口規模が小さい教育委員会ほど設置率は低くなっている⟨表1-3⟩。合併による市町村数の減少など単純に昭和30～40年代と比較できるわけではないが、社会教育主事の設置率は国庫補助制度開始前の低い状況に戻っている。派遣社会教育主事制度については、改めて第3章において検討する。

　派遣社会教育主事給与費に対する国庫補助の制度変更、行財政改革等によって平成10（1998）年以降、全国の社会教育主事数が減少傾向にあるなかで、社会教育主事に新たな役割が加えられている。

　平成20（2008）年、社会教育法第九条の三の2項に社会教育主事の職務が付加された。「社会教育主事は、学校が社会教育関係団体、地域住民その他の関係者の協力を得て教育活動を行う場合には、その求めに応じて、必要な助言を行うことができる」というものである。

社会教育法において社会教育の範疇は「学校の教育課程で行われる活動を除き」とされていた。学校教育活動との関係では、それまでにも学社連携や学社融合といった考え方によって良好な関係を築くことが提唱されている。社会教育法の規定によらずとも現場の社会教育主事は学校からの要請にも快く応じていたであろう。この社会教育法の改正は、改めて社会教育主事と学校教育との関係性の法的根拠を示すものとなった。「求めに応じて、必要な助言を行うことができる」という表現の中に学校教育と社会教育とのほどよい距離感が窺える。文部科学省の学校支援地域本部等の施策の後押しもあり、社会教育行政が学校との関わりを強めている。社会教育主事に新たな役割が期待されているが、社会教育主事を置いていない市町村が多数あることが大きな問題である。また、一つの教育委員会当たりの社会教育主事数も社会教育調査によると、平成8（1996）年度の2.0人から平成23（2011）年度には1.4人と減少している[25]。

2　各種答申等における社会教育主事の役割

社会教育法には市町村教育委員会の社会教育に関する事務が規定されているが、社会教育主事の具体的な役割は法制度から読み取ることはできない。「社会教育を行う者に専門的な助言と指導を与える」という記述のみであり、「学校の求めに応じた必要な助言」が付け加えられたのが平成20（2008）年の社会教育法改正時である。様々な答申が社会教育行政の動向を左右し、法整備は後から行われている。各時代の文部科学省（旧文部省）関係の答申等から、社会教育主事の役割に関する記述を抽出していき、社会教育主事の役割がどのように変化してきたのかをみていきたい。

昭和46（1971）年の社会教育審議会答申『急激な社会構造の変化に対処する社会教育のあり方について』には、社会教育主事は時代の進展に対応する豊かな教養と高い見識を要求され、社会教育に関する高度の専門的知識・技術と各種の情報の収集・整理の能力が必要であるとしている。市町村の社会

教育主事の役割として、住民の学習希望の実態と教育的必要の把握、住民の学習意欲の喚起、社会教育計画の立案と実施、指導者の発掘とその活用等、社会教育計画の立案者及び学習の促進者としての役割を担うこと、さらに都道府県の社会教育主事については広域的な視点に立った社会教育行政の推進と、市町村教育委員会に対しての助言・指導の役割を果たさなければならないとしている[26]。

昭和61(1986)年の社会教育審議会成人教育分科会から出された『社会教育主事の養成について』の報告では、社会教育主事に求められる資質・能力として、地域が当面している問題、住民の学習関心・学習要求、地域の中にある教育資源や教育力等を把握し、そのうえで必要な社会教育計画を立て、事業を円滑に実施するとともに、社会教育指導者に指導・助言することがあげられている。また、上記の学習課題の把握と企画立案能力に加えて、コミュニケーション能力、組織化援助の能力、調整者としての能力、幅広い視野と関心があげられている[27]。

平成8(1996)年の生涯学習審議会社会教育分科審議会による『社会教育主事、学芸員及び司書の養成、研修等の改善方策について』を見てみよう。「社会教育主事は、地域における幅広い人々の自由で自主的な学習活動を側面から援助する行政サービスの提供者としての役割を果たすことが、従来に増して求められている。」とし、様々な機関との連携・協力を図り「地域の生涯学習を推進するコーディネーターとしての役割を担うことが一層期待されている。」という理由から、専門家としての役割を一層発揮できるような研修と養成の見直しが述べられている[28]。

平成10(1998)年に出された生涯学習審議会答申『社会の変化に対応した今後の社会教育行政の在り方について』では、社会教育行政推進体制の強化に関し、社会教育委員、社会教育主事の機能強化、公民館の専門職員等の資質・能力の向上を図ることの提言がなされている。社会教育主事については、住民の学習活動の多様化・高度化にともない、広範な住民の学習活動を

視野に入れて服務に従事する必要があるとされる。また、社会教育主事については次のように述べられている。

> 社会教育活動に対する指導・助言に加え、様々な場所で行われている社会教育関連事業に協力していくことや、学習活動全般に関する企画・コーディネート機能といった役割をも担うことが期待されている。こうした業務に社会教育主事が積極的に従事していくため、同法第九条の三の社会教育主事の職務規定について、企画立案、連絡調整に関する機能を重視させる方向で見直すことについて検討する必要がある。

その後、社会教育主事の職務規定に企画立案、連絡調整に関する機能の法的整備はなされていない。また、社会教育主事の資格を保有する者に対しては、次のように述べられている[29]。

> 社会教育主事としての幅広い知識や経験は、学校教育や地域づくりにおいても大いに貢献し得るものであり、社会教育主事となる資格を有する職員を公民館、青少年教育施設、婦人教育施設等の社会教育施設に積極的に配置するとともに、学校、さらには、首長部局においても社会教育主事経験者を配置し、その能力を広く活用することが期待される。

この記述は、社会教育主事の能力を社会教育関連の施設の他、首長部局においても広く活用するというものであり、人事異動ローテーションと関連する重要なものである。

平成11（1999）年の生涯学習審議会答申『学習の成果を幅広く生かす』では、「社会教育主事のコーディネート機能の発揮が重要な要素」との指摘が見られる[30]。

平成12（2000）年の生涯学習審議会答申『家庭の教育力の充実等のための社会教育行政の体制整備について』では、「住民の学習ニーズの高度化・多様化に伴って、地域における幅広い人々の自主的な学習活動を側面から援助する行政サービスの提供者としての役割を果たす社会教育主事に、地域において社会教育活動を実践・指導している民間の人材を積極的に登用すること

が求められており」という記述がみられる[31]。

　平成20（2008）年の中央教育審議会答申『新しい時代を切り拓く生涯学習の振興方策について』では、社会教育主事の具体的な役割と機能について、「地域の学習課題やニーズの把握・分析、企画立案やその企画の運営を通じた地域における仕組みづくり、関係者・関係機関との広域的な連絡・調整、当該活動に参画する地域の人材の確保・育成、情報収集・提供、相談・助言等」という機能をあげ、今後の期待として、連携のための調整とコーディネーターとしての積極的な役割を果たすことが述べられている[32]。

　平成23（2011）年から始まった第6期中央教育審議会生涯学習分科会の論議をとりあげる。平成24（2012）年に、中間とりまとめ案が出されている。これによると、社会教育をめぐる状況として、地域コミュニティ変質への対応、多様な主体による社会教育事業展開への対応、社会教育主事減少による充分な活動が困難な中での専門的職員の役割変化があげられている。社会教育行政の課題は、従来の「自前主義からの脱却」と「ネットワーク型行政の再構築」と捉えられている。平成25（2013）年の「第6期中央教育審議会生涯学習分科会における議論の整理」では、社会教育主事は地域の人づくりや絆づくり・地域づくりに中核的な役割を担ってきており、行政における専門的職員が地域住民間の合意形成や絆の構築に向けてコーディネート機能を発揮し、関係者等の具体的な活動を触発していくファシリテート機能を発揮できるよう、資質・能力の向上を図る必要があると述べられている[33]。

　社会教育主事に対する新たな役割が提案される一方で、平成24（2012）年7月に全国市長会から社会教育主事の必置義務の廃止が提案されている。これを受け平成25（2013）年3月から9月に、中央教育審議会生涯学習分科会に「社会教育推進体制の在り方に関するワーキンググループ」が設けられ14名の委員・臨時委員・専門委員によって6回の審議が行われた。

　社会教育主事の役割は、「社会教育を行う者に専門的技術的な助言と指導を与える（社会教育法）」ばかりではない。地域の学習課題やニーズの把握・

分析、社会教育計画の立案と学習プログラム立案、地域の人材育成・人材把握、学校との連携・相談などの非常に広範多岐にわたった活動を社会教育主事がしていることを受け、その任務は「住民が地域で主体的に教育・学習活動に取り組むことができるよう条件整備を行い、奨励、援助を行うところに重点がある」とした。審議結果として、社会教育主事は引き続き必置を原則とすることが望ましく、配置先も教育の独立性から教育委員会が望ましいとの審議結果だった[34]。

社会教育主事の資質・能力の向上のため平成27(2015)年10月の中央教育審議会生涯学習分科会第79回以降、社会教育主事講習見直しについて論議が行われた。社会教育主事の在り方の前提として、主として市町村自治体組織内で社会教育主事の資格を持ち専門性を活かして働く者を対象として、以後の答申等も踏まえた検討が行われた。こうした場においても社会教育の役割や在り方が論議された[35]。

平成27(2015)年12月、中央教育審議会の『新しい時代の教育や地方創生の実現に向けた学校と地域の連携・協働の在り方と今後の推進方策について』では、指導主事との連携や、地域コーディネーター等に対する指導助言などの役割も社会教育主事に期待されている。社会教育主事には「地域と学校の協働活動が円滑に進むよう、地域コーディネーターや統括的なコーディネーターとなり得る人材を見いだし、育成したり、積極的に情報共有を図ったりすることが望まれる」[36]とされた。

これまでの各種答申はそれぞれの時代を反映したものである。社会教育主事に期待されるものは、昭和40〜50年代には学習要望の把握と学習計画の立案が目立つ。平成初期からはコーディネートやコーディネーターといった言葉が頻繁に使われている。平成10年代に入ると、ファシリテート機能や地域・学校との連携役としての期待が高まっていることがわかる。

社会教育主事に対する考え方は平成に入ると、生涯学習の視点で語られることが多くなり、行政組織内においてもより広範な連携関係の必要性が繰り

返し強調されている。現在においては全国の社会教育主事数の減少という現状を念頭に、社会教育主事の果たすべき役割を明確にし、自治体組織内の全体認識を高めていかなければならない。

第4節　社会教育主事の行政組織内での位置付け

1　指導主事と社会教育主事

　社会教育主事の役割を考える際に、同じく教育委員会内に設置される指導主事との関係を考えてみたい。本研究では指導主事について詳しく扱うものではないので、社会教育主事との比較のみで考える。

　「社会教育主事」という名称は戦前の組織でも使われていたが、「指導主事」は戦後使われるようになった呼称である。戦前には、学校を指導するための「視学制度」があり視学官が任命されている。戦後はこの視学制度が厳しく批判され、新たな名称として「指導主事」が使われるようになった。

　戦前の神奈川県では、地方視学官1名（奏任官）[37]、県視学5〜9名（判任官・人数は年度により異なる）が置かれ、神奈川県地方事務所（三浦地方、高座鎌倉地方、中地方、足柄上地方、足柄下地方、愛甲地方、津久井地方）の7つの視学室にそれぞれ1名が配置されている[38]。戦後の昭和21（1946）年5月の地方自治法施行時に「視学官」は「視学」と名称変更されている。終戦直後も視学制度は継続されていたが、教育の民主化のため視学に対する講習会が行われ、視学廃止後の新たな職名への準備も進められていた。

　CIE（民間情報教育局）の指示により戦後の日本の教育体系が作られ、「指導主事」が視学に代わる職名となり、主たる業務として教師への支援が期待されていた。新たな指導主事制度は教育委員会法の成立過程の中で論議され、昭和23（1948）年の教育委員会法により視学制度は廃止された。

　指導主事の配置先は、都道府県及び市区町村の教育委員会である。大学以

外の公立学校教員をもって指導主事にあてることができるとされ、現在は教員が指導主事になるために特別の資格はない。昭和29（1954）年の教育職員免許法改正時に、指導主事免許状が廃止された。

　派遣社会教育主事を含む都道府県の社会教育主事と指導主事との共通点として、「専門的教育職員採用候補者選考」を経る場合が多いことが挙げられる。都道府県の社会教育主事のほとんどは教員出身であり、指導主事と同様に行政を経験して学校へ戻り、管理職へと昇格するコースが一般的である。

　一方、市町村の社会教育主事は、専門職採用者を除き一般行政職の人事ローテーションに組み込まれている。市町村職員の場合、社会教育主事となるためには、大学時代に所定の単位を修得し一定期間社会教育に関連する業務に従事することによって社会教育主事になる場合と、社会教育関係部門に配属された職員が社会教育主事講習を受講して資格を得る場合がある。教員が社会教育主事講習を受講して市町村に派遣される制度は、市町村職員の人事異動とは全く異なるシステムである。市民の活動を支援するという視点から社会教育主事の役割を考える場合は、市区町村行政職員の立場を前提として検討することが望ましい。

　また、指導主事の仕事は規制行政と言われるのに対し、社会教育主事の仕事は奨励行政とも言われる。「上司の命を受けて」という組織的な立場が前提となっている指導主事に対し、社会教育主事については独立した動きが想定されていることも、立場の違いとして挙げることができる。

2　所属先による社会教育主事の違い

(1)　市区町村社会教育主事

　社会教育法第五条に示される市（特別区を含む）町村教育委員会の事務は次のとおりである。

　　第五条　市（特別区を含む。以下同じ。）町村の教育委員会は、社会教育に関

し、当該地方の必要に応じ、予算の範囲内において、次の事務を行う。
一　社会教育に必要な援助を行うこと。
二　社会教育委員の委嘱に関すること。
三　公民館の設置及び管理に関すること。
四　所管に属する図書館、博物館、青年の家その他の社会教育施設の設置及び管理に関すること。
五　所管に属する学校の行う社会教育のための講座の開設及びその奨励に関すること。
六　講座の開設及び討論会、講習会、講演会、展示会その他の集会の開催並びにこれらの奨励に関すること。
七　家庭教育に関する学習の機会を提供するための講座の開設及び集会の開催並びに家庭教育に関する情報の提供並びにこれらの奨励に関すること。
八　職業教育及び産業に関する科学技術指導のための集会の開催並びにその奨励に関すること。
九　生活の科学化の指導のための集会の開催及びその奨励に関すること。
十　情報化の進展に対応して情報の収集及び利用を円滑かつ適正に行うために必要な知識又は技能に関する学習の機会を提供するための講座の開設及び集会の開催並びにこれらの奨励に関すること。
十一　運動会、競技会その他体育指導のための集会の開催及びその奨励に関すること。
十二　音楽、演劇、美術その他芸術の発表会等の開催及びその奨励に関すること。
十三　主として学齢児童及び学齢生徒（それぞれ学校教育法第十八条に規定する学齢児童及び学齢生徒をいう。）に対し、学校の授業の終了後又は休業日において学校、社会教育施設その他適切な施設を利用して行う学習その他の活動の機会を提供する事業の実施並びにその奨励に関すること。
十四　青少年に対しボランティア活動など社会奉仕体験活動、自然体験活動その他の体験活動の機会を提供する事業の実施及びその奨励に関すること。
十五　社会教育における学習の機会を利用して行った学習の成果を活用して学校、社会教育施設その他地域において行う教育活動その他の活動の機会を提供する事業の実施及びその奨励に関すること。
十六　社会教育に関する情報の収集、整理及び提供に関すること。
十七　視聴覚教育、体育及びレクリエーションに必要な設備、器材及び資料の提供に関すること。

十八　情報の交換及び調査研究に関すること。
十九　その他第三条第一項の任務を達成するために必要な事務

　平成29（2017）年の社会教育法改正では、上記の第十三から十五号の活動に関し、第五条の2に「地域学校協働活動」の機会を提供する事業の実施において必要な措置を講ずることが追記された。

　市区町村教育委員会において、社会教育法第五条に示された事務を担うのは社会教育主事と社会教育関係職員である。自治体の実情により行政組織が編成され、地域性や人口規模等により社会教育主事を配置できる条件が異なるため、社会教育主事の配置人数、配置先はそれぞれの自治体の判断による。

　自治体組織が類似し、なおかつ各自治体が隣接する東京都特別区の社会教育主事について、社会教育主事の配置人数と配置先を比較してみることにする〈表1-4〉。

　社会教育法では「教育委員会の事務局に、社会教育主事を置く」とされているが、実際に社会教育主事が勤務する場所は、教育委員会事務局の他、図書館、博物館他の社会教育施設、青少年教育施設、首長部局との兼務など多岐にわたっている。勤務する所属先により、担当する業務内容も異なる。こうした社会教育主事の配置先の違いによって、社会教育主事が行う業務とは一般的にどのようなものであるか、ということが理解されにくくなっている。

　平成10（1998）年の生涯学習審議会答申では、「社会教育主事となる資格を有する職員を公民館、青少年教育施設、婦人教育施設等の社会教育施設に積極的に配置する」と述べられたが、どの自治体においても社会教育主事を複数配置できるかといえば、そうではない。全国の社会教育主事数の減少が進んだ近年では、社会教育主事の複数配置は難しいというのが現状である。

　平成23（2011）年度の社会教育調査によれば、都道府県・市町村教育委員会数1,805に対して社会教育主事設置教育委員会数が1,111、うち複数の社会

〈表1-4〉 特別区の社会教育主事配置状況

(平成22（2010）年12月末日　■は、首長部局への配置)

		数	配 置 先
1	千代田区	1	子ども総務課
2	中央区	2	■区民部文化・生涯学習課
3	港区	1	生涯学習推進課
4	新宿区	3	■地域文化部生涯学習コミュニティ課
5	文京区	1	教育推進部庶務課
6	台東区	2	生涯学習課
7	北区	5	生涯学習スポーツ課2、地域連携担当2、博物館1
8	荒川区	2	社会教育課2
9	品川区	2	■地域振興事業部文化スポーツ振興課
10	目黒区	3	地域学習課1、スポーツ振興課2
11	大田区	2	社会教育課
12	世田谷区	6	生涯学習・地域・学校連携課兼務5（■総合支所地域振興課兼務5）、青少年会館1
13	渋谷区	6	生涯学習課3、スポーツ振興課2、教育政策推進付1
14	中野区	1	教育委員会事務局生涯学習分野
15	杉並区	4	社会教育スポーツ課3、社会教育センター1
16	豊島区	1	総務課兼務（■文化商工部学習・スポーツ課兼務）
17	板橋区	3	生涯学習課3（内社会教育会館2）
18	練馬区	1	生涯学習課
19	墨田区	2	生涯学習課2
20	江東区	3	庶務課1、放課後支援課1、■地域振興部青少年課青少年センター1
21	足立区	11	郷土博物館1、生涯学習課1、教育政策課1、青少年センター3、図書館1、スポーツ振興課2、教育改革推進課1、放課後子ども教室担当1
22	葛飾区	13	生涯学習課5、生涯スポーツ課2、図書館4、地域教育課1、生涯学習課兼務1（■地域振興部文化国際課兼務1）
23	江戸川区	2	教育推進課兼務2（■文化教育部兼務・健全育成課1／スポーツ振興課1）

出典：『明日を拓く 特別区社会教育主事会創立50周年記念誌』2011を参考に筆者が作成

教育主事・派遣社会教育主事を置く委員会数は472であった。

特別区の社会教育主事配置先一覧からも、社会教育主事の担う役割は自治体ごとに異なっていることが見てとれる。それは、社会教育行政に対する自治体の取り組み姿勢の違いでもある。

(2) 都道府県社会教育主事

市町村と都道府県の役割は、地方自治法に定められている。

> 地方自治法
> 第一条の二　地方公共団体は、住民の福祉の増進を図ることを基本として、地域における行政を自主的かつ総合的に実施する役割を広く担うものとする。
> 第一条の三　地方公共団体は、普通地方公共団体及び特別地方公共団体とする。
> 　2　普通地方公共団体は、都道府県及び市町村とする。
> 　3　特別地方公共団体は、特別区、地方公共団体の組合及び財産区とする。
> 第二条　地方公共団体は、法人とする。
> 　2　普通地方公共団体は、地域における事務及びその他の事務で法律又はこれに基づく政令により処理することとされるものを処理する。
> 　3　市町村は、基礎的な地方公共団体として、第五項において都道府県が処理するものとされているものを除き、一般的に、前項の事務を処理するものとする。
> 　4　市町村は、前項の規定にかかわらず、次項に規定する事務のうち、その規模又は性質において一般の市町村が処理することが適当でないと認められるものについては、当該市町村の規模及び能力に応じて、これを処理することができる。
> 　5　都道府県は、市町村を包括する広域の地方公共団体として、第二項の事務で、広域にわたるもの、市町村に関する連絡調整に関するもの及びその規模又は性質において一般の市町村が処理することが適当でないと認められるものを処理するものとする。

市町村は基礎的な自治体として、住民に最も身近な日常生活に直結する事務を処理する。都道府県は広域にわたるもの、市町村の連絡調整や一般の市町村が処理することが適当でないと認められるものを処理する。地方分権改

革により、平成12 (2000) 年から機関委任事務が廃止され国と自治体の関係は上下関係から対等関係へと変わっている[39]。同じく都道府県と市町村も対等である。社会教育法の第五条には市町村の事務が規定され、続く第六条に都道府県の事務が規定される。第五条の市町村の事務に加えて、社会教育を行う者の研修に必要な施設の設置及び運営等が第六条にあげられている。

　社会教育法（都道府県の教育委員会の事務）
　　第六条　都道府県の教育委員会は、社会教育に関し、当該地方の必要に応じ、予算の範囲内において、前条第一項各号の事務（同項第三号の事務を除く。）を行うほか、次の事務を行う。
　一　公民館及び図書館の設置及び管理に関し、必要な指導及び調査を行うこと。
　二　社会教育を行う者の研修に必要な施設の設置及び運営、講習会の開催、資料の配布等に関すること。
　三　社会教育施設の設置及び運営に必要な物資の提供及びそのあっせんに関すること。
　四　市町村の教育委員会との連絡に関すること。
　五　その他法令によりその職務権限に属する事項
　2　前条第二項の規定は、都道府県の教育委員会が地域学校協働活動の機会を提供する事業を実施する場合に準用する。

　社会教育法においては、市区町村と都道府県が進める社会教育行政に大きな違いはない。都道府県教育委員会は市区町村の社会教育に関する事務事項に加え、市区町村を支援するための施設や研修と、市町村教育委員会との連絡に関することなど、広域的な事務を掌るという役割がある。

　昭和46 (1971) 年の社会教育審議会答申『急激な社会構造の変化に処する社会教育のあり方について』では市町村教育委員会の社会教育主事の役割をあげ、さらに都道府県の社会教育主事については広域的な視点に立った社会教育行政の推進と、市町村教育委員会に対しての助言・指導の役割を果たさなければならないとしている。

　社会教育行政における市町村と都道府県との大きな違いを指摘するなら

ば、生涯学習振興に関する法律上の記載を挙げることができる。平成2（1990）年の「生涯学習の振興のための施策の推進体制等の整備に関する法律（生涯学習振興法）」では、生涯学習の振興にあたって都道府県の事業のみ示されており、市区町村の事業に関する記述はない。条文の最後の第十一条に「市町村（特別区を含む。）は、生涯学習の振興に資するため、関係機関及び関係団体等との連携協力体制の整備に努めるものとする。」と示されるのみであり、法律全体は都道府県の事業に関するものである。

> 生涯学習の振興のための施策の推進体制等の整備に関する法律
> （平成二年六月二十九日法律第七十一号）
> （目的）第一条
> この法律は、国民が生涯にわたって学習する機会があまねく求められている状況にかんがみ、生涯学習の振興に資するための都道府県の事業に関しその推進体制の整備その他の必要な事項を定め、及び特定の地区において生涯学習に係る機会の総合的な提供を促進するための措置について定めるとともに、都道府県生涯学習審議会の事務について定める等の措置を講ずることにより、生涯学習の振興のための施策の推進体制及び地域における生涯学習に係る機会の整備を図り、もって生涯学習の振興に寄与することを目的とする。

　生涯学習振興に関しては、文部科学省による各種答申により社会教育行政の所掌事務として捉えられてきたが、法律上の整備は平成18（2006）年の教育基本法改正を待たなければならなかった。平成20（2008）年に社会教育法にも生涯学習の振興が位置づけられ、生涯学習に関する業務は市町村と都道府県に大きな違いはなくなった。

　一概に社会教育主事といっても、都道府県と市区町村の社会教育主事を比較すると、配置される場所や扱う事務の範囲も違ってくる。期待される役割も自ずと違う。これまで、社会教育主事を論ずる場合、市区町村と都道府県の社会教育主事の違いを明確にして論議されることは少なかった。市区町村への社会教育主事の必置義務が課せられたのが昭和34（1959）年であるが、住民との接点で考えると、市区町村の社会教育主事の役割をまず考えていく

べきであろう。生涯学習振興は教育委員会ばかりでなく行政組織全体で考えていくべきものであり、都道府県の社会教育主事の主たる役割は、市区町村の社会教育行政への支援と捉えるべきであろう。

第5節　社会教育主事の減少

　社会教育主事数の減少について、その原因とともに考えてみたい。文部科学省社会教育調査によると、全国の社会教育主事数は平成8（1996）年度の6,796人から平成23（2011）年度には2,518人と半数以下となっている。この時期の社会教育行政を取り巻く状況から、社会教育主事数の減少の要因を整理する。

1　自治体数の変化

　平成7（1995）年の合併特例法に始まり、平成17～18（2005～2006）年頃に市町村合併の動きはピークを迎えている。平成11（1999）年の自治体数は3,229であった。合併が進み平成26（2014）年で1,718自治体となっており、その数は47％減少している[40]。

　社会教育主事は、自治体ごとに配置されるものであり、自治体合併時には母体となる複数の自治体の社会教育主事の配置が残された場合においても、人事異動の時期を重ねるにしたがい社会教育主事の発令者が整理されていくケースがある。

2　自治体職員数の変化

　平成13（2001）年に国の省庁再編が行われ、平成18（2006）年には「簡素で効率的な政府を実現するための行政改革の推進に関する法律」（行政改革推進法）が成立し、行政改革は国の主導で進んだ。財政難もあり地方自治体において行政組織の効率化と経費削減を目的とし、行政組織の見直しが進ん

だ。そうした状況において、地方自治体職員数は、1,174,547人（平成8年）から926,249人（平成23年）と21％減少した（総務省・地方公共団体定員管理調査）のに対し、社会教育調査によると、社会教育関係職員数は38,903人（平成8年度）から29,432人（平成23年度中間報告値）と24％の減少となっている[41]。社会教育関係職員の減少は、自治体職員数の変化に呼応している。社会教育主事の人事もこうした流れとは無関係ではなかった。

3　文化スポーツ業務の首長部局移管

「地方教育行政の組織及び運営に関する法律の一部を改正する法律（平成19年法律第97号）」が平成20（2008）年4月1日から施行された。この改正は、スポーツ及び文化行政について、地域の実情や住民のニーズに応じて、「地域づくり」という観点から他の地域振興等の関連行政とあわせて地方公共団体の長において一元的に所掌することができるとする趣旨から行うものであった。

文部科学省による平成23年度間「教育委員会の現状に関する調査」には、教育委員会から首長部局へ事務委任、補助執行が行われている状況が示されている[42]。事務委任においては、生涯学習では都道府県・指定都市は12.1％、市町村が2.4％であり、社会教育については、都道府県・指定都市6.1％、市町村2.3％であった。また、補助執行においては生涯学習では都道府県・指定都市は6.1％、市町村が4.0％であり、社会教育については、都道府県・指定都市10.6％、市町村4.7％であった。

文化スポーツに関する行政事務を首長部局に移すことは、行政組織の再編の一つの方策であり、類似事務の整理という捉え方がある一方で、自治体によっては文化スポーツのより一層の振興のために積極的に首長部局で取り組む目的の場合もある。いずれにしても、教育委員会で文化スポーツを取り扱わないとなれば、それまで在籍した社会教育関係職員も首長部局へと配置転換することになり、「教育委員会事務局に社会教育主事を置く」という社会

教育法との齟齬を生じることになる。自治体によっては、首長部局でそのまま社会教育主事としての仕事を行う場合と、教育委員会との兼務発令を発する場合など対応は様々である。こうした例は、社会教育主事の配置先をどのようにすべきかという論議から、社会教育主事の在り方そのものを問うことに発展していく要因にもなっている。

4　派遣社会教育主事の減少

　平成10（1998）年度に派遣社会教育主事給与の国庫補助が見直されたが、道府県の実情に応じ、一部でその後も派遣制度は維持されている。国庫補助事業開始以前に類似の事業を実施していた道府県は12であり、一時はほとんどの道府県で導入されたが、国庫補助金見直し以降は補助金制度開始前の状況に戻っている。

　例として北海道をあげると、北海道から市町村への派遣社会教育主事は昭和53（1978）年の99人をピークとして、平成11（1999）年は63人、平成20（2008）年度は26人、平成25（2013）年度は11人となっている[43]。教育行政調査によると全国の派遣社会教育主事の数は平成9（1997）年度には1,544人であったが、平成25（2013）年度はわずか127人となっている。〈図1-1〉は、昭和49（1974）年に国庫補助金制度の開始された翌年からの派遣社会教育主事数の推移を示している。国庫補助金の見直しは、全国の社会教育主事数の減少にはっきりとした数字として表れている。

5　社会教育主事の養成が困難

　大学で所定の社会教育に関する科目を習得した者を自治体が採用している場合、社会教育主事補または社会教育関係の経験を1年経ることによって社会教育主事として発令できる。すぐに社会教育主事として発令できるわけではない。資格保有者がいない場合、3年の社会教育主事補の経験と社会教育主事講習の受講により社会教育主事としての発令が可能となる。社会教育主

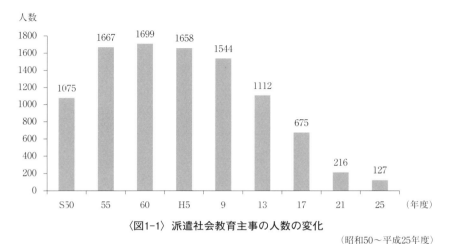

〈図1-1〉 派遣社会教育主事の人数の変化

(昭和50～平成25年度)

出典：教育行政調査（平成9～25年度による）をもとに文部科学省作成[44]

事講習は40日の期間を要したことから、その期間の出張に関する財政面と人的体制が整わないという理由で社会教育主事講習への派遣が困難とする町村もあった。社会教育主事が異動した後にそれに続く次の社会教育主事の発令者がいないという町村が多く、社会教育主事が不在となっている自治体は社会教育主事の養成が困難であることを理由としてあげている。

1～5に社会教育主事数減少の要因をあげた。社会教育法第九条二「都道府県及び市町村の教育委員会事務局に社会教育主事を置く」という前提さえも揺らいでおり、社会教育主事の設置率そのものが下がっていることが問題である。

単純に社会教育主事数の変化では、平成8（1996）年度6,796人に対し、平成23（2011）年度2,518人と社会教育主事数は63％の減少である。また、自治体設置率をみると、平成8（1996）年度は91.3％であり、平成23（2011）年度では60.8％となっている[45]。平成18（2006）年の文部科学省調査では、「社会教育主事を配置していない」と回答した286の市町村のうち、「発令していな

くても業務に支障がない」と 5 市町村が回答し、「配置が必要と感じていない」と 7 市町村が答えている[46]。

「社会教育主事を配置していない理由」
都道府県　（配置していないと回答したのは 2 県）
　有資格者は複数おり、社教主事を配置しなくても業務に支障がない（長野県）
市町村　（配置していないと回答したのは286市町村、自由記述）
○有資格者は存在しているが発令していない……70
　うち、発令していなくても業務に支障がないと明確に回答…… 5
　※主事以外の職員が対応（20）と合わせると、業務に支障なしと回答……25
○有資格者が存在しない……58
　うち、有資格者が教委以外の部局に異動したことによるもの……27
　※単に「異動」と回答したもの（29）と合わせると、有資格者不在……81
○予算や人員削減のため配置が困難……36
○人口 1 万未満（必置でない）……13
○配置が必要であると感じていない…… 7
○派遣社会教育主事制度の廃止…… 7
その他の回答として
　・有資格者が管理職（教育次長、課室長）であり、主事としての発令が困難
　・40日間の社会教育主事講習へ職員を派遣するだけの人員体制が整っていない
（平成18年文部科学省調べ　文部科学省生涯学習政策局「社会教育に関わる人材の在り方についての資料」平成25年 5 月、p.10より）

　なぜ社会教育主事の発令をしない市町村が増えたのか。社会教育主事の役割がどのようなものであり、なぜ設置が必要なのか。本研究ではこうした点について改めて考えていく。
　本章では社会教育主事をめぐる状況の変遷を捉えた。社会教育主事の変遷をたどると、大きく三つのパラダイム・シフトがあったことを指摘できる。
　一つは、昭和34（1959）年に社会教育主事が市町村に必置義務化されたことである。都道府県に必置の社会教育主事が市町村にも拡大することにより、市民との接点としての職務が増した。

二つ目は、生涯学習の理念の導入により、社会教育は個人の要請にも対応することになった点である。社会教育法に示される「組織的な教育活動」は、学習支援の側面からも扱われるようになった。

　三つ目が、地方分権と新しい公共である。行財政改革により社会教育主事をめぐる環境は大きく変化し、新しい公共の行政の担い手として社会教育主事の役割が注目されるようになった。社会教育主事はNPOや民間企業等との連携を深めていかなければならない。社会教育施設などが、官から民へと引き継がれていく傾向が増しており、社会教育主事にも新たな対応が求められている。

　社会教育主事をめぐるこうした状況変化を踏まえ本研究では、社会教育主事の役割は「地域住民の側で考えることができ、住民のニーズに応じて学習を支援し、住民との協働を実現すること」であると捉える。地域コミュニティが変質し、人とのつながりが希薄となっていく現代社会において、人々の交流連携は新たな価値を生み出す。社会教育主事は、行政他部署との連携と住民との協働によって、地域の絆を再構築する役割を担っていかなければならない。

〈注記・引用文献〉
1）田中　啓『日本の自治体の行政改革（分野別自治制度及びその運用に関する説明資料18）』財団法人自治体国際化協会、2010、p.2
　1980年代から「地方自治体が伝統的に実施してきた行政改革は、経費・人員の削減、事務事業の見直し、組織・機構の統廃合、外部委託といった内容である。これらは、主に行政機関の簡素化・合理化あるいは減量経営をめざした行政改革であり、『行政整理』とも呼ばれる。」（p.2）
2）地方自治法の一部改正（平成15年）により、公の施設の管理について指定管理者制度が導入された。社会教育施設では、博物館、図書館、公民館、体育館などが該当する。
　大谷壽子「指定管理者の社会教育主事の活かし方」『社会教育』2014-6、日本青年館「社会教育」編集部、2014、pp.32-34には、社会教育施設職員採用時に社会教

主事の資格を重視する例がみられる。
国立教育政策研究所社会教育実践研究センター社会教育事業の開発・展開に関する調査研究事業『社会教育施設における職員養成の在り方～指定管理者制度を通して見た社会教育施設における職員養成に関する調査研究報告書～』2015
3）文部省『学制百年史』帝国地方行政学会、1972、pp.404-405
4）同上　pp.405-414
5）同上　p.414
6）山名次郎『社会教育論』金港社、1892、p.8
7）文部省『学制百年史』帝国地方行政学会、1972、p.417
8）山本瀧之助研究会同人『青年団運動の父「山本瀧之助の生涯」』1987、沼隈町教育委員会発行にその活動が詳しく描かれている。地方青年が県当局を動かし周到な準備のもと文部省を動かし、全国青年会を発展させた立役者として山本瀧之助の生涯が描かれている。
9）文部省『学制百年史』帝国地方行政学会、1972、pp.616-619
10）同上　pp.417-418
11）同上　p.415
12）同上　p.528
13）同上　p.529
14）同上　pp.609-612
15）同上　p.703
16）井内慶次郎・山本恒夫・浅井経子『社会教育法解説』2001、全日本社会教育連合会　pp.10-11
17）昭和22（1947）年に石川県教育民生部社会教育課が作成した「社会教育の参考資料」に社会教育に関する主要問題としてあげられている。
18）平成10（1998）年9月、生涯学習審議会答申『社会の変化に対応した今後の社会教育行政の在り方について』「第2章社会教育行政を巡る新たな状況と今後の方向、1地域住民の多様化・高度化する学習ニーズへの対応」に記載。
19）蛭田道春『社会教育主事の歴史研究』学文社、1999、p.122
20）側島　哲「社会教育主事制度の歴史研究―戦後岐阜県の社会教育主事設置とその後の動きを中心に―」『岐阜県歴史資料館報』24、岐阜県歴史資料館、2001、p.113
21）同上　p.114
22）横山　宏・小林文人編著『社会教育法成立過程資料集成』昭和出版、1981
　国会における文部大臣の「社会教育法の一部を改正する法律案提案理由」、社会教

育局長による「社会教育法の一部を改正する法律案について」pp.248-253
23) 文部科学省生涯学習政策局「社会教育に関わる人材の在り方についての資料」平成25（2013）年5月、p.5
24) 側島　前掲論文　pp.115-116
25) 平成25（2013）年、「第6期中央教育審議会生涯学習分科会における議論の整理（案）」資料4-2　第1章　今後の社会教育行政等の推進の在り方について　2．社会教育の役割及び課題(3)社会教育行政が抱える課題　3．社会教育の専門的職員の役割の変化への対応　※6　に示された数値
26) 昭和46（1971）年、社会教育審議会答申『急激な社会構造の変化に対処する社会教育のあり方について』社会教育における指導者　(2)社会的条件の変化と指導者（ｲ)行政関係職員　(ⅰ)社会教育主事に記載
27) 昭和61（1996）年、社会教育審議会成人教育分科会『社会教育主事の養成について（報告)』二　社会教育主事の求められる資質・能力に記載
28) 平成8（1996）年、生涯学習審議会社会教育分科審議会『社会教育主事、学芸員及び司書の養成、研修等の改善方策について』2　改善の必要性に記載
29) 平成10（1998）年、生涯学習審議会答申『社会の変化に対応した今後の社会教育行政の在り方について』第3章第2節1　教育委員会における社会教育行政推進体制の強化、社会教育主事の新たな役割等として記載
30) 平成11（1999）年、生涯学習審議会答申『学習の成果を幅広く生かす』第2章2(1)個人のキャリア開発に関する学習機会の充実
31) 平成12（2000）年、生涯学習審議会答申『家庭の教育力の充実等のための社会教育行政の体制整備について』の「はじめに」に記載。この審議会答申では、家庭の教育力の充実に関する社会教育行政の法制面の体制整備と、社会教育主事の資格要件の緩和の具体的方策がとりまとめられた。
32) 平成20（2008）年、中央教育審議会答申『新しい時代を切り拓く生涯学習の振興方策について』2(3)生涯学習・社会教育の推進を支える人材の在り方に記載
33) 平成25（2013）年、中央教育審議会「第6期中央教育審議会生涯学習分科会における議論の整理」から社会教育主事に関する部分を抜粋
34) 中央教育審議会生涯学習分科会「社会教育推進体制の在り方に関するワーキンググループにおける審議の整理」が平成25（2013）年9月文部科学省生涯学習政策局社会教育課より出されている。
35) 分科会からの報告を受けて「社会教育主事講習等規程」等の改正を平成29年4月以降に行うこととなった。

36）平成27（2015）年12月、中央教育審議会『新しい時代の教育や地方創生の実現に向けた学校と地域の連携・協働の在り方と今後の推進方策について』p.58　第3章第4節1．地域における学校との協働のための体制の整備⑶統括的なコーディネーターと社会教育主事との連携
37）秦　郁彦『官僚の研究』講談社、1983、p.3　戦前の官吏制は、親任官、勅任官、奏任官、判任官の4種類に分かれ、これらの違いは天皇との近さ（距離）であり、初めの3つは高等官と称され、判任官とは区別された。親任官は各省大臣クラス、勅人官は次官・局長クラス、奏任官は課長クラスであった。
38）梶　輝行「神奈川県の戦後教育行政に関する一考察―指導主事制度の創設とその改編を中心に―」『神奈川県立教育センター研究集録』18、1999、pp.89-92　平成10年度長期研修員報告書　p.4
39）礒崎初仁・金井利之・伊藤正次『ホーンブック地方自治』北樹出版、2014、pp.38-40
機関委任事務制度は、地方自治体に国の事務を処理させるもので，地方自治を認めていながら国と地方自治体に上下関係が生まれていた。1999年の地方分権一括法により地方自治法が改正され、機関委任事務は廃止された。
40）自治体数の変化は、平成26（2014）年4月の総務省ホームページによる
41）平成25（2013）年「第6期中央教育審議会生涯学習分科会における議論の整理（案）」※7に示された数値
42）改正の趣旨は、スポーツ及び文化に関する事務の所掌の弾力化であった。従前のとおり、スポーツ又は文化に関する事務の一部については、地方自治法第180条の7の規定により、教育委員会は、当該地方公共団体の長の補助機関である職員等に委任し、あるいは長の補助機関である職員等をして補助執行させることができること、とされた。
平成24（2012）年8月実施の文部科学省『教育委員会の現状に関する調査』（平成23年度間）に補助執行、事務委任の状況が示される。
http://www.mext.go.jp/a_menu/chihou/1328894.htm（2016年9月30日参照）
43）北海道教育委員会社会教育主事会『50周年記念誌・50年のあゆみ』2007の数値による。平成25年度数値は北海道教育委員会生涯学習課への問い合わせによる。
44）中央教育審議会生涯学習分科会（委員懇談会）平成28（2016）年2月・配付資料2「社会教育主事講習の見直しについて【派遣社会教育主事制度とその現状】」より
教育行政調査は2年毎に行われており、グラフは4年毎の数値によるもの。派遣制

度開始から現在までの推移が示される。平成9（1997）年度以降、国庫補助金の見直しで減少傾向に転じている。
45) 文部科学省生涯学習政策局「社会教育に関わる人材の在り方についての資料」（平成25年5月）、p.7
46) 同上　p.10

第2章　都道府県の社会教育主事

第1節　戦前の社会教育主事

　社会教育の歴史を紐解くと、戦前の社会教育主事は府県の行政組織に置かれるものであった。戦時下ではその役割が国民教化に傾斜したことから、戦後の社会教育主事は新たな出発をしなければならなかった。社会教育法における社会教育主事の位置づけは、社会教育法成立の昭和24（1949）年から2年遅れた昭和26（1951）年の改正時である。昭和22（1947）年に社会教育主事は、地方自治法において復活しており、都道府県行政機関に置くべき役職として認知されていた（第1章第3節1）。府県における社会教育行政は、戦前から戦後にかけて途絶えることなく続けられており、その任にあたっていたのは、社会教育主事及び社会教育主事補であった。

　市町村への社会教育主事設置が義務づけられるのは昭和34（1959）年であり、戦後の社会教育主事制度は都道府県の設置から始まっている。本章では、都道府県の社会教育主事の役割について、その歴史的背景をたどり、今日的な役割について考察する。

　わが国における戦前の官吏制度は、明治22（1889）年の明治憲法の制定に前後して、その体制を整えている。戦前における官吏は、天皇と天皇の政府に対して忠誠を尽くして働くという考え方であった[1]。戦前の教育行政体系は詔勅ないしは命令主義であり、教育の目的については教育勅語が唯一の拠り所であった。法律によるものは、大正7（1918）年の市町村義務教育費国庫負担法などが、わずかに定められていたにすぎない[2]。

　文部省に社会教育主任官が置かれたのは大正8（1919）年で、当時の臨時

教育会議の答申によるものである。同答申でなるべく地方にも社会教育官を置くとされている。

大正9（1920）年に文部省は、各地方長官宛に社会教育担当の主任吏員を任命するよう通牒を行い、25府県で主任官が設置され社会教育行政の基盤となっている。大正10（1921）年に社会教育主事が各府県に配属されている。大正14（1925）年12月、勅令324号で全国に社会教育主事（奏任官待遇）60人以内、社会教育主事補（判任官待遇）110人以内を置くことが定められた[3]。明治憲法下における官僚制度では、高等官と判任官の区別があり、奏任官は高等官に属する役職で判任官の上官となる。昭和14（1939）年に社会教育主事は増員となり、東京、福岡が6名、大阪が5名、他は1〜4名と府県別定員が定められている。

昭和17（1942）年の大戦最中には、大幅な組織改革により文部省社会教育局は廃止となり文部省の社会教育官が教学官に改称され、社会教育主事も減員されている[4]。

ここで、戦前の事例として、神奈川県の藤井、石川県の永守、埼玉県の中原の3名の社会教育主事が携わった業務をみていくことにする。

1　藤井徳三郎　神奈川県（大正10年〜昭和3年）の事例

蛭田（1999）は、社会教育主事の歴史研究[5]において、大正期の資料をもとに、社会教育主事が何をしていたかを明らかにした。具体的な事例として、神奈川県社会教育主事、藤井徳三郎の活動をあげている。この事例は、都道府県の社会教育主事の姿を浮き彫りにするものであり、今日の社会教育主事を考察するうえでも示唆に富むものであることから、ここに要約してとりあげてみたい。藤井徳三郎は、神奈川県最初の社会教育主事であり、彼が関係した職務を追っていくことにより、社会教育主事が果たしていた役割がわかる[6]。

藤井は、大正9年3月に神奈川県立商工実習高校教諭と兼務で神奈川県の

通俗教育主事に就任する。大正10年の制度変更によりそのまま社会教育主事に就任している。その後、昭和3年9月まで在職し、昭和3年10月、神奈川県立厚木中学校校長に就任した。藤井が社会教育主事として関与した職務内容は、

　　青年訓練所関係、青年団関係、女子青年団関係、図書館関係、
　　神奈川県立体育協会関係、中央教化団体連合会関係、
　　社会教育主事の会議、映画・フィルム関係

等であった。藤井は社会教育主事の他に、大日本連合青年団の発会準備委員会・実行委員、大日本連合青年団理事、日本青年館評議員、神奈川県体育協会発起人等に関係している。当時の社会教育関係執務要綱によると、藤井の在任中は主任という責任ある地位であった。各係の事務のうち、事業計画書、文書の作成・収受、経費、出張、外出、早退等については、必ず主任の了解を得るとされている。当時の社会教育における業務分担の中で、藤井は事業企画、思想善導、事務統制などで社会教育の中枢的職務を果たしていた。

　藤井が主任となっている分掌事務は、事務統制、事業企画及び奨励、思想善導、男女青少年指導であり、副係として4名の名前が記載されている。また、他の係には成人教育係、体育係、青年訓練係、図書係、編輯係、青年団係、婦人団体係、庶務係、文書及び調査係があった。

　藤井は、この主任の職務からであろう文部省主催の全国社会教育主事会議に数回出席している。残されている彼の復命書から社会教育主事の職務としてどのような事項に関与していたかがかわる。大正末期の第5回全国社会教育主事会議では、青少年団体指導の県・郡役所廃止後の団体指導の件、民衆娯楽の件、成人教育の件（地方での実施、社会教育講師の増加）等が重要事項としてあげられた。参加した府県からも次のような協議題が出されている。

　・男女青少年団体事業奨励資金の増加の計画、
　・青少年の軍事教育の実施の仕方、

・成人教育の普及、各府県での直轄学校での文部省の成人教育の講習会の開催、
・娯楽指導に関する状況、
・郡役所廃止後の団体指導の在り方、公衆体育の普及

　会議では建議案と答申案がだされ、藤井は委員として答申案のまとめ役となっていた。昭和に入ると議題は社会教育と学校教育の連絡、青年訓練所、男女青少年団体指導等となり、建議として社会教育の根本方針、社会教化活動の社会教育職員の養成機関の設置などが出されている。

　この時期における全国社会教育主事会議では、師範学校での社会教育活動の検討も議題として出されており、蛭田（1999）はこれに注目し、「これらは、戦後の社会教育の養成の始まりであったと考えられる」[7]と述べている。

　社会教育主事の藤井は各地で講演もしており、その内容は、レジメから「近時の傾向と社会問題、人格尊重、平等観、平等と差別」などの時代の先駆的考え方がみられるが、「社会道徳、精神生活、思想傾向、勤労主義、勤倹㐂活」などの当時の思想を普及させる役割もしていた。

　その他には金沢文庫、昭和塾、神奈川県図書館事業、神奈川県運動公園建設、神奈川県体育協会の設立などに藤井は関与している。

　蛭田（1999）は、「この藤井の活動から、その時代の社会教育施策に即して、行政の職務を遂行していたことが理解される。」[8]としている。

　藤井の活動例から、改めて戦前の社会教育主事について考えてみると、社会教育主事は県の施策を実行するために責任ある重要な役職であった。また、旧制中学校の教員との兼務であった点も注目したい。全国社会教育主事会においては、各府県の状況等についての交流があり、また議題には社会教育の動向に関する事項が含まれていた。文部省の意向を全国に伝える役割を担っていたことは間違いないが、社会教育がどうあるべきかを全国的な課題として議論しており、社会教育主事は各府県を代表する役割を担っていた。

　藤井の活動例を通じて、社会教育主事が府県の社会教育行政の要となって

おり、社会教育の全国的な展開を担っていたことが窺える。

2　永守良治　石川県（昭和14年〜昭和17年）の事例

　戦前の社会教育主事を務めた人物として、昭和14年9月から昭和17年2月までの2年半、石川県の社会教育主事であった永守良治は、「戦前社会教育主事のおもいで」[9]として在職中の職務について述べている。永守は群馬県の中学校教諭を辞めた後、金沢の女子師範に採用になって数年務め、そこから先輩社会教育課長の伝手もあり県庁に入っている。永守の回想より当時の社会教育主事の情勢や社会教育主事の役割に関するものをここに抽出する。

　「満州事変から五・一五事件、国際連盟脱退、ワシントン軍縮条約破棄、二・二六事件、日支事変と時局は悪化して、教育に対する国家干渉がいよいよはげしくなってきた。」と在任当時の様子が示されている。「私の仕事は課内の事務的なことより、むしろ講演が主であった。その対象は、青年団、女子青年団、婦人会、壮年団、教員、町内会、部落会の代表、県庁員講習、県下警察幹部講習等、驚くほど多種多方面であった。」という。「名は社会教育であるけれども、実は国民を戦時国策に順応させ思想的防衛体制をととのえさせる思想戦の役割を果たしていたのである。」と振り返っている。「大政翼賛会ができると、社会教育の重要な仕事がそちらへ移り、社教の仕事がういてきた。私が社教を去ったのはその頃であった。」と結んでいる。昭和17年頃からは、社会教育は戦時体制下に組み込まれていたことも、その文面と時期から窺える。

　永守は、青年学校についても記述している。寒い冬の小学校の仮校舎で、一日の労働に疲れた青年たちが、一日の授業で疲れて元気のない兼任教員から授業を受けている姿をあわれに感じたことに続けて、以下のように述べている[10]。

　　　しかし社会教育主事にとっては、青年学校はすこぶる魅力ある存在であったら

しい。その理由は、一般社会教育は、その対象が、雲をつかむような大衆で、しかもその内容はまことに複雑なものがある。この大衆に対してわずかな予算でもって、大風の時に一握り灰をまいているような効果の見えない仕事をしているよりも、義務制になった青年学校は、まことにはっきりとした対象があり、権力も与えられていたからである。

社会教育主事が担当地域の青年学校教諭に対する人事権をもち、学校を視察に行った際、いわば青年学校視学といった役割であったことに驚いたというエピソードを残している。

3　中原英寿　埼玉県（昭和6年～昭和14年）の事例

続いて、他県の例もみてみよう。神田（2013）は、埼玉県の戦前の社会教育主事の役割を成人教育講座に焦点をあてて明らかにしている。

中原英寿の例をあげる[11]。彼は小学校訓導・校長、郡及び県視学を歴任し、昭和6～14年に埼玉県で社会教育主事をしていた。昭和8年に成人講座の一コマで中原英寿が講師となり「日本国民精神」という科目で思想善導に関する満蒙の現状や日本国民精神を4時間単位で扱っている。この小川高等女学校で行われた婦人講座は公民、家庭科学、音楽、日本歴史、園芸農産加工などの全20時間からなり、講師は中原の他に学務課長、高等女学校長、高等女学校教諭、小学校訓導、農林技師であった。こうした成人講座の場所、講師、内容は、昭和8年、文部省社会教育局長より発せられた「成人教育講座委嘱開設ニ関スル件」に基づいたもので、学校と連携して実施するよう指示が出されている。中原は事務取りまとめと、講座講師の両面で成人講座に関わっていた[12]。

「成人教育講座は、国－県－小学校－男女青年団－地域住民という勅令主義による教化の仕組みを背景に実施されている。特に学校が地域情報を把握している特徴を最大限に活用して成人教育講座を効率的に開催していた。」[13]と、神田（2013）は、社会教育主事が大きな権限をもってこうした講座を学

校を利用し進めていたことを指摘する。

　これまで神奈川県の藤井、石川県の永守、埼玉県の中原と3人の戦前の社会教育主事の姿をみてきた。共通点をいくつかあげてみたい。まず、3人はいずれも学校教育現場の経験を持っていることである。藤井と永守は教諭の身分から、中原は校長を経て県視学から社会教育主事になっている。事務仕事とともに各種講座の講師として外に出ていたことも、3人の共通点である。また、社会教育主事が権限をもって各種社会教育事業を進めていたことも、これまでの例から明らかである。

4　戦前の社会教育主事の役割

　戦前にも、文部省による社会教育主事の養成が行われていた。社会教育吏員を特設する必要を大正9（1920）年に通達した文部省は、社会教育主事講習を実施している。同年に行われた2週間にわたる講習は、文部省方針とともに、博物館や学校施設に関すること、青年団、処女会指導及経営、体育、公衆娯楽と社会教育等、多岐にわたっていた。全国から集められた講習の修了者46名は、後に社会教育主事になっている者が多い[14]。

　それでは、各地方では、どのように社会教育主事の職務と役割が定められていたのかを、見ていくことにする。

　地方における社会教育主事の職務規定と役割の例として、和歌山県の例を示す。

　　　社会教育主事職務規定
　　第一条　社会教育主事内務部ニ属シ上司ノ命ヲ承ケ左ノ職務ニ従事ス
　　一．青年会処女会ニ関スル事項
　　二．児童保護ニ関スル事項
　　三．図書館並ニ巡回文庫ニ関スル事項
　　四．教化事業ニ関スル事項
　　五．民衆娯楽並国民体育ニ関する事項
　　六．教育的観覧事業ニ関スル事項

七　其ノ他社会教育ニ関係アル事項
　第二条　社会教育主事社会教育ニ関スル事項ニ付知事ニ意見ヲ申述スルコトヲ得
　第三条　社会教育主事ハ補習学校青年会処女会等ノ視察ニ当リ社会教育上必要ト認ムルトキハ当事者ニ意見ヲ提示スルコトヲ得
　第四条　社会教育主事ハ視察ノ顛末及調査ノ要領ヲ知事ニ申告スヘシ

　蛭田（1998）は、和歌山県の社会教育事業項目と社会教育主事職務規定を比較し、社会教育主事の職務内容は当時の社会教育行政の施策とかなり関わっていることを指摘している[15]。また、社会教育職員の所掌範囲は、文部省の内容を何らかの方法で参考にして職務範囲を作成したと推定している[16]。文部省の社会教育主事規定は次のようであった。

　　文部省の社会教育主事規定
　　社会教育ノ一般状況　　　民衆娯楽ノ状況
　　社会教育ノ揺動ノ状況　　青年団処女会其ノ他教化団体ノ状況
　　図書館及巡回文庫ノ状況　育英事業児童保護施設状況
　　特殊教育ノ施設状況　　　学校教育ノ社会化ニ関スル施設状況
　　博物館及教育的観覧施設ノ状況
　　其ノ他特ニ命セラレタル事項

　若干の項目の違いはあるが、他県においても大正末から昭和初期の社会教育行政は類似した職務内容となっている。社会教育一般、青少年活動、婦人活動、図書館・博物館、学校教育との関連事項といった分野は、戦前にも展開されており、戦後の社会教育行政における活動もこうした範囲を踏襲している。

　このように、戦前の社会教育行政と社会教育主事の職務は、各府県で定められた職務規定により進められている。施設整備などに地方の特徴はみられるものの、全国的展開においては文部省の意向に添って進められるものであった。社会教育行政を担っていたのは、地方の奏任官待遇の社会教育主事と判任官待遇の社会教育主事補であった。

　文部省の意向が全国の社会教育主事に反映され、青年団他の教化団体がそ

の指導下にあったことから、こうしたシステムは戦時体制に入ると国の方針を徹底するために使われることになる。戦局が厳しさを増すにつれ、社会教育行政からは娯楽的な要素は消え、訓練が主となっていった。国民の娯楽、教養の涵養と、志を共にする人々の団体活動を推進する役割を担っていた社会教育行政は、国全体が戦争に集中する中で、果たすべき役割を変えていった。

　戦争が終結すると、社会状況は一変する。敗戦は、戦後社会教育行政にとっての新たな始まりであった。社会教育行政の見直しの中で、特に問題視されたものは「教化活動」である。青年団や婦人団体と社会教育行政の関係は、教化に力点が置かれていたため、民主主義的な考えに改められるよう関係が見直された。戦後の教化から一転して団体活動には、民主主義を推進する役割も期待されることになった。戦後まもなく、文部省が公民館の設置を進めることになったのは、戦前の社会教育行政が、青年団等の団体における教化活動に傾斜されたという反省に起因すると言われ、こうした動きは団体への指導から施設を基盤とした社会教育への方針転換と捉えることができる。

　続いて、戦後の社会教育行政の動向と、再び社会教育主事が設置されるに至る経緯をたどっていく。

第2節　戦後の社会教育主事

　昭和20（1945）年、教育は連合国軍最高司令部の占領下でCIE（民間情報教育局）のもと大きな改革が進められることになる。終戦後すぐ文部省は同年9月に「新日本建設ノ教育方針」を発表した。社会教育に関しては、「国民道義の高揚と国民教養の向上が新日本建設の根底をなすものであるので、成人教育その他社会教育の全般にわたってその振興を図りたいこと、国民文化の興隆を進めたいこと、および統制によらない自発的な青少年団体を育成し

たいこと」が述べられている[17]。「統制によらない」と表現されているが、国民が一致して取り組むという戦前の体制も幾分匂わせるものとなっている。

　戦前の教化に社会教育が大きく関与していたことから、終戦直後の復興においても社会教育が影響力を持つと捉えられていたであろう。この教育方針には「自発的な青少年団体育成」など、早期に戦前の方向性の軌道修正を行おうという意図があったものと思われる。民主的・文化的国家建設のために必要な教育の基本方針を明らかにすることにより、戦後の再出発を図ろうという決意が見てとれる。

　昭和20（1945）年10月22日、連合国軍最高司令官総司令部は「日本教育制度ニ対スル管理政策」を指令し、教育内容、教育関係者、教科目・教材等の在り方についての指示を出した。昭和20（1945）年10月には文部省の社会教育局が復活し、戦前の体制を転換しつつ新たな社会教育の振興が始まった。同年11月には社会教育振興に関する文部省訓令等により、都道府県における社会教育専管課の設置がうたわれている。そこで行われる活動は、青少年・婦人団体などの育成、学校施設の開放と教職員の協力、社会教育団体の活動促進、図書館・博物館等の整備・増設、各種講座の開設などであった[18]。

　各県における社会教育行政は、文部省の方針により進められるものであったことは、戦前と変わりはない。社会教育行政は戦後すぐに途切れることなく続けられるが、地域住民の教化という役割は払拭され、社会教育法成立までには、現代に通じる社会教育の方針が固められていった。それを浸透させていく基盤となるのは、文部省から発せられる様々な方針が都道府県に伝えられるというシステムである。社会教育主事の役割に関しても、当然ながら戦前の役職が充分に意識されていたであろう。

　戦後の社会教育行政は、戦前と異なり法律に基づいて進められる。教育一般や社会教育の理念、行政制度については教育基本法、社会教育については社会教育法によって組織的、系統的に規定される。社会教育主事もこうした

法整備の中で位置づけられていく。社会教育主事が社会教育法に位置づけられるのは、終戦から6年を経た昭和26（1951）年である。

　終戦後からの法整備状況と社会教育をめぐる動向をみていきたい。まず日本国憲法が、昭和21（1946）年11月3日公布、翌22（1947）年5月3日施行となる。社会教育主事は、昭和22（1947）年6月、地方自治法施行規程改正の際、都道府県に置かれる職員とされている。

　正確な統計は残されていないが、昭和26（1951）年の社会教育法改正直前の社会教育主事（補）の数は1都道府県あたり20名前後、市町村では784名という数が報告されており[19]、社会教育法整備までに社会教育関係業務は戦前を踏襲するものと、新たに設けられた公民館等に関わることなどを加えて続けられている。

　社会教育の推進には、社会教育委員制度も関係している。昭和21（1946）年5月に文部次官通牒という形で「社会教育委員設置要領」が出され、社会教育委員の設置が各地で急速に進んだ。社会教育法制定直前の統計では、都道府県社会教育委員総数1,470名（46都道府県全部に設置）、市町村社会教育委員総数99,584名となっている。

　昭和21（1946）年7月には、文部次官通牒「公民館の設置運営について」が出され、その別紙の公民館設置運営要綱には7つの役割機能が示されている。それは、「民主的な社会教育機関」「自治向上の社交機関」「郷土産業振興機関」「民主主義訓練の実習所」「文化交流の場所」「青年層の参加の場所」「郷土振興の基礎を作る場所」である。

　昭和22（1947）年に教育基本法（旧法）が成立する。第七条に「一　家庭教育及び勤労の場所その他社会において行われる教育は、国及び地方公共団体によって奨励されなければならない。二　国及び地方公共団体は、図書館、博物館、公民館等の施設の設置、学校の施設の利用その他適当な方法によって教育の目的の実現に努めなければならない。」と、社会教育について教育基本法に明記される。

昭和23（1948）年に教育委員会法が成立し、同施行令で社会教育主事は都道府県教育委員会の事務局に置かれる職員として位置づけられた。その職務は「上司の命を受け、社会教育に関する視察指導その他の事務を掌る」というものであった。

　指導主事との比較において、国生（1996）は、「指導主事が教育委員会法そのもので規定されたのに比較して、社会教育主事は政令で規定されたにすぎず、その扱いに格段の相違があったと言わざるを得ない」[20]と指摘する。

　昭和24（1949）年に憲法、教育基本法に即し社会教育法が制定された。「国及び地方公共団体は（中略）社会教育の奨励に必要な施設の設置及び運営、集会の開催、資料の作製、頒布その他の方法により、すべての国民があらゆる機会、あらゆる場所を利用して自ら実際生活に即する文化的教養を高めるような環境を醸成するように努めなければならない。」と第三条にうたわれている。その方策として、社会教育委員、公民館の設置・事業・運営などが明記された。特に社会教育法の条文の約4割が公民館に関するものであった。さらにこの法を拠り所として図書館法（昭和25年）、博物館法（昭和26年）も制定されていく。

　社会教育法制定当時、同法に関係した文部省の寺中作雄は、公民館発足時の想い出として次のように残している。第一が社会教育に法制的基盤が必要だったこと、第二に形式・内容・方法等はできるだけ自由に、柔軟性のあるものにしたかったことに続けて、「第三に、社会教育法制化の中心は公民館の法制化に置きたいと思った（中略）。特に重要な意義を持つのは公民館であった。終戦後の新しい社会教育施設として出発した公民館に法的根拠を与え、これに財政的援助の裏付けを保障することによって地方各市町村の社会教育体制を恒久化することができるのでないか」[21]と、社会教育法において公民館の意義付けは大きいと発言している。

　非常に重要なことであるが社会教育法制定当初には、社会教育主事に関する記述がない。その背景には、戦前の社会教育主事のあり方への反省と戦後

の社会教育は国民の自主的相互的教育であるという論議があったとされる。社会教育法の成立や過程についてはこれまでに多くの研究がなされている[22]。なかでも小林（1994）は社会教育行政と社会教育関係団体との関係をめぐる問題に注目している。戦前の団体主義への反省はあったものの、政策実現の手段として社会教育を使う考え方もみられ、「この時期においても戦前の社会教育観がいかに根強いものであったかを示している」[23]と指摘している。昭和24（1949）年のCIEの指導によって出された社会教育局通達「地方における社会教育団体の組織について」は、いわゆる「ネルソン通達」とも呼ばれるもので、行政が社会教育団体に対してノーサポート、ノーコントロールの原則を貫くことが示されている[24]。団体の運営や事業は官庁の干渉を受けずに自主的に活動することとされ、その場合都道府県は何ができるか、直接的には社会教育行政職員の役割は何かが問われることになった。

　戦前の府県の社会教育主事数は、大正14（1925）年に定められた社会教育主事の配置規定とその後の増員に基づいており、戦後もその制度体制は維持される方向であった。戦後の社会教育主事の規定は、昭和22（1947）年6月の地方自治法の成立に伴う施行規程の一部改正により社会教育主事の職が法的に定められ、翌年（昭和23年）の教育委員会法に都道府県教育委員会に置かれることとなった。続く昭和24（1949）年の社会教育法においてその役割を明確にすべきものであったが、社会教育主事については条文に盛り込まれないまま持ち越されてしまった。

　昭和24（1949）年の社会教育法制定以降、社会教育に対する財政保障と人的条件整備の要望が高まってくるのは当然であろう。社会教育法改正の中で、社会教育主事の定義が現実的となってくる。その際の理由が、学校教育における指導主事と同じ扱いをすることで社会教育の専門職としての社会教育主事に関する制度的位置づけを明確にしてほしいという要求が強く、社会教育法にその具体的職務と資格に関する規定を加える必要性が生じた[25]ことがあげられる。

社会教育主事は、教育委員会法の規定によるものであり、民主主義国家の発展を目指した社会教育法の趣旨に当初はそぐわないと見なされていたことは重要な意味をもつ。社会教育振興のために社会教育主事を社会教育法に位置づけるには、社会教育主事の在り方を改めて見直す必要があり、「戦後の社会教育主事」を性格づけ、戦前の社会教育主事との違いを明確にしていかなければならなかった。

　社会教育法の制定から2年遅れた昭和26（1951）年、社会教育法が改正されることになり、第九条の二項以降を第二部とし、社会教育主事が規定された。

　昭和23（1948）年の教育委員会法・同施行令では、社会教育主事は都道府県教育委員会の事務局に置かれ「上司の命を受け、社会教育に関する視察指導その他の事務を掌る」と定められており、社会教育法の趣旨にそぐわなかったことは明白である。それゆえ、昭和26（1951）年の社会教育法改正では「上司の命を受け」は削除され自律性を保証し、「視察指導」は「専門的な助言と指導を与える。但し、命令及び監督をしてはならない」に置き換えて官製的な色彩を排除し、「その他の事務を掌る」も削除され、専門的な職種としての位置づけが社会教育法において明確にされた。こうして第九条の三「社会教育主事は、社会教育を行う者に専門的技術的な助言と指導を与える。ただし、命令及び監督をしてはならない。」と定められるのである。

　社会教育主事の設置は都道府県教育委員会に義務づけ、市町村教育委員会には「置くことができる」任意設置とされた。改正の背景には、教育公務員特例法の改正に応じ、社会教育の専門職としての社会教育主事を、学校教育における指導主事と同じ扱いにすることがあった。

　そもそも学校教育における指導主事と、社会教育における社会教育主事を同様に扱うことに無理が生じる。指導主事が専ら学校職員を対象とするのに対し、社会教育主事の対象には限りがない。社会教育主事の位置づけは、様々な矛盾を孕みながら、社会教育法の規定という形で新たに法的に整備さ

れた。

　社会教育主事の法規定の歴史的背景に関しては、様々な研究が行われている。村上（1982）は、社会教育法への社会教育主事の位置づけを「国民主体の社会教育推進への逆行である、とみることができよう」[26]とし、施設の整備中心の非権力的助長行政という方針から、戦前的な行政職員の指導助言への転換であると言う。

　戦前の教化が青年団等の団体に向けて行われた反省から、戦後の社会教育は教育基本法第七条に示された施設を中心とした活動として想定されたことから社会教育法には公民館に関する記述が多くなったと言われている。社会教育主事の必置は、再び団体指導の強化へとつながるとする意見もあった。社会教育委員も社会教育主事も戦前の制度であり、民主主義の推進のために必要であるとされたとしても、戦前の教化と同様にシステム化されることへの懸念があったことは否めない。

第3節　都道府県社会教育主事の役割

1　社会教育関係団体との関係

　社会教育主事の歴史的背景から、都道府県の社会教育主事は、終戦直後は戦前の体制を引き継いでいることを指摘した。社会教育法の記述では、「戦後の社会教育主事」として性格付けが変わるのであるが、社会教育の所掌事務は社会教育法成立以前から続けられている。

　終戦後すぐ昭和20（1945）年9月、文部省から「新日本建設ノ教育方針」が発表され、社会教育行政の営みを継続する中で、「自発的な青年団体を育成したい」という方針も出ており、社会教育関係団体との関係性の転換は明確にされていた[27]。

　都道府県の所掌事務のうち、「思想善導」といった戦前色の強いものは廃

止されたが、図書館等の施設運営は引き続き進められていた。団体と社会教育主事の関係については、終戦後6年目の社会教育法改正によって、「視察指導」から「専門的な助言と指導を与える。但し、命令及び監督をしてはならない」とその在り方が変わっている。

戦前の社会教育主事と戦後の社会教育主事を比較すると、違いの一つは思想善導活動がなくなったことである。戦前の社会教育主事の仕事の大きなものは講演講師としての役割であったが、青年団体・婦人団体を対象とした社会教育主事の講演はなくなっている。また、戦前の社会教育主事にみられた権力は、戦後の社会教育主事にはみられない。戦前と似ている点は、都道府県教育行政における社会教育に関する人材の供給源のひとつを教員としていることであろう。

2 都道府県教育委員会の事務

社会教育法が成立すると、自ずと都道府県と市町村の社会教育行政の役割がみえてくる。社会教育法第六条に都道府県教育委員会の事務が示されている。第五条に市町村の事務が規定され、都道府県の事務は第五条の事務に加えて社会教育を行う者の研修に必要な施設の設置及び運営等である。都道府県教育委員会の役割は第五条に規定される市町村と同様の事務を補完的、広域的に行うことである。

湯上二郎編著「新訂・社会教育概論」では、昭和46（1971）年の社会教育審議会答申『急激な社会構造の変化に対処する社会教育のあり方について』は、生涯の各時期における社会教育の課題を示したことでも画期的であったと指摘され、同時に、国－都道府県－市町村の役割分担を明確にしたとして、次のような整理が行われている[28]。

　　［国の役割］
　　（1）奨励援助
　　　①　地方公共団体や民間団体に対する援助・指導・助言

② 施設の設置、運営基準および指導者の資格、配置基準の設定
③ 社会教育の振興に関する基本的な調査企画
④ 地方公共団体に対する社会教育施設等の財政援助および各種の情報提供
⑤ 全国的規模の民間団体の社会教育活動の育成
⑥ 社会教育関係事業および研究の大学や地方公共団体に対する委嘱
⑦ 大学等の教育機関の協力による専門的職員の養成・確保と処遇改善
(2) 直轄事業の実施
① 全国的な観点からの施設の設置
② 国立の社会教育施設の設置
③ 広域的、モデル的施設の設置
［都道府県の役割］
(1) 奨励援助
① 都道府県レベルの民間団体や民間指導者に対する指導・助言
② 市町村に対し、管内の教育機関の管理・運営の基本的事項について必要な基準の設定
③ 各種資料の提供と社会教育振興に関する指導・助言・援助
④ 管内の市町村との連絡
(2) 直轄事業の実施……広域的な社会教育施設の設置運営
［市町村の役割］
(1) 奨励援助……民間団体や民間指導者への指導・助言
(2) 直轄事情の実施
① 社会教育施設の設置、運営
② 各種学級・講座、各種集会、運動会などの開催・奨励
③ 社会教育資料の配布と設備、器材の提供
④ 地域住民の学習要求と地域社会の教育的必要の的確な把握
⑤ 地域住民の積極的な学習意欲の触発

　国の場合は奨励援助の比重が大きく、市町村の場合は直轄事業の比重が大きい。社会教育行政を進めるうえで、こうした役割分担は妥当であった。
　生涯学習の概念が導入されたことにより、新たな役割が社会教育行政に割り当てられるようになる。平成2（1990）年「生涯学習の振興のための施策の推進体制等の整備に関する法律（以下、生涯学習振興法と記す）」では、都道

府県と市町村が取り組む事務の違いが明確にされていた。

　第一条に目的を生涯学習振興のための都道府県事業を定めるとしている。

　第二条、国と地方公共団体は国民の自発的意思を尊重するよう配慮する。

　第三条、都道府県の事業は「①学習機会に関する情報の収集・整理・提供、②学習需要等に関する調査研究、③地域実情に即した学習方法開発、④指導者等の研修、⑤関係機関・団体への援助等、⑥社会教育の講座と学習機会提供」となっている。

　市町村事務に関する記載はなく、都道府県と市町村は、この法の上では明確に区別されている。

　生涯学習振興法をみていこう。第三条の一には「学校教育及び社会教育に係る学習（体育に係るものを含む。以下この項において「学習」という。）並びに文化活動の機会に関する情報を収集し、整理し、及び提供すること。」とある。注目すべきは、学習情報を最初とする点である。

　ここで、学習情報提供を例として都道県と市町村の役割の違いをみていきたい。

　我が国の生涯学習推進は、昭和46（1971）年の社会教育審議会答申『急激な社会構造の変化に対処する社会教育の在り方』から始まり、学習情報提供・学習相談の必要性が指摘された。昭和59（1984）年に文部省社会教育局視聴覚教育課が学習情報課に改組され、学習情報への取組が本格化する。

　昭和60（1985）年からの検討を経て昭和62（1987）年「生涯学習情報提供システム整備事業」が開始され、都道府県と市町村の連携によるデータベース構築が進められた。平成2（1990）年「生涯学習振興法」が出され、同年度中に13府県[29]において「生涯学習情報提供システム」が整備され稼動し、全国の都道府県に展開していった。

　平成2（1990）年度の栃木県資料では、県の役割は「広域的な情報収集・提供、データベース構築、市町村の情報提供体制整備が遅れる場合に市町村の役割を補完する」とし、市町村の役割は「直接地域住民に必要な情報を提

供する、住民の求めに応じ広域的な情報ネットワーク化を推進する。コンピューターシステムの理解促進に努める」とされている。全国的にみると大規模自治体は独自にデータベース構築を行う場合もあったが、都道府県の役割は広域的な情報収集提供とデータベース構築であった。

> 平成2年度栃木県生涯学習推進会議報告書[30]より
> 「生涯学習情報提供システム整備について」
> ○県の役割
> 「広域的な情報収集・提供、データベース構築、市町村の情報提供体制整備が遅れる場合に市町村の役割を補完する」
> ○市町村の役割
> 「直接地域住民に必要な情報を提供する、住民の求めに応じ広域的な情報ネットワーク化を推進する。コンピューターシステムの理解促進に努める」

システム整備は国庫補助を活用し各都道府県独自で行われた。インターネットの普及により構築されたシステムは急速に旧式化したため、学習情報提供システムは立ち上げから10年足らずで様変わりしている。生涯学習情報提供システムは、生涯学習振興に一定の役割を果たしてきたことは認められるが、生涯学習振興を推進する主たる事業とはなり得なかった。

生涯学習振興法に掲げられた学習情報提供事業では、都道府県において社会教育主事がその任に就くこともあり、市町村との連絡調整、データ収集、端末配備等の広域的な取組を進めていた。都道府県の社会教育主事の職務は、市町村の社会教育主事のそれとは趣が異なり、直接地域住民と関わるのではなく、国の動向・県の方針をもとにして行動している。市町村職員との調整は、行政職としての資質能力が問われる場面であり、都道府県の社会教育主事に必要とされる資質・能力として重要なものは、情報収集力であろう。広域的な情報収集は市町村の支援に役立てることができる。

3　都道府県社会教育主事の役割

　国立教育政策研究所社会教育実践研究センターの調査によると、平成20（2008）年4月1日現在に発令されていた都道府県の社会教育主事の人数は、下記のとおりであった[31]。
　　　5人以下　11自治体（23.4％）、　6～10人　7自治体（14.9％）、
　　　11～20人　6自治体（12.8％）、　21～30人　8自治体（17.0％）、
　　　31～40人　5自治体（10.6％）、　41～50人　6自治体（12.8％）、
　　　51～65人　4自治体（8.5％）
　一般的に市町村は基礎的な自治体として、住民に最も身近な日常生活に直結する事務を処理する。都道府県は、広域にわたるもの、市町村の連絡調整や一般の市町村が処理することが適当でないと認められるものを処理する。
　ここで都道府県の社会教育主事が担う業務を事務分掌からみてみよう。3つの自治体の例をあげる。社会教育主事が担当する事務を明確にするため、例とする都道府県教育委員会だけが行う独自の事業は除外した。先の調査でも、都道府県の社会教育主事の人数は5人以下から60人以上と幅広く、ここにあげるのは、都道府県教育委員会の本庁に属する社会教育主事のうち、社会教育部門に属する社会教育主事が担当する事務である。
　Ａ自治体では社会教育に関する事務分掌に、4名の社会教育主事が携わっており、全体で12名の職員が様々な業務を分担している。社会教育に関する事務分掌以外でも、生涯学習と社会教育関連施設、文化やスポーツを担当する事務分掌にも社会教育主事が配置されている。他の事務分掌で行われる業務は多岐にわたるため、社会教育業務に関する事務分掌のみ示す。
　Ａ自治体の平成28（2016）年度の社会教育に関わる事務分掌は次のようになっており、特に社会教育主事が主担当となっている業務を下線で示す。

　　　Ａ自治体の社会教育業務

1　グループ所管事務の総括及び調整に関すること
⑴　主に社会教育推進に関すること
⑵　議会の対応に関すること
2　社会教育・読書活動推進に関する総合企画、調整等に関すること
⑴　教育目標の策定に関すること
⑵　教育推進計画の登載事項の調整に関すること
⑶　知事公約関連事業に関すること
⑷　政策評価調書の総合調整に関すること
3　青少年教育に関すること
⑴　関係部局等における委員会・専門的指導・助言に関すること
⑵　青年活動リーダー養成講座の指導・助言に関すること
⑶　コミュニティ助成事業に関すること
4　地域の教育力向上に関すること
⑴　関係部局等における委員会・専門的指導・助言に関すること
⑵　地域連携教諭等に関すること
⑶　小さな親切運動に関すること
5　家庭教育・子育て支援に関すること
⑴　関係部局等における委員会・専門的指導・助言に関すること
⑵　学校・家庭・地域連携協力事業費補助金に関すること
⑶　子どもの生活リズム向上に関すること
⑷　学力・体力向上運動に関すること
⑸　家庭教育カウンセラー相談事業に関すること
6　社会教育関係職員の研修に関すること
⑴　社会教育主事会に関すること
⑵　社会教育主事等研修会に関すること
⑶　社会教育主事、公民館や図書館の職員その他の社会教育関係職員の研修に係る事務に関すること
⑷　社会教育主事講習の企画・運営・旅費の措置に関すること
7　社会教育委員に関すること
⑴　社会教育委員の会議に関すること
⑵　社会教育委員の公募に関すること
8　社会教育関係団体に関すること
⑴　関係部局における委員会・専門的指導・助言に関すること

(2) 団体補助金に関すること
　(3) 社会教育関係団体等の活動の促進に関すること
　　（女性団体、青年団体、PTA、公民館協会、社連協等に関すること）
　(4) PTA共済に関すること
　(5) PTAとの意見交換に関すること
　(6) 優良PTA文部科学大臣表彰に関すること
　(7) 社会教育委員全国大会に関すること
　9　調査に関すること
　(1) 「成人の日に関する調査」に関すること
　(2) 社会教育行政調査に関すること
　10　共通の取りまとめに関すること
　(1) 各部各課からの調査・照会等に関すること
　(2) 会計検査に関すること
　(3) 予算要求に関すること
　(4) 決算事務に関すること
　10　子どもゆめ基金に関すること
　<u>11　派遣社会教育主事に関すること</u>
　12　その他分掌に属さないこと

続いてB自治体の平成28（2016）年度社会教育課の事務分担から社会教育主事が担当している業務のみを抽出して示す。

　B自治体の社会教育主事が担当する業務
　・青少年体験活動事業の企画
　・自然体験活動事業に関すること
　・総合計画に関すること
　・部局連携に関すること
　・社会教育担当者会に関すること
　・自然の家委託事業に関すること
　・社会教育施設（公民館）に関すること
　・公民館初任者研修に関すること
　・社会教育指導員連絡協議会に関すること
　・市町村社会教育担当者研修に関すること

・子どもの読書活動に関すること
・調査統計に関すること（社会教育統計調査）
・国際理解、ユネスコ活動に関すること
・県子連に関すること
・消費者教育、人権教育に関すること
・高等学校、中学校卒業程度認定試験の運営に関すること
・放課後子ども総合プランに関すること
・青少年健全育成、青少年教育に関すること
・成人教育（高齢者）に関すること
・家庭教育支援、家庭の教育力向上に関すること
・社会教育主事講習派遣に関すること
・PTA活動に関すること
・文化・スポーツ課に関すること
・男女共同参画推進に関すること
・社会教育関係団体に関すること
・職員研修に関すること
・社会教育委員の会議に関すること
・市町村社会教育委員連絡協議会に関すること
・社会教育研修会等に関すること

となっており、社会教育主事兼指導主事が担当するものは、

・学校支援地域本部事業に関すること
・学校・家庭・地域連携サポート事業に関すること
・体験活動・ボランティア推進センター事業に関すること
・女性団体に関すること

などである。

　C自治体の平成28（2016）年度における社会教育主事の事務分掌は、

1　社会教育委員に関すること
2　社会教育主事の資格認定に関すること
3　公民館その他社会教育施設設置及び運営について指導助言に関すること
4　地域教育に関すること

5　社会教育関係団体に関すること
6　家庭教育に関すること
7　青少年教育に関すること
8　PTAに関すること
9　社会教育通信に関すること
10　視聴覚教育（社会教育に限る）に関すること
11　生涯教育に関すること

となっている。

　3つの自治体の例からわかることは、都道府県の社会教育に関する事務として共通のものは、社会教育主事に関すること、社会教育委員に関することなどである。事務処理的な分担は他の職員が担当し、専門的分野への関わり方が深い傾向にある。また、直轄事業の企画運営も担っている点は、市区町村社会教育主事と同様であろう。

　これまで、都道府県の社会教育主事の役割を戦前の歴史的背景からたどってきた。社会教育団体については、A自治体では社会教育主事以外の事務職員が担当しており、その関係も行政と団体とのつなぎ役となるような関係である。団体を広域的に捉えるという意味では、都道府県の社会教育主事は、市区町村の社会教育主事とは異なる指導者を相手とする。

　A自治体、B自治体では社会教育法第6条に示される都道府県教育委員会の事務である社会教育関係職員の研修を社会教育主事が担当している。

　3つの自治体の事務分掌例から、都道府県の社会教育主事は、他の職員とともに、広域にわたるもの、市町村に関する連絡調整、市町村が処理することが適当でないものなどを処理しており、地方自治法や社会教育法に示される事務の一部を担っていることが確認できる。

　都道府県の社会教育主事は、市町村の社会教育主事とは異なる視点での専門性の発揮が期待される。とはいえ、都道府県の社会教育主事のほとんどが教員からの異動であり勤務年数も短い。広域的に市町村のニーズに応えてい

くためには、経験・知識・技術を蓄えた都道府県の社会教育主事を長期的に育成していかなければならない。

〈注記・引用文献〉
1) 土岐　寛・平石正美・外山公美・石見　豊著『現代行政のニュートレンド』北樹出版、2011、p.107
2) 文部省『学制百年史』帝国地方行政学会、1972、p.542
3) 蛭田道春『社会教育主事の歴史研究』学文社、1999、p.44
4) 文部省『学制百年史』帝国地方行政学会、1972、pp.609-613
5) 蛭田道春『社会教育主事の歴史研究』学文社、1999　大正期から昭和初期の社会教育について具体的業務実績等から解明している
6) 同上　藤井の職務については、pp.58-63を要約
7) 同上　p.53
8) 同上　p.58
9) 永守良治「戦前社会教育主事のおもいで」『月刊社会教育』1962-11「月刊社会教育」編集委員会編、1962、pp.60-65
10) 同上　p.62
11) 神田雅貴「戦前の社会教育主事の役割～埼玉県における成人教育講座への関わりから～」『日本生涯教育学会論集』34、2013、pp.103-112　中原英寿についてはpp.108-110を要約した。
12) 同上　p.110
13) 同上　p.111
14) 蛭田道春「社会教育主事の歴史に関する研究」『大正大学研究紀要』第83号、1998、pp.156-158
15) 同上　p.151
16) 蛭田道春『社会教育主事の歴史研究』学文社、1999、p.23
17) 文部省『学制百年史』帝国地方行政学会、1972、p.778
18) 文部省『学制百年史』、国立教育研究所編『日本近代教育百年史第7巻　社会教育(1)』とともに、終戦直後の状況に関しては多角的な研究が行われ、横山　宏・小林文人編『社会教育法成立過程資料収集』昭和出版、1981なども詳しい。
19) 国立教育研究所『日本近代教育百年史第8巻社会教育(2)』1974、p.782
20) 国生　寿「社会教育主事の職務と専門性」『人文學　Doshisha University Jinbun-

gaku』152、1992、p.60
21）横山　宏・小林文人編『社会教育法成立過程資料集成』昭和出版、1981、p.230
22）日本社会教育学会社会教育法制研究会『社会教育法制研究資料』Ⅰ～Ⅶ、1969～1970他に示されている
23）小林　繁「社会教育職員の専門性に関する研究」『明治大学人文科学研究所紀要』36、1994、p.203
24）小川利夫・新海英行編『GHQの社会教育政策―成立と展開―』大空社、1990、p.10
25）前掲　横山　宏・小林文人編書　pp.248-253、国会における文部大臣の「社会教育法の一部を改正する法律案提案理由」と「社会教育法の一部を改正する法律案について」から（小林）
26）村上博光「社会教育主事の性格と問題」『教育学論集』11、大阪教育大学教育学教室、1982、p.46
27）文部省『学制百年史』帝国地方行政学会、1972、p.778
28）湯上二郎編著『新訂・社会教育概論』日常出版、1982、pp.91-92
29）各都道府県教育委員会教育長あて文部省生涯学習局長通知「生涯学習情報の都道府県域を越えた提供の在り方について」平成3（1991）年10月
30）栃木県生涯学習推進会議報告書『生涯学習情報提供システム整備について』平成2（1990）年度、p.18
31）国立教育政策研究所社会教育実践研究センター『社会教育主事の専門性を高めるための研修プログラムの開発に関する調査研究報告書』2009、p.9

第3章　派遣社会教育主事の役割

第1節　派遣社会教育主事制度の発足

　派遣社会教育主事制度は公立学校教員の中からおおむね40歳程度の者を都道府県教育委員会事務局に任命して市町村へ派遣するのが一般的であり、昭和43（1968）年度に福井県が始めた制度[1]に類似したものを他県でも採用していた。昭和49（1974）年度に派遣社会教育主事の給与の半分を国が補助する制度により、派遣社会教育主事は全国に広まった。24年間続いた給与補助金は、国の財政見直しもあり平成9（1997）年度に廃止され、平成10（1998）年度から地方交付税措置となり一般財源化された。地方交付税は自治体全体に関わり、派遣職員の給与確保を新たな独自予算とすることは困難となった。制度復活を望む声もあるが、都道府県の財政状況に照らしてそれは厳しい[2]。しかし、派遣社会教育主事制度の歴史的背景、果たしてきた役割、学校教育との関係などを具体的に検証していくことは、これからの社会教育のあり方を検討するうえでも重要である。

　派遣社会教育主事の制度的有効性については、馬場・上田・稲葉・松橋（2009）により「都道府県及び市町村の社会教育行政制度間に位置付き両制度の連携・調整を図りつつそれぞれの行政目標を達成する」、「市町村における特定分野及び特定課題に対して専門的かつ柔軟に対応する」の2点が制度的特徴から捉えられている[3]。

　本章では、派遣社会教育主事制度の成立の背景、派遣社会教育主事制度を受け入れる市町村の立場と、派遣社会教育主事個人のキャリア形成の面から制度上の課題を捉える。都道府県職員と市町村職員という2つの身分を持つ

派遣社会教育主事の立場と、都道府県と市町村の社会教育行政の役割の違いを念頭におき、派遣社会教育主事制度を通して現在の社会教育主事の在り方を検討する。

　昭和24（1949）年に社会教育法が制定され、社会教育主事の規定は昭和26（1951）年の社会教育法改正時に追加された。都道府県に設置が義務づけられていた社会教育主事は、昭和34（1959）年の社会教育法の改正により市町村にも設置されることになったが、人口１万人未満の町村は当分の間、必置が猶予された。このため、社会教育主事の市町村設置率は昭和34（1959）年以降に容易に向上しなかった。昭和46（1971）年の社会教育審議会答申『急激な社会構造の変化に対処する社会教育のあり方について』では、地方交付税を活用した「派遣社会教育主事方式」が勧奨された。同審議会は、昭和49（1974）年に『市町村における社会教育指導者の充実強化のための施策について』を答申し、市町村の財政力の問題もあり人材の確保をすべての市町村に求めることは困難である状況から、国及び都道府県が積極的に支援すべきであるとした。当時の現状として、必置義務が課せられている人口１万人以上の多くの自治体においても社会教育主事が未設置であったため、昭和49（1974）年の文部省社会教育局新規予算として「社会教育主事の給与費補助」が計上され、初年度は全国で750人分の給与の１／２を都道府県に補助する制度[4]が始まった。制度発足当時の経緯を文部省社会教育局長は次のように説明する[5]。

　　　文部省としては法改正後、交付税にも社会教育主事を入れ市町村が社会教育主事をおくことを奨励してきた。以来十五年にもなるがいまだにおかれていない町村が多い。そこでなんとか置くようにというので派遣制度を考えた。交付税は一般財源なので市町村の長の判断でほかに使える金でなかなか社会教育主事がおかれない。

と、実効性がある制度でなければならなかった状況が窺える。この制度ができたことに対して国立社会教育研修所は「昭和49年度社会教育主事の研修

計画」の中で、「本年は何といっても派遣社会教育主事の給与費に対する国庫補助が行われるようになった画期的な年度で、恐らくは今後もこの措置が当分の間続けられ、わが国の地方社会教育行政体制の整備に拍車をかけることになるだろう」と制度への歓迎の意を表し、「社研としても社会教育主事の養成確保と現職研修に一段の努力をしていきたい」[6]と述べている。

一方、自治体職員の多くが加入している全日本自治団体労働組合（自治労）は、「市町村の社教主事を充実する必要がある点については一致している」としながらも、都道府県からの派遣という制度に対して組織をあげて反対を表明していた。理由の一つとして、同一市町村内に都道府県と市町村職員という二つの身分があることにより、労働条件の交渉先が県の教育委員会にも及び事実上困難になることをあげているが、それは労働組合の問題であり本質に関係しない。

市町村が社会教育主事を配置できないでいるのは、「第一に人材の確保が困難であるからではなく、主たる問題は市町村財政が乏しいことによる、第二に地方住民の文化、教養など成人教育の要望が高まっていないことを理由にした市町村教育委員会の社会教育の軽視である」とし、文部省の言う「人材難」によるものではないとの主張[7]であった。

市町村教育委員会自らが社会教育を軽視しているとは言い切れず、そもそもこの問題は人事を掌る自治体組織全体に関係するものであり、社会教育が重要と認識しながらも自治体財政が乏しく、社会教育への予算措置が充分でないことは教育行政の枠組みを超えた問題であった。

長期的な展望にたてば市町村の継続的な社会教育主事養成に力を注ぐことが重要であるが、この派遣制度は市町村の社会教育主事の設置率を高めることが目的であった。

社会教育法では市町村の社会教育主事は社会教育主事補としての職歴が必要であり、大学で単位を取得していない職員はおよそ1か月の社会教育主事講習への出張を要した。一方、教職員免許を持ち経験5年以上の教員は、社

会教育主事講習を受けてすぐに社会教育主事になることができる。公立の義務教育教員は市町村職員であり給与は県費という既存の枠組みを利用し、派遣社会教育主事制度は、教員を市町村教育委員会事務局へ異動させて即座に社会教育主事を配置することができる制度であった。

また、国及び都道府県が市町村における社会教育主事の確保を支援するという昭和49（1974）年の社会教育審議会答申を具現化し、文部省が獲得した予算を直ちに社会教育主事の増員という結果に結びつけることができるものであった。こうした状況において始まった制度は、発足当時の市町村社会教育関係職員にどのように受け止められていたのだろうか。

第2節　受け入れ市町村職員の立場

昭和49（1974）年11月、派遣社会教育主事制度が発足した当時の埼玉県都市社会教育主事会による調査結果[8]を見てみよう〈表3-1〉。回答者は55人となっており、その中には4人の派遣社会教育主事を含んでいた。

この結果から、制度発足当時の市町村社会教育主事の困惑ぶりがわかる。

〈表3-1〉埼玉県都市社会教育主事会調査結果

(昭和49（1974）年11月)

「今年度から発足した派遣社会教育主事の制度をどう思いますか？」

回　答　内　訳	人　　数	百分率	内派遣 社会教育主事
1　望ましい制度	9	16.4	2
2　好ましくない	22	40.0	0
3　どちらともいえない	16	29.1	0
4　わからない	6	10.9	1
5　回答なし	2	3.6	1
計	55	100%	4

出典：『派遣社会教育主事問題資料Ⅱ』社会教育推進全国協議会調査研究部、1975、p.38

特徴的な理由を分類する。

「望ましい制度」の理由として、市町村の人材難に関し以下のようであった。
- ・教育専門家が不足している
- ・学校教員は指導技術、人格等の能力が有る
- ・専門職としての知識と経験ある人材に期待
- ・現状では市町村が専門職を採用しないから、市町村では絶対数が不足している

などが挙げられている。また「県と市町村のパイプ役となる」ことも期待として挙がっていた。

「どちらともいえない」理由としては、以下のようになる。
- ・基本的には望ましいが即席的なものだけに活用に問題がある
- ・行政基盤が整った市町村には好ましくないが弱いところでは必ずしも好ましくないとはいえない
- ・本来は望ましくないが未設置市町村もあるのでやむを得ない
- ・市町村独自に設置するよう理事者の認識が先決だろう

という外部人材の投入もやむを得ない市町村の現状が窺える。また人材に関して「地域の実情に即した仕事ができるか」、「腰かけになりやすい」という意見がある。

「好ましくない」という反対意見をまとめてみる。
- ・市町村が人材増をしないと逆結果になる
- ・市町村の職員から任用すべきである
- ・市町村身分の社教主事の伸展をはばむ、現状の職員優先や増員が先決

など市町村人材を優先すべきというもの、受け入れる人材に関しては、
- ・勤務できる年数が問題、腰をおちつける態度がもちにくい
- ・すぐ学校にもどりたがる
- ・学校教員の栄進の具に利用される

という期間や態度に関するもの
- ・理論だけ知っていてもできない仕事だ
- ・一か月位の資格講習を受けただけでは無理
- ・地域の実情にうとい者にはムリだ、学校教育に長じていれば社会教育にもという考え方に問題がある

と社会教育主事の専門性に関連した反対理由などがあった。このような意見は、当時の市町村社会教育主事が抱いていた考えを端的に示している。

国庫補助金制度開始から約10年後の昭和57(1982)年、広島県教育委員会による調査研究では、広島県内自治体の社会教育関係職員に対して派遣社会教育主事の役割と効果に関する意見を収集している。当時の広島県内101名の社会教育関係職員から得られた派遣社会教育主事制度の評価[9]では、不賛成意見はわずかに4名であり先の埼玉県の調査とは場所、対象も異なるが、制度発足から約10年を経て派遣社会教育主事制度が定着していたことがわかる。

それぞれの意見に対する理由をまとめた結果は、〈表3-2〉のようになっている。

〈表3-2〉 広島県社会教育職員への調査

(昭和57(1982)年度)

① 賛成意見

ア．社会教育振興に有効な制度	54
イ．財政的に設置困難な自治体に必要な制度	18
ウ．教員の経験に、また学校教育との交流に良い制度	8

② 条件つき賛成意見 (①と②には重複あり)

ア．人選に要望はあるが制度には賛成	17
イ．期間に不満はあるが制度には賛成	20
ウ．教員の昇進の手段となっては困るが賛成	8

③ 不賛成意見

ア．各市町村の自主性の芽をつむ恐れがある	1
イ．社会教育推進の基本的解決にならない	1
ウ．人材よりそれだけの財源を助成すべき	1
エ．余り必要を感じない	1

この制度を継続するかどうか

ア．現状のまま継続すべきである	35
イ．手直しして継続すべきである	60
ウ．やめてもかまわない	3
エ．やめるべきである	3

出典：『広島県派遣社会教育主事の役割等に関する調査研究報告書』1993、p.34

　派遣社会教育主事のメリットとデメリットを聞くと、メリットはデメリットを大きく上回っているものの、デメリットが生じたという意見も33名から寄せられている。最も多い意見は、「期間の限定によって十分定着しない」（22名）であり、その内訳は「終了後の対応が困難で事業推進に混乱」（14名）、「活動が消極的で主体性を欠く」（8名）であった。

　制度発足から10年目においても、制度そのものの在り方や派遣された職員の力量に疑問があるという制度発足当時から指摘されていた不満は、依然として残っており、「派遣の任期終了とともに、受け入れ前の状態に戻ったり、そればかりか事業や推進体制に混乱が生じたりするのであるなら、制度自体の存在意義が問われていると言っても過言ではない。」と指摘されている。

　以上のような派遣受入市町村職員の意見には市町村の状況とともに個人的な見解も含まれる。受入市町村への影響については、第4節で改めて検討する。

第3節　派遣社会教育主事の立場

　派遣社会教育主事には都道府県職員と市町村職員の両方の立場があり、分限及び懲戒は都道府県、服務の監督は市町村であった。都道府県により対象となる教員年齢、経験年数などに違いがあるが、例えば北海道では一定の基準に達した教員が指導主事同様に「専門的教育職員採用候補者選考」を受け社会教育主事となる。派遣社会教育主事経験後、一定年齢基準に達するとほとんどが学校管理職となる。教育公務員特例法で社会教育主事は専門的教育職員に位置づけられているが、給与面では行政職となり不利な状況であった。給与面ばかりではなく、組織機構、勤務形態など、学校の教員としての立場から不慣れな市町村行政組織に異動になり、特に赴任時には戸惑いがあったのは当然であろう。

　派遣社会教育主事制度発足当時、自治体の中には制度に反対の職員も少なからずいたことは、先の埼玉県都市社会教育主事会の調査からも明らかである。派遣された職員の職場内における人間関係が難しかったことは容易に想像できる。例をあげると、中沢松治は昭和49（1974）年に新潟県見附市に派遣社会教育主事として着任した。彼の実践の始まりは、職員との人間関係の醸成であったとされる[10]。派遣社会教育主事という理由でベテラン職員から特別視され、「最初は県の命令を受けて職員を監督するために来たとでも思っていた職員」に対して話し合いによって打ち解けていかなければならなかったという。

　制度発足から9年を経過した昭和57（1982）年の佐賀県教育委員会調査研究[11]にも、このような傾向は表れている。派遣社会教育主事に対して行った自己活動評価では、14の領域において十分に力を発揮しえた領域とあまり力を発揮しえなかった領域が分析されている。「施設・設備の充実についての指導助言」、「調査研究活動についての指導助言」を含む分野では十分に力が

発揮できなかったとする自己評価がめだっている。こうした点について、

> 外部からいわば突然の形で入っていった派遣社会教育主事はいわゆる"よそ者"としての気がねや配慮があったことはごく当然であり、また市町村の側の受け入れ態勢にもとまどいがあったとすれば、同一行政機構内部の同僚職員に対する指導助言が遠慮がちになるのも無理からぬことであろう。

と、置かれた立場についての説明が加えられている。

人間関係の構築は個々人の力量による面も大きいが、置かれた立場そのものが難しい状況の中で、派遣社会教育主事は、組織の外部への対応に力を発揮していた。同調査結果では、派遣社会教育主事が自分の勤務を振り返って、学級講座の開設、指導者養成、サークル・グループ活動の促進などに力を発揮したという自己評価が高くなっている。佐賀県調査では、受け入れ状況の問題点と、今後の市町村への課題を次のようにまとめている[12]。

> 第一の要望は、受け入れる市町村の側の社会教育に対する姿勢や意識を高めることである。"孤軍奮闘しても効果が少ない"とか"派遣先の職員との間に意識のずれがある"とか"一般職なみで権限もない"などはこのことを示している。
> 第二の要望は、物的人的に社会教育行政を充実させることである。社会教育主事と公民館主事との兼任の問題や文化財担当者がいないなどがその具体例である。
> 第三の要望はいわば社会教育の宿命的な問題であるが、夜間勤務、日・祝日勤務などが多く極めて多忙であるという点であった。

派遣社会教育主事は、様々な悩みを抱えていたことについては、堀井（1993）が、S県町村派遣社会教育主事に対する意識調査をもとに分析を行っている。職務内容における悩みは、「担当分野が多すぎる」、「日、祭日、夜間勤務が多い」ことが上位となっている。派遣社会教育主事は、「人間関係で苦労」し、「各課（係）の連携協力が十分でない」ことを痛感している。また、「教員の時以上に多忙である」との意見を抽出したうえで、社会教育主事は、「多様、多量で機能分担が不明確という社会教育主事の仕事の難しさを実感している」と指摘する[13]。

〈表3-3〉 北海道派遣社会教育主事市町村派遣年数

(昭和49年～平成19年)

派遣年数	1	1.5	2	2.5	3	3.5	4	4.5	5
延べ人数	12	5	41	25	294	5	4	1	2

出典：『北海道教育委員会社会教育主事会50周年記念誌』2007より筆者が作成

　派遣期間中にどのような仕事に携わることができるかについては、派遣の期間の長さにもよる。派遣社会教育主事の任期は1～4年と様々であるが、3年という期間の都道府県が多い。派遣年数は都道府県と市町村の教育委員会が協定書に定め、必要があるときは協議のうえその期間を延長または短縮できた。自治体からの要望による期間延長がある一方で、市町村が希望する人材像と派遣者のミスマッチ、市町村と派遣者の意識のズレが埋められなかった場合の期間短縮[14]もあった。

　北海道の派遣終了者の市町村派遣年数[15]を例として〈表3-3〉に示す。北海道の場合、基本的に協定で3年という期間を設けて市町村に派遣されていたが、稀に1年というケースもあった。期間の短縮は少なからずあったことがわかる。

　派遣社会教育主事制度全体の効果については受け入れ市町村に対する様々な調査結果のまとめに表れている。市町村に派遣された個々人のケースで考えると、派遣される人物の力量と人間関係が、派遣社会教育主事の受け入れ成果に大きく影響していることは否めない。学校管理職候補かどうかは別として5年以上の教員の経験があり、社会教育主事講習を受講すると教育委員会事務局において社会教育主事として発令できることが派遣社会教育主事のメリットである。派遣する人材を「専門的教育職員採用候補者選考」にかけるかどうかは都道府県によって異なる。派遣される教員は、市（区）役所・役場職員のように社会教育主事補としての経験を積んでいない。社会教育の仕事に対してどのようなスキルを持っているかどうかは問われていない。社会教育主事としての専門性を発揮できるかどうかは異動後の本人次第という

〈表3-4〉 福井県派遣社会教育制度に関する評価

（1979年調査）

「派遣社会教育主事制度実施後十年を経過しましたが、この制度に対するあなた自身の評価はいかがですか」

評　　価	人　数	％
よかったと思う	93	67.4
よくなかったと思う	3	2.2
一長一短ありどちらとも言えない	39	28.2
その他	3	2.1

出典：冨士貴志夫「派遣社会教育主事に関する実証的研究」『日本の社会教育』23、日本社会教育学会年報編集委員会編、1979、p.230　表8

ことになる。とすれば、受入先の市町村の評価は、人物本位にならざるを得ない。

　それでは、なぜ派遣社会教育主事としての職に就くことになったのか、冨士（1979）は、福井県派遣社会教育主事制度が始まって10年となった昭和54（1979）年3月に現職及び前任者173名に対して調査を行っている〈表3-4〉[16]。派遣社会教育主事採用直前の勤務校の種別は「小学校」50.7％、「中学校」47.8％、「高校その他」0.7％となっている。学校教員から地方教育委員会の推薦によって派遣社会教育主事に任用されることになるが、その際、一般的にみて、本人の希望と他からの勧めにより申し出る場合がある。その割合は、「本人の希望による場合が多い」という答えが、わずか2人で全体の1.4％であった。「他からのすすめによる場合が多い」と答えたものが大半の114人で全体の82.6％となっており、「どちらともいえない」が13.0％、「その他」が2.9％であった。この点について冨士（1979）は、「派遣社会教育主事の人選は、本人の希望に基づいたものではないといっても差し支えない」といい、「派遣社会教育主事の特色を示すものであろう」と述べている。

　本人の希望によらず社会教育主事への異動を命じる事例もある。内田（1995）は、高知県教育委員会が平成4年に高校体育教師を県立青少年の家

及び体育館の社会教育主事に転職させた事例についての考察を行っている[17]。この件では異動を命じられた教員は社会教育法に定める資格を有さず、社会教育主事としての採用される手続きもなく、本人も転職の意思はなかった。この高校教諭が原告となり地位確認を高知地方裁判所に求めたが、原告の請求は棄却されている。本件事例分析を通して、内田は改めて次の課題を挙げている。

①社会教育主事（教育委員会事務局）の職務及び専門性とはなにか
②社会教育主事と社会教育施設職員（公民館・青少年の家・体育館等）との専門性の違いと連続性
③社会教育主事の養成・採用・研修の問題点
④法及び制度の問題—特に自治体例規の問題

派遣社会教育主事側からは、先の佐賀県調査に見られるようにほとんどの職員は高い意識を持って市町村へと派遣されていた。その一方で、市町村職員側からは、一部の派遣社会教育主事が「管理職目前の中堅クラスの教師が管理職への腰かけとして、社会教育主事の仕事をしている」と見られていたことも事実である。先の高知県の事例のように、社会教育主事への異動が単なる教員の人事上の一コースのように見なされていたという例もある。派遣社会教育主事が学校への復帰を慣例とした学校管理職コースとして全国的に機能していたことは間違いなく、市町村社会教育主事の在り方に関する論議を複雑にし、本来の社会教育主事の専門性を歪めてしまったと言っても過言ではなかろう。

では、派遣された者が派遣社会教育主事としての経験から得られたものは何であったのだろうか。冨士（1979）は、10年を経過した福井県の制度について、派遣社会教育主事経験者に制度に対する評価を求めている。

この問いには更に理由を記入してもらっている。多くの人が自分との関わりで評価を下しており、「視野の拡大」、「人間的な成長」というものが多く、一般的な理由にほとんどの人が「学校教育と社会教育との連携の道がひ

らけた」をあげていた[18]。佐賀県教育委員会調査（1983）には、次のような言及がある[19]。

> 人々が派遣社会教育主事体験から得たものは極めて多様である。多くの主事は、学校現場へ帰った関係から社会教育との対比で学校教育を見直したり、社会教育が原則とする学習の自発性を再認識したり、地域や家庭の実態が見えるようになったというような点で自分の教育観や学習観を整理し直している。総じて人々の評価は前向きであり、学校教員の社会教育体験が教育全体のあり方を決めていくうえで極めて重要な意味があることを示唆している。

と、個人的な体験を教育全体に広げていかなければならないということに言及している。続いて、派遣の経験がその後のキャリアにどう活かされていくのかについて検討する。

派遣社会教育主事経験後のキャリアとしては、学校管理職が一般的な道筋である。派遣期間が長くなり、2期〜3期と続けることにより学校現場への復帰時に、教育事情の変化に苦労したという声は多い。

北海道の派遣社会教育主事を例にあげると、個別のキャリアでは派遣先市町村の社会教育の現場に定着したケースもあり、昭和49（1974）年に派遣された42名のうち3名がそのまま派遣先の市町村に残り、平成19（2007）年までの派遣社会教育主事経験の退職者182名のうち、昭和49〜62（1974-1987）年に派遣された9名が派遣先の市町村に留まっている。

派遣社会教育主事の異動パターンとしては派遣1期3年で学校現場へ戻る他、2期〜3期目で青少年教育施設、教育局（県においては教育事務所に相当）または本庁に入り教頭で学校に戻る、派遣経験後に複数の教育局、施設、本庁等を異動し15〜20年で校長となる、などがある。北海道教育委員会の社会教育主事も市町村の社会教育主事同様、社会教育主事経験後の行政組織内のポストは限られており、北海道教育委員会事務局の管理職に昇格する人数は限られている。〈表3-5〉に北海道教育委員会派遣社会教育主事経験者の平成19（2007）年までの退職時の役職を示す。

〈表3-5〉 北海道教育委員会派遣社会教育主事経験者182名の退職時の役職

(昭和49〜平成19年までの退職者)

学校	小学校	中学校	高校	特別支援	その他	
校　長	72	47	9	0	市町村職員	9
教　頭	4	3	3	0	道職員	3
教　諭	3	10	6	3	教育長	5
合計	79	60	18	3	不明	5

合　計
学校　160名
その他　22名
合計　182名

出典：『北海道教育委員会社会教育主事会50周年記念誌』2007から筆者による作成

　〈表3-5〉の北海道の例では、派遣社会教育主事経験者の多くが管理職になっていることがわかる。必ずしも管理職になっていないことも指摘でき、それは本人の希望による場合もある。

　国に先立って福井県が昭和43（1968）年から県費により実施した派遣社会教育主事制度の要綱には、「公立学校教員の中から将来管理者として適格であり、かつ地域の指導者として適任である者を選考する」とうたわれていたが、その現状がどうであったかに対して、冨士（1979）が制度発足より10年経過した年に行った調査に基づいた分析は〈表3-6〉のようになっている。

　この結果に対して、冨士（1979）は「選考が次第にずさんないいかげんな

〈表3-6〉 福井県派遣社会教育主事対象調査

(1979年)

選考に対する意見「将来管理者として適格であり、かつ地域の指導者として適任である者を選考するとうたわれていたが、その現状がどうであったか」

採　用　方　法	人数	％
だいたいその通りである	48人	34.8%
はじめはそうであったが、次第にそうとも言えなくなった	49人	35.5%
必ずしもそうとはいえない	38人	27.5%
その他	3人	2.1%

出典：冨士貴志夫「派遣社会教育主事に関する実証的研究」『日本の社会教育』23、日本社会教育学会年報編集委員会編、1979、p.230　表6

ものになりつつあるという傾向は否定できないのではないか」と指摘している[20]。実際に、福井県に限らず当初は40代の中堅教員を派遣するという原則が次第に守られなくなり、北海道においても人選に苦労し、若手教員を推薦する場合が多くなっていた。それは、社会教育主事の専門性の在り方とも深く関係し、派遣した教員が市町村の期待に応えることができたかどうかという疑問が残る。派遣先の市町村が教員の研修先となってしまったのではないかとも懸念される。教員のキャリアと社会教育主事の専門性の関係性については根拠がなく、教員としての経験が長ければ社会教育主事としての力を発揮できるかといえば、そうとは限らない。派遣制度が続いていた時期に、教員からの人材受け入れに対する疑問の声が寄せられていたが、社会教育主事の専門性について派遣制度との関係で論じられていない。

　派遣社会教育主事の経験者の立場では、ほとんどの経験者から「視野が広がった」という言葉を聞く。定期的な転勤はあるものの学校以外の職場を知らない教員にとっては当然のことであり、そうした経験がどのように学校に活かされているかが重要である。「学校教育と社会教育との連携の道が開けた」という派遣者からの評価も高い。一般的に派遣社会教育主事が学校に戻ることにより学校の社会教育への理解が深められていると言われている。しかし、学校教育現場の中で社会教育主事の経験が活かされる場面は限られている。北海道内の現役義務教育の学校長へのヒアリング[21]では、直接的に社会教育の経験が生かされたという場面はなく、外部機関との連携を必要とする機会があれば経験が活かされるとのことであった。

　佐賀県のスポーツ担当派遣社会教育主事25人を対象とした昭和57（1982）年の調査においても、「派遣終了後、現在の職場に戻られて社会教育での体験がどのように生かされていますか」という問いに対してわずかに3つの回答しかなく、「視野が広くなり教育の考え方が変化した」、「社会教育の自発性の重要性を認識した」という意見にとどまっていた[22]。

　派遣社会教育主事を経験したことによる意識の変化は見られるが、社会教

育主事が担う役割は多様であり、学校現場でその経験を活かすことができると感じられる場面はそれほど多くはなかった。

第4節　派遣社会教育主事制度の役割と効果

昭和57（1982）年、文部省（当時）は全国の道府県に派遣社会教育主事の役割等に関する調査研究を委嘱している。北海道、秋田県、岩手県、福島県、群馬県、静岡県、石川県、広島県、佐賀県、鹿児島県、兵庫県（中間まとめ）の調査報告書の存在が確認されたが、このうち国立教育政策研究所社会教育実践研究センター所有の資料をもとに、道と県の6つの調査結果から、この制度の役割と効果を概観してみる。

1　広島県教育委員会による調査研究

広島県教育委員会昭和57年『派遣社会教育主事の役割等に関する調査研究報告書』においては、派遣社会教育主事の果たしている役割とその効果を、教育長と社会教育関係職員への調査から明らかにしている。

昭和57（1982）年の教育長調査では、広島県内87市町村のうち、派遣社会教育主事を受け入れた、ないしは受け入れている84市町村の教育長への意見を記述回答方式で調査している。派遣先市町村の地域課題や生活課題そして住民の学習要求も異なることから、派遣社会教育主事の役割は多岐に亘っており、教育長の意見を集約することは困難であったとしながらも、派遣社会教育主事の役割として特徴的なもの、顕著であったものは浮き彫りにされている。

まずあげられるのは、社会教育行政の計画的推進を図るなかで、社会教育事業の充実に専門的技量を発揮し、中核的な存在として指導性を発揮している点である。84市町村のうち、「社会教育事業の充実」については53市町村の教育長がその役割と効果に対する回答を寄せており、「指導性の発揮」に

ついては45市町村の回答であった。また、「様々な広報誌に関係」し（59市町村）、「企画編集、情報の提供等の広報誌発行における仕事」（52市町村）に大きな役割を果たしていた。「社会教育団体やグループの育成」では44市町村で役割を果たしているとの回答があった。「社会教育推進上の新たな工夫や考え方」（40市町村）については、派遣社会教育主事を受け入れることによって、「社会教育」、「コミュニティ形成」、「文化活動」、「社会体育面」について新しい事業が導入されていた。55市町村で、社会教育事業面における変化があげられ、社会教育事業の拡大と充実において社会教育主事を受け入れた効果が認められている。派遣社会教育主事を受け入れたメリットでは、「社会教育推進体制上のメリット」（49）、「社会教育事業の展開におけるメリット」（75）があげられている。デメリットの指摘は18市町村にとどまり、メリットはデメリットを大きく上回っている。

　市町村の社会教育関係職員への意見調査では、「公民館長」20名、「公民館職員」9名、「教育委員会事務職員」72名の合計101名からの回答が教育長調査と同様に分析されている。教育長調査同様に、地域課題や住民の学習要求等は多様であり、社会教育主事自身の専門性やパーソナリティも相違しているため意見の集約には若干困難が伴うとしたうえで、社会教育事業の新たな展開や効果についての特徴的な点が述べられ、派遣社会教育主事の役割を浮き彫りにする貴重な意見も多くあがっている。この調査では、社会教育関係職員によって認知された派遣社会教育主事の役割と効果が、以下のように分析されている[23]。

　　　派遣社会教育主事は、社会教育行政の計画的推進、なかでも社会教育事業企画・指導・推進という広範囲にわたり指導性を発揮し、事業の充実に寄与している。また、派遣社会教育主事を受け入れた際の効果として、行政のマンネリ化の是正・新しい感覚の導入（例「本町の範囲の限られた視野に新しい観点を与えた」）や社会教育・社会教育行政の認識の深化（例「社会教育予算要求への理解が深まった」）のような、いわば付随的とも言えることについての認識が特徴的

である。

　学校教育と社会教育との連携にしては、「学校教育と社会教育の『連絡調整』あるいは『パイプ役』と捉えることが可能であろう」とされている。

　調査結果のまとめとして、行政・組織・体制上の波及効果として、派遣社会教育主事制度により、社会教育主事の設置が促され、課や係の新設、職員の配置、施設・設備の整備などが見られた。社会教育事業の変化では、質量ともに未設置の時に比べて充実したこと、約半数の市町村で社会教育の重要度に関する認知が高くなっていた。提言として、以下の点がなされる。

　　　①今後とも派遣社会教育主事制度の拡充を図ることが望ましい、②派遣社会教育主事が十分にその機能を発揮できるか否かは、受け入れ側市町村の受け入れ態勢によって左右されるところが大きいので、県当局はそのことに対して周到な措置をとる必要がある、③派遣社会教育主事の職務遂行が十分に行われるためには、その特性にかなう人材の選考（自主判断および他選）が適切になされると共に、事前研修、現職研修の機会が確保されなければならない、④期限つきの派遣であるだけに、被派遣者が引き上げたあとの引き継ぎ人事について受け入れ市町村は十分な手だてを講ずる必要がある。

　以上が、昭和57（1982）年の広島県教育委員会による調査の概要である。

2　鹿児島県教育委員会による調査研究

　鹿児島県教育委員会における調査研究[24]では、派遣社会教育主事数と、地域青年団、地域婦人会、スポーツ少年団の団体会員数との関係があげられている。〈図3-1〉にその関係を示す。スポーツ少年団会員数は29,731人（100.0％）から41,574人（139.8％）と派遣社会教育主事が増えるにつれ増加している関係から、派遣社会教育主事による活動支援が顕著であったことが読みとれる。

　鹿児島県の調査では、派遣・非派遣の比較によって派遣社会教育主事制度の効果を明らかにしようとしている。新たに派遣を受ける6市町からなるA

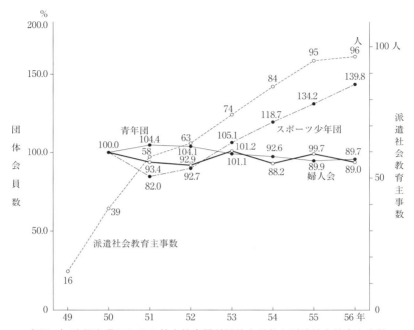

〈図3-1〉鹿児島県における社会教育関係団体会員数と派遣社会教育主事数

出典：鹿児島県教育委員会『派遣社会教育主事の役割等に関する調査研究報告書』、1983、p.10（図13）

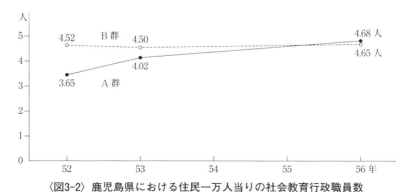

〈図3-2〉鹿児島県における住民一万人当りの社会教育行政職員数

出典：鹿児島県教育委員会『派遣社会教育主事の役割等に関する調査研究報告書』、1983、p.12（図14）

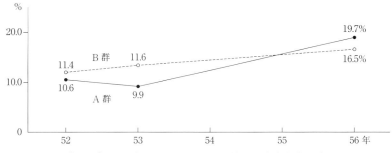

〈図3-3〉鹿児島県における住民の社会教育学級参加率

出典：鹿児島県教育委員会『派遣社会教育主事の役割等に関する調査研究報告書』、1983、p.12（図15）

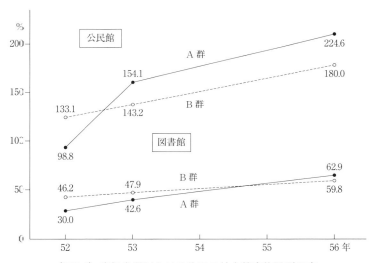

〈図3-4〉鹿児島県における住民の社会教育施設利用率

出典：鹿児島県教育委員会『派遣社会教育主事の役割等に関する調査研究報告書』、1983、p.12（図16）

群とすでに派遣を受けている6市町をB群として比較した。住民一万人当りの社会教育行政職員数〈図3-2〉、住民の社会教育学級参加率〈図3-3〉、住民の社会教育施設利用率〈図3-4〉が、派遣受け入れ後のA群で伸びていた。

このことから、「社会教育主事を派遣している市町村と、派遣していない市町村の社会教育活動を比較すると両者の間には顕著な格差がある」とされた。

派遣社会教育制度に対する市町村教育委員会の期待と評価では、「新鮮な社会教育計画の立案」に対して最も期待が高かった。

そうした期待と評価の高さからも予想されることであるが、「派遣制度が廃止されても影響はない」とする回答はゼロであり、派遣制度が廃止されると「大きな障害を生じる」（83.3％）という市町村からの回答が多かった。

3　佐賀県教育委員会による調査研究

佐賀県教育委員会による調査研究では、必要なデータが入手不可能なことから「派遣社会教育主事制度の導入と受け入れ市町村における社会教育体制の変化との間の因果関係がほとんどの分野で立証が困難である」としてい

〈表3-7〉佐賀県調査における派遣社会教育主事受け入れ市町村の職員数変化

（昭和49～57年度）

	未設置のまま変化なし	新たに1名増	1名のまま変化なし	1名から2名に増	新たに2名増	2名から3名に増		
(1)社会教育主事の数	0人→0人	0人→1人	1人→1人	1人→2人	0人→2人	2人→3人	-	-
		8	4	1	1	1		
(2)公民館主事の数	3	1	7		1人→0人	3人→3人	12人→12人	14人→14人
					1	1	1	1
(3)吏員の数	3	3	1	2	2人→2人	3人→3人	6人→6人	3人→2人
					3	1	1	1
(4)社会教育指導員の数	5	2	3	1	0人→2人	3人→3人	5人→5人	-
					1	1	2	
(5)その他の職員の数	9		1	4	2人→1人	-	-	-
					1			

（数字は市町村の数を表す）

出典：佐賀県教育委員会『派遣社会教育主事の役割等に関する調査研究報告書』、1983、p.9

〈表3-8〉 佐賀県派遣社会教育主事受け入れ後の社会教育事業の量的変化

(昭和49〜57年度)

事業の対象または分野		就任前	就任後	0-0	量的変化なし	プログラムの増加数															分野別総量
						1	2	3	4	5	6	7	8	9	10	11	12	13	14	15以上	
(1) 一般の人々を対象とする事業	学級・スポーツ教室	423	488		1	5	2	2	1		1				1						2	65
	講座・講習会	75	121		3	5	3	1		1											1	46
	各種大会	116	148		5	4	2		2		1				1							32
	クラブ・サークル	271	321		6	2			1	1	2				1						1	50
(2) 指導者を対象とした研修プログラムの数		45	75		4	3	3	1	2	2												30
(3) あなたの市町村の社会教育職員が研修に参加した延回数(外部の研修も含む)		229	566	1	3	1					2			1		1				1	5	337
(4) 情報提供・相談事業の数		36	81	4	4	1	1			1	1	1					1					45
(5) 社会同和教育のプログラム数		84	138	2	5	4	1	1							1							54
(6) 学校開放等学校と連携したプログラム	学校と連携したプログラム	23	44	2	3	6	1	1	1		1											21
	学校施設開放	98	106	12	1		1				1											8
(7) 社会教育関係団体の育成を目的とした事業プログラムの数		70	91		6	3	4			2												21
(8) その他( )		39	68	12			1											1			1	29
総　　量(合　計)		1280	1681			33	40	18	32	35	42		8		18	20		24			127	401

注 (3) 社会教育職員の研修参加延回数は総量に含まず
出典：佐賀県教育委員会『派遣社会教育主事の役割等に関する調査研究報告書』、1983、p.12

る。しかし、「首長部局幹部、教育長及びその他の社会教育関係職員の自己評価や記述内容から、派遣社会教育主事制度が当該市町村における社会教育体制に極めて大きな影響を与えたことは疑いない」、「社会教育行政活性化のうえで直接間接の引き金になったことは充分想定できる」と分析されている。

　教育長や社会教育関係職員からの調査によって、派遣社会教育主事を受け入れた市町村において、大なり小なり社会教育行政組織上の工夫や改善が施

〈表3-9〉佐賀県調査　派遣社会教育主事受け入れによる市町村部局幹部職員の認識の変化

社会教育 行政の分野	4段階評価 の変化	変化なし			変化あり				
		2→2	3→3	4→4	1→2	1→3	2→3	2→4	3→4
① 予算面で		2	4			1	3	1	4
② 人事面で		2	4		1		6		2
③ 便宜供与面で		1	6		1		3	2	2

出典：佐賀県教育委員会『派遣社会教育主事の役割等に関する調査研究報告書』、1983、p.23

されたことが認められている。

　社会教育行政組織上の改善点としては、派遣社会教育主事の派遣により公民館主事が配置され、公民館主事が専任になるなどの波及効果があげられている。従来社会教育主事を設置していなかった9町村に新たに社会教育主事が誕生し、さらに社会教育主事が増員される自治体もあった。その他、公民館主事、事務吏員、社会教育指導員の数においても増加が見られる〈表3-7〉。

　派遣社会教育主事受け入れ後の社会教育事業数の変化では、各市町村とも社会教育プログラムが大幅に増加し、変化し発展していることが各年齢階層別及び学習領域別の調査結果において明快に認めることができる。これらの変化全てが社会教育主事制度の功績ではないとしても、変化の内容が具体的な事業に関するものであるから、派遣社会教育主事の直接的影響が極めて大きいと分析している〈表3-8〉。

　市町村長部局の幹部調査から、派遣社会教育主事の受け入れを契機として、市町村長部局の幹部の社会教育に対する認識が全般的に上向いていることが確かめられている〈表3-9〉。予算面、人事面で派遣社会教育主事を受け入れる前と後では、市町村部局幹部職員や教育長の認識が違っていた[25]。

4 北海道教育委員会による調査研究

北海道教育委員会の調査研究では、教育長に回答を求めている。昭和53〜58（1973〜1983）年には、「一般派遣社会教育主事」55名、「スポーツ担当派遣社会教育主事」28名（55年に26名から2名増加）、計83名が北海道内に派遣されており、全212市町村のうち39%の自治体に派遣社会教育主事が配置されていた。

指導体制の充実では、社会教育主事の専任化、複数化が促進されたことが派遣制度の効果としてあげられている。また、この間に社会教育計画を策定する市町村数が68から95市町村へと増加[26]している。

社会教育施設の機能充実として、諸計画の策定が促進されるとともに各種事業が拡充したことが示されている。社会教育施設における各種事業の拡充に関しては、「施設経営計画に基づいて企画されたものであり、その中核的な役割を果たしている派遣社会教育主事の意欲的な取組を伺うことができる」と述べられている。

社会教育事業の推進では顕著な効果が表れている。派遣社会教育主事を当該年度に新たに設置した市町村（設置と標記）、既設置の前後2年間（既設置）と未設置市町村の同時期4年間の前後2年間（未設置）の講座等の数値について社会教育行政調査をもとに比較した数値は、〈表3-10〉のようになって

〈表3-10〉 北海道派遣社会教育主事受け入れによる社会教育事業の比較

①学級、講座において	
ア　学級・講座数の伸び	設置2.01倍、既設置1.24倍、未設置1.06倍
イ　学級・講座時間数の伸び	設置2.77倍　既設置1.42倍　未設置1.11倍
ウ　参加者数の伸び	設置2.87倍　既設置1.66倍　未設置1.21倍
②その他の事業では	
ア　開催回数の伸び	設置3.84倍　既設置1.28倍　未設置1.04倍
イ　参加者数の伸び	設置2.83倍　既設置1.49倍　未設置1.47倍

出典：北海道教育委員会『派遣社会教育主事の役割等に関する調査研究』、1983、pp.31-32　図(5)-5、図(5)-6より作成

第3章 派遣社会教育主事の役割

〈表3-11〉 広報・広聴活動に特に取り組んでいること

(複数回答)

No.	事　例	設置	既設置	未設置
1	社会教育主事の専門性を活かした効果的な広報活動を展開し、非常に効果をあげている。	7		
2	計画的・定期的に広報誌等を発行し、広報・広聴活動の効果をあげている。	5	1	1
3	市町村部局との連携を密にし、多面的な広報活動により効果をあげている。	5	1	1
4	市町村部局等の広報に便乗し、教委独自では発行していないが、効率よく実施している。		5	
5	広報紙等を中心にした広報・広聴活動以外に、方法を工夫し効果をあげている。		6	2
6	現在、発行回数など減少するなど、広報・広聴活動が停滞し、非常に苦慮している。		2	2
7	広報・広聴活動の体制が整備されていないため、人材確保に苦慮している。			4

出典：北海道教育委員会『派遣社会教育主事の役割等に関する調査研究』、1983、p.26

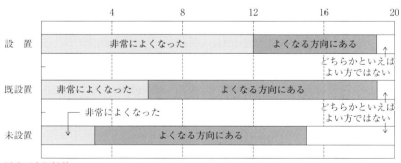

〈図3-5〉 学校教育の指導者との協力関係

出典：北海道教育委員会『派遣社会教育主事の役割等に関する調査研究』、1983、p.28

いる。

こうした結果から、派遣社会教育主事設置による効果が学級・講座の充実として示されている[27]。

また、広報・広聴活動において、派遣社会教育主事設置市町村では、積極的で計画的な広報・広聴活動が展開されていると答えた市町村が多い〈表3-11〉。

さらに、学校教育との協力関係については、派遣社会教育主事の設置・既設置の市町村の方が、「非常によくなった」「よくなる方向にある」に高い回答を示している〈図3-5〉。

5　石川県教育委員会による調査研究

昭和57（1982）年度の石川県教育委員会の調査では、市町村の派遣社会教育主事の有無に加えて、派遣年数の長・短、人口規模の違いによる分析[28]が行われ、ここでも社会教育行政調査の数値を用いたデータを比較している。人口規模による活動の差は派遣社会教育主事の有無にかかわらず、あまり見られていない。換言すれば、人口規模の違いによっては派遣の効果が変わるとは考えられないとしている。

派遣社会教育主事の有無による比較分析では、他県と同様に社会教育行政活動に影響を与えていた。派遣社会教育主事が「いる」か「いない」かという違いによって、自治体の指導者研修の参加人数、派遣回数、派遣人数が違っていた。

いくつかの項目の比較検討を通して派遣社会教育主事が、社会教育活動の活発化に大きな役割と効果をもたらしていることが明らかになっている。分析のまとめでは、「派遣期間が短いより長い方が、また断続的より継続的の方が有効であるといい得る」とし、なかでも「①施設活動、②学級講座数とその参加者、③各種大会、集会、発表会の開催数とその参加者数、④調査資料の実施や件数等に効果が顕著であるといえる」と分析されている。

また、町村の教育長33名へのアンケートを行い「派遣の効果」として、「社会教育関係団体やグループの育成が強化され、活動内容が充実した」という項目で28町村（84.8%）が、「大いに効果があった」と答えている。他にも「大いに効果があった」項目は、「社会教育学習計画や地域活動計画など立案され学習事業などの内容が充実した」が27町村（81.8%）、「市町村社会教育行政計画などが策定され、計画性ある行政が推進された。」26町村（78.8%）となっている[29]。

　石川県では町村長からも意見を集めており、派遣の存続について聞いている。「市町村の社会教育振興のため、ぜひ必要だから、今後本制度を明確な制度として確立した上で、永久に存続すべきである」（25町村-80.6%）、「現在の市町村の社会教育行政の実態から、当分の間（最低数年間）存続すべきである」（6町村-19.4%）となっており、「どちらでもない」「廃止はやむを得ない」「廃止すべきである」という答えはなく、存続に積極的な期待を寄せていた[30]。

6　群馬県教育委員会による調査研究

　群馬県教育委員会による昭和57年度文部省委嘱事業『派遣社会教育主事の役割等に関する調査研究』では、派遣社会教育主事の勤務状況、役割と効果の調査が行われている。

　群馬県では、昭和45（1970）年より県単独事業として5名を市町村へ派遣している。昭和49（1974）年は13名と増え、昭和55～57（1980-1982）年には35名（うちスポーツ担当15名）の派遣を行っていた。調査実施時の昭和57（1982）年には、「70市町村全ては一度に派遣済みとなっており、市町村教育委員会あるいは住民から、大きな期待を寄せられ、また、高く評価されている」[31]と述べられている。

　他県の調査と同様に、派遣社会教育主事制度の導入により市町村社会教育関係職員の人数、社会教育事業費、社会教育事業の参加者数が伸びている状

況が示されている。

　自由記述による「市町村からみた派遣社会教育主事制度」の意見として主なものは，次のようになる[32]。

- ○派遣社会教育主事は、それぞれの市町村において社会教育推進の中心となって活躍しており、その制度が、各地における社会教育の振興のうえで果たす役割は大きい。
- ○県と市町村行政のパイプ役（特に連絡、調整）として、非常に有意義である。
- ○市町村任用の社会教育主事に加えて、派遣社会教育主事の設置が社会教育全体にわたり円滑に運営され、その充実がみられる。
- ○派遣社会教育主事は教職経験を生かし、適切な指導助言を行い効果が大きい。
- ○派遣社会教育主事は事業の企画・立案および指導面で尽力しており、専門的立場で多角的かつ新しい視点から物事をとらえてくれるので、社会教育行政を推進するうえで大きな力となっている。
- ○派遣社会教育主事は、社会教育活動のマンネリ化を打破し、社会教育に新風を吹き込んでいくので、魅力ある活動が展開できる。
- ○派遣社会教育主事設置終了後、財政困難な町村にあっては職員の補充がのぞめず、派遣によりせっかく充実した社会教育行政の後退が懸念される。
- ○生涯学習を目指す今後の課題として、学校教育担当の指導主事と同数の派遣社会教育主事の設置を要望する。
- ○派遣社会教育主事に頼ることなく、市町村費社会教育主事を任用していくことによって、地域の特性・独自性にもとづく社会教育ができるようにする。
- ○多様化する社会教育需要に対応するためには、制度継続上一部経費の市町村負担を考慮してもやむをえない。

派遣社会教育主事制度の今後のあり方として、「各市町村とも社会教育職員体制の整備は十分でなく、そのため派遣社会教育主事に課せられる事業量は多く、責務は重いが精力的・献身的に対応し、県・市町村の社会教育の振興のけん引力となっている。そのため市町村が派遣社会教育主事制度を高く評価し、この制度の存続・拡充に大きな期待を寄せている状況にあり、県においてもこの制度の充実を一層はかっていきたい」としている。市町村格差が大きいため社会教育主事の派遣にともない、市町村に対する指導として、「複数配置、社会教育係や課の設置されていない町村への設置のための指導、長期社会教育計画の作成、市町村担当者の資質向上、モデル事業の実施、市町村社会教育主事の専門的教育職員としての待遇改善につとめる」[33]と結んでいる。

　ここにあげた6つの道と県の調査と分析は昭和57（1982）年度に行われている。

　その他にも、福島県、兵庫県（中間のまとめ）等があり[34]、調査の進め方、調査対象、分析内容方法などは、各県の実態に応じて行われ統一されたものではないが、総じて派遣社会教育主事の設置効果については分析データの中に表れており、派遣社会教育主事制度が市町村の社会教育を推進していくうえで大きな役割を果たしたことは明らかである。

　一方、松橋（2009）は社会教育関係職員数、社会教育施設設置数及びその利用団体数・利用者数、学級・講座数及びその参加者数などの数値の変化や差が、どのような意味を持つのかに対して「社会教育事業の活性化の『質』を問う上では限界があるともいえる」[35]と疑問を提示し、調査対象と設問の組み合わせに注目して議論を進めている。本節では、国庫補助金による派遣社会教育主事の役割と効果のみに着目し、顕著に効果が表れている事項を抽出するにとどめる。派遣社会教育主事が関与したことによる事業の質については問わない。

　社会教育事業数や社会教育関係団体の会員数が増えたという数量的な結果

は、市町村社会教育行政の進め方になんらかの変化をもたらしていたという点で、この事業の成果の表れである。事業の質の変化については、次節で触れることにする。

第5節　派遣社会教育主事制度の意義と現状

　鈴木（2015）は、派遣社会教育主事制度導入時の様々な批判について、「イデオロギー的な色彩の濃い批判、というより批難であったとすることができる」とし、そういう背景もあり「派遣社会教育主事制度に関する研究は、きわめて不十分にしか存在してこなかった」と指摘する[36]。

　2009年に生涯学習システム支援開発研究会が行った全国の都道府県からの調査票と7道県・19件の事例調査・面接調査から得た知見をもとに、鈴木（2015）は、派遣社会教育主事の成果を次のように整理している。第1点は、「少なくとも、社会教育振興のための行政の機構が、一定の考え方にしたがって、全国的に整備された」、第2点は、「少なくとも社会教育の理解者が広がった」、第3点は、「学校教育と社会教育の垣根が幾分なりとも低くなった」、第4点は、「第1点とも関連するが、派遣社会教育主事を受けることによって、その自治体の社会教育の体制が整備されるようなことになったであろう」、第5点は、「これも第1点と関連するが、派遣社会教育主事にかかわるさまざまな工夫が各道府県においてなされてきた」、第6点は、「派遣社会教育主事の制度は、各道府県のなかの社会教育関係職員間のネットワークを形成するに寄与したであろう」と6点でまとめている[37]。

　平成10（1998）年度からの派遣社会教育主事に関する国庫補助金の見直しにより、各道府県はそれぞれ新たな仕組みを作らなければならなかった。派遣制度そのものを廃止したところ、また、市町村派遣ではなく教育事務所に社会教育主事を配置するなどの代替措置をとったところもあった。高知県では、平成9（1997）年に派遣社会教育主事制度を廃止し、「地域教育指導主

事」という形で統合し平成17（2005）年まで続けていた[38]。また、福島県では平成23（2011）年から教育事務所の指導主事を社会教育主事として兼務発令し、新たな施策に対応させるなどの動きもみられた。

　荻野（2007）は、学校・家庭・地域の連携・協力の面から行政の推進担当者を配置する例として、島根県教育委員会の「地域教育コーディネーター派遣事業」（1999年～）、山梨県教育委員会の「地域教育推進担当」（1998年～）、群馬県教育委員会で各教育事務所に地域との連携担当者を配置している例（1998年～）を示している[39]。山口県教育委員会では教育事務所は廃止されており、鈴木（2015）は、他県でもそうした動きが広がることにより「今後、派遣社会教育主事などが新たな重要な役割を担うことになる可能性を感じさせる」と述べている[40]。また、島根県の「地域教育コーディネーター」は、平成21（2009）年には派遣社会教育主事に改称されている。

　派遣社会教育主事について、北海道教育委員会では平成12（2000）年「新しい派遣社会教育主事制度の在り方」[41]の中で、次のように効果を概括している。

　（ア）市町村が当面する社会教育振興の課題解決に役立ってきた。
　（イ）派遣社会教育主事に教員を登用することにより、学校教育と社会教育の連携・協力が促進された。
　（ウ）本道全体の社会教育の振興に重要な役割を果たしてきた。
　（エ）市町村と道教委との円滑な連携・協力を推進する役割を担ってきた。
　（オ）社会教育主事の専任化及び複数配置の市町村が増加した（約2倍）。
　（カ）社会教育の専門的指導者としての人材確保や定数確保が困難な町村の実情に即応し、社会教育の振興を図ることができた。

北海道では派遣社会教育主事制度が継続され、平成27（2015）年度の派遣数は13人であった。昭和49（1974）年42人の派遣から始まり、翌年には77人、昭和53（1978）年には最大で99人の市町村派遣を行っていた。

　道府県からの給与を支給する同様の派遣制度を有する自治体は、平成27

(2015) 年度では北海道、青森、岩手、宮城、秋田、群馬、富山、福井、京都、兵庫、島根、山口の12道府県であり、国庫補助事業開始以前に類似の事業を実施していた自治体も12（構成は異なる）であり[42]、単純に考えると補助金制度開始前の状況に戻ったとも言える。冨士（1979）は、福井県において派遣社会教育主事制度が導入されてから10年間で、市町村採用の社会教育主事数が改善されたとは言えないことに対し「派遣制度は一応、未設置市町村を解消したが、派遣による社会教育主事によって埋めたにすぎないといえよう」と指摘している[43]。

　そうした中でも島根県は明確に「学社連携・融合の推進」に重点をおき、平成25（2013）年度は16市町村（島根県の全市町村は19）に22名の県社会教育主事を市町村教育委員会に派遣している[44]。派遣社会教育主事は、市町村で学校・家庭・地域の連携協力を推進するとともに、県の社会教育事業の推進役も担っている。平成21（2009）年度からはそれまでの県の経費負担を1／2から3／4にし、町村の負担を1／4と減らしたことで、希望する町村が増えたという。学校地域支援本部の設置や放課後子ども教室の開設に向けた連絡調整にあたる他、社会教育事業の企画・運営支援、地域人材の育成、各種計画策定の助言などで派遣社会教育主事が市町村の社会教育を支援している。

　ここで、改めて派遣社会教育主事とは何であったのか整理してみよう。給与費国庫補助による派遣社会教育主事の制度発足時に混乱はみられたが、次第に派遣社会教育主事制度は定着し、確実に市町村の社会教育主事の設置率は上がっていった。しかし、給与補助金制度の終了時から現在までの社会教育主事数と市町村設置率の減少をみると、制度発足当時の批判にあるようにこの制度によって市町村の社会教育主事の増加にはつながらなかったという結果になる。

　市町村へ社会教育主事を派遣するに際には、社会教育主事の兼務を解消し専任化を図ること、社会教育主事の複数化を図ることなどが方針としてあ

り、協定書においても、社会教育主事の減員を招かないよう明文化されていた。

長崎県教育委員会と市町村教育委員会の協定書の例を示す[45]。

> 長崎県社会教育主事の派遣に関する協定書
> 長崎県教育委員会（以下「甲」という。）市町村教育委員会（以下「乙」という。）は、社会教育主事の派遣について長崎県社会教育主事派遣設置要項に基づき、次のとおり協定する。
> （派遣期間）
> 第1条　派遣期間は、平成　年　月　日から平成　年　月　日までとする。
> ただし、必要のあるときは、甲乙協議のうえその期間を延長又は短縮することができる。
> （派遣条件）
> 第2条　乙は、現に設置している社会教育主事は、減員しないものとする。
> 2　本協定において、乙の任用に係る社会教育主事が設置されていない場合は、乙は、派遣開始後2年以内にこれを設置するものとする。　　（以下略）

社会教育主事の減員を招かないよう協定書に条件は盛り込まれていたが、派遣が終わった後に自治体独自の人材養成の予算は継続して確保されなかった。結果として一時的な制度によって自治体独自の人材育成を阻んだとも言えよう。

とはいえ、制度が全く無駄であったわけではない。派遣を受け入れた市町村の社会教育に対する首長部局の意識が醸成され、社会教育予算、社会教育に関する講座数等の増加があったという効果は表れていた。社会教育主事を増やすことにより市町村の社会教育が変化していた。このことは、逆に、現在の社会教育主事の減少は社会教育そのものの衰退を示しているとも言える。

そもそも、市町村が社会教育主事設置に対して必要な対策を充分とらなかったことが今日の状況を招いているが、行財政改革の進行により市町村の財政状況は国庫補助金制度発足当時よりもさらに厳しくなっている。社会教育

主事としての人材育成に時間と金をかけることはますます難しくなっているのが現状である。

　そのような状況の中で、社会教育行政には質的転換が求められている。平成25（2013）年の第6期中央教育審議会生涯学習分科会における議論の中で、「社会教育行政の自前主義からの脱却」、「ネットワーク型行政の推進」が唱えられている。現代の状況に応じた社会教育主事の在り方を、どのようにすべきかを考えていかなければならない。講座等の機会提供型の社会教育から、地域住民の活動をいかに支援するかが求められている。

　平成20（2008）年の社会教育法改正では、社会教育主事に関わる部分で社会教育主事が「学校の求めに応じて助言できる」が加えられた。「放課後子ども教室推進事業」や平成29（2017）年の社会教育法改正で追加された「地域学校協働活動」など、派遣社会教育主事の経験が活かされる場面が増えている。平成27（2015）年12月、中央教育審議会答申『新しい時代の教育や地方創生の実現に向けた学校と地域の連携・協働の在り方と今後の推進方策について』では、学校と地域の連携・協働の必要性が強調された。地域学校協働本部が提唱され、コミュニティスクール等の学校との関わりについては、今後さらに重要な役割が社会教育行政に期待されている。派遣社会教育主事制度を継続している道府県にとっては人材活用の機会である。また社会教育を経験した元校長や教職員には地域コーディネーターとしての資質・能力を持つ人材としての期待が寄せられている。社会教育主事には、地域コーディネーターの人材発掘、育成、情報共有が求められている。教員から登用された社会教育主事には、今後ますます学校との連携協力に力を発揮することが期待される。

　一方で、社会教育が学校教育支援に重きをおいたものになり、本来社会教育が目指す方向とは違ったものになっていくという懸念もある。市町村行政の現場を経験した社会教育主事であれば、社会教育行政が本来持つべき役割について理解をしたうえで、社会教育と学校教育との協働を推進していくこ

とができるであろう。

　派遣社会教育主事は市町村職員の身分とともに都道府県職員の身分を持つため、派遣後に都道府県の教育委員会事務局へ異動することもある。都道府県の教育委員会の役割は、広域にわたるもの、市町村の連絡調整や一般の市町村が処理することが適当でないと認められるものを処理することである。広域的に市町村のニーズに応えていくためには、経験・知識・技術を蓄えた都道府県の社会教育主事を育成していかなければならない。行政職経験が不足している都道府県の社会教育主事にとって、派遣社会教育主事制度は、貴重な人材養成の機会である。派遣先の市町村において社会教育の現場を知ることは、都道府県の業務を進めるうえで貴重な経験となり、行政職としてのスキルを磨くことができる。受け入れ側の市町村においては、派遣社会教育主事が都道府県教委とのつなぎ役となるとともに、教員としての経験を活かし、今日求められている学校・地域とのパイプ役となることが期待される。多くの道府県で派遣社会教育主事制度が途絶えているが、コミュニティスクール、地域学校協働本部などの推進に対して、学校経験のある社会教育主事に期待が高まる。市町村・学校との連携を進めていくためには、市町村の社会教育主事の役割がますます重要となり、今日においても派遣社会教育主事による支援は社会教育の推進にとって重要であると言える。

　平成26（2014）年11月以降、文部科学省中央教育審議会では学習指導要領改訂にかかる論議が進められ、新しい時代に求められる資質・能力を踏まえた学習・指導方法の在り方について改善案が出された。「どのように学ぶか」は、社会教育・生涯学習分野で語られてきたことであり、「主体的・対話的で深い学び」についても社会教育の視点では目新しいことではない。社会教育行政分野で培ってきた知恵や技術は、学校教育の分野で活かすことができるであろう。

　その一方で、学校教育が社会教育に影響を及ぼす場合もある。派遣社会教育主事制度発足当時、神奈川県の市町村職員から、派遣社会教育主事に対し

てこのような批判があった[46]。「派遣がきてから考える社会教育活動から"教える社会教育活動"に変質し、学級講座も"集団学習から講義中心方式へ"とぬりかえられた」、これは社会教育の学校教育化とも言える。こうした例は他にもあったものと推測される。派遣制度発足当時には、全国で1,500人の派遣社会教育主事が社会教育の現場に投入されている。全国の社会教育主事のおよそ4人に一人が派遣社会教育主事であった時代には、それまでの社会教育行政からの変質は避けられなかったであろう。派遣社会教育主事が市町村に配置されたことによる社会教育事業数の増加等の変化が、前節のいくつかの自治体の調査研究から示されているが、その質については問われていなかった。単なる各種学級講義数の増加は、アウトプットに過ぎない。国庫補助金というインプットに対応して、学級講座数増加などのアウトプットは期待されることが当たり前である。派遣社会教育主事が、地域づくりなどをどのように進めたかという成果のアウトカムは何だったのだろうか。3年という限られた期間で、いかに市町村の社会教育行政を変えたかという質の変化が重要であり、学校教育のような発想で社会教育を変えてしまっては、かえって派遣社会教育主事制度の効果はマイナスである。派遣社会教育主事の意義としては、学校教育の考え方を社会教育に持ち込むのではなく、学校教育に社会教育・生涯学習の考え方を持ち帰ることが重要である。社会教育の学校教育化はたやすいと思われるが、学校教育を社会教育・生涯学習の考え方で変えていくのは容易ではない。残念ながら、派遣社会教育主事経験者は、学校教育を変えていくような力を今までに発揮できていない。学校教育を変えていくためには、学校教育へ影響を与えうる社会教育関係職員の存在が必要である。

〈注記・引用文献〉

1）冨士貴志夫「派遣社会教育主事に関する実証的研究」『日本の社会教育』23、日本社会教育学会年報編集委員会編、1979、p.226

2）こうした議論の例として、平成24年5月30日開催の第166回山形県社会教育委員の会議では派遣社会教育主事制度の市町村からの復活要望も多いことに生涯学習振興課は「趣旨はわかるが県費分の予算を市町村職員に補助するという事は難しい。19年の制度廃止時に各教育事務所の社会教育主事を1名増とし対応している。派遣社会教育主事の復活は難しい。」と応じている。

3）馬場祐次朗・上田裕司・稲葉　隆・松橋義樹「派遣社会教育主事に関する実証的研究〜都道府県状況調査の分析〜」『日本生涯教育学会論集』30、2009、p.42

4）昭和49（1974）年度文部省社会教育局関係予算「1.社会教育行政職員の充実と資質向上(1)社会教育主事の給与費補助」として新規に531,563千円（750人、1,890千円×9/12月、1/2補助）が計上された。
「文部省だより昭和49年度社会教育局関係予算」『社会教育』29-3、全日本社会教育連合会、1974、p.60
昭和53（1978）年には派遣社会教育主事が1,666人に達している。

5）社会教育推進全国協議会調査研究部編『派遣社会教育主事問題資料Ⅱ』社会教育推進全国協議会調査研究部、1975、p.11
「自治労情報指示」（74-第33号）、1974.8.26、8月21日の文部省社会教育局長発言から

6）「国立社会教育研修所（昭和49年度の社会教育主事の研修計画）」『社会教育』29-3、全日本社会教育連合会、1974、p.90

7）前掲書　社会教育推進全国協議会調査研究部編、p.8

8）前掲書　社会教育推進全国協議会調査研究部編、p.38
「社会教育の仕事と意見」として埼玉県内市町村の社会教育主事を対象として昭和49年11月に実施され、55人が回答している。

9）広島県教育委員会『派遣社会教育主事の役割等に関する調査研究報告書』1983、pp.34-35

10）中沢松治「派遣社会教育主事の任務 - 実践を通して」『社会教育』1974-4、全日本社会教育連合会、1974、p.86

11）佐賀県教育委員会『派遣社会教育主事の役割等に関する調査研究報告書』1983、pp.30-32

12）同上　p.33

13）堀井啓幸「派遣社会教育主事と生涯学習活動 - S県における町村派遣社会教育主事の意識調査から -」、『日本生涯教育学会年報』14、1993、pp.102-103

14）北海道の派遣社会教育主事の配置に関する市町村との調整経験者（調査時は自治

体教育長）からのヒアリングでは、力量不足や人間関係が構築できないなどの理由で派遣先から期間短縮の申し出を受けるケースは年に複数件あったという。
15）北海道教育委員会社会教育主事会『50周年記念誌50年のあゆみ』2007から市町村の派遣年数について昭和49年から平成19年までを集計したもの
16）前掲　冨士論文、p.229
17）内田和浩「２種類の社会教育主事をめぐっての一考察：『職としての社会教育主事事件』（高知地判平成５年３月22日判例地方自治116号14頁）を事例に」『社会教育研究』14、北海道大学教育学部社会教育研究室、1995、pp.41-57
18）前掲　冨士論文、pp.230-231
19）前掲　佐賀県報告書、p.33
20）前掲　冨士論文、p.230
21）平成27年４月〜９月、北海道内小中学校長10名に対して社会教育主事の経験が学校現場で活かされているかについて直接聞き取りを行った。
22）前掲　佐賀県報告書、p.35
23）前掲　広島県報告書、p.29
24）鹿児島県教育委員会『派遣社会教育主事の役割等に関する調査研究報告書』1983
25）前掲　佐賀県報告書、pp.22-25
26）北海道教育委員会『派遣社会教育主事の役割等に関する調査研究』1983、p.12
27）同上　学級講座数、その他の事業の伸び　pp.31-32
28）石川県教育委員会『石川県における派遣社会教育主事の役割と派遣効果等に関する調査研究報告書』1983、pp.15-20
29）同上　p.27
30）同上　p.33
31）群馬県教育委員会『派遣社会教育主事の役割等に関する調査研究』1982、p.3
32）同上　p.19
33）同上　pp.27-28
34）福島県教育委員会『派遣社会教育主事の役割等に関する調査研究』1983
　　兵庫県教育委員会『派遣社会教育主事の役割等に関する調査研究中間のまとめ』1982
35）松橋義樹「社会教育職員評価指標の枠組みに関する検討―派遣社会教育主事制度の効果に関する調査研究をもとに―」『生涯学習・社会教育研究ジャーナル』３、2009、p.51
36）鈴木眞理・伊藤真木子・本庄陽子編著『社会教育の連携論』学文社、2015、

pp.156-157
37）同上 pp.162-164
38）荻野亮吾「学校・家庭・地域の連携協力における推進担当者の役割に関する考察」『生涯学習・社会教育学研究』32、東京大学大学院教育学研究科生涯学習基盤経営講座社会教育学研究室紀要編集委員会、2007、p.24
39）同上
40）前掲書　鈴木眞理・伊藤真木子・本庄陽子編、p.161
41）北海道教育委員会「新しい社会教育主事制度の在り方」http://www.dokyoi.pref.hokkaido.lg.jp/hk/sgg/move/syakyoiin/toushin/h10tou/11.htm（平成28年4月30日参照）
42）文部省社会教育局「派遣社会教育主事制度の実施状況」昭和46（1971）年によると12道府県で派遣社会教育主事制度がすでに実施されていた。
43）前掲　冨士論文、p.228
44）木村真介「派遣社会教育主事制度を活かした市町村支援」『社会教育』68-6、全日本社会教育連合会、2013、p.34
45）長崎県派遣社会教育主事会『派遣社会教育主事のあゆみ：1974～2007』2007、pp.69-70
46）前掲書　社会教育推進全国協議会調査研究部編、p.79

第4章　行政組織内における社会教育主事のキャリア

第1節　社会教育主事の採用

　これまで社会教育主事の歴史的背景、都道府県の社会教育主事、派遣社会教育主事について検討してきた。本章では、社会教育主事のキャリアについて考えてみる。

　社会教育主事と社会教育主事補の根拠は、社会教育法に示され教育委員会事務局に社会教育主事が置かれることになっているが、実際にその所属先は様々である。第1章第4節2(1)に示した東京都特別区の事例からも明らかな

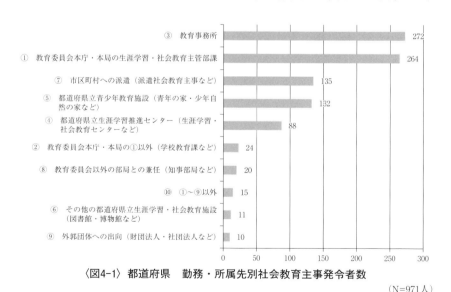

〈図4-1〉都道府県　勤務・所属先別社会教育主事発令者数

(N=971人)

出典：平成25・26年度社会教育実践研究センター調査、2015、p.45

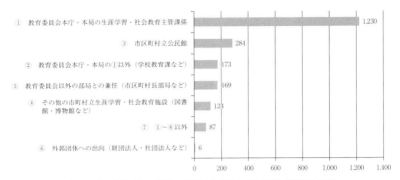

〈図4-2〉市町村　勤務・所属先別社会教育主事発令者数

(N=2,073人)

出典：平成25・26年度社会教育実践研究センター調査、2015、p.46

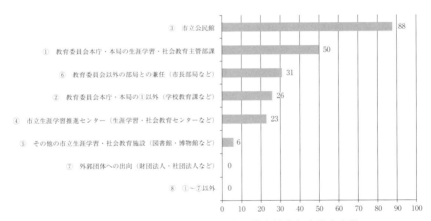

〈図4-3〉指定都市　勤務・所属先別社会教育主事発令者数

(N=224人)

出典：平成25・26年度社会教育実践研究センター調査、2015、p.46

ように、社会教育主事がどこで勤務するかは自治体によって異なる。国立教育政策研究所社会教育実践研究センター平成25・26年度社会教育活動の実態に関する基本調査事業『社会教育指導者に関する調査研究報告書』[1]（以下、「平成25・26年度社会教育実践研究センター調査」と略す）によると、社会教育主

第4章　行政組織内における社会教育主事のキャリア　129

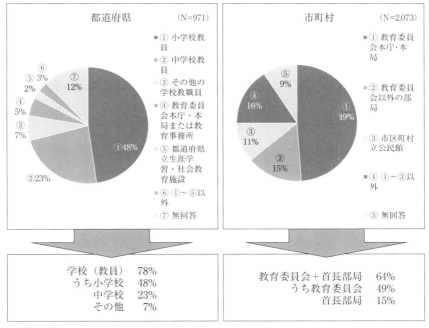

〈図4-4〉社会教育主事として初めて発令される直前の勤務・所属先
出典：『平成25・26年度社会教育実践研究センター調査報告書』により文部科学省作成「社会教育主事制度に関する基礎資料」、2015年10月、p.20

事の配置先は都道府県、市町村、指定都市で〈図4-1〉〈図4-2〉〈図4-3〉に示すとおりとなっている。

　勤務所属場所により社会教育主事が行う業務も異なり、社会教育主事のキャリアと勤務場所の関係は重要である。図から明らかなように教育委員会事務局ではなく、公民館、博物館、図書館等の施設への配置も行われている。

　また、平成25・26年度社会教育実践研究センター調査[2]によると、社会教育主事として初めて発令される直前の勤務・所属先は次のとおりとなっている〈図4-4〉。

　社会教育主事の採用は概ね3通りとなる。まず社会教育主事（補）として

130　第1部　社会教育主事制度の変遷

専門職型：専門的職員として採用

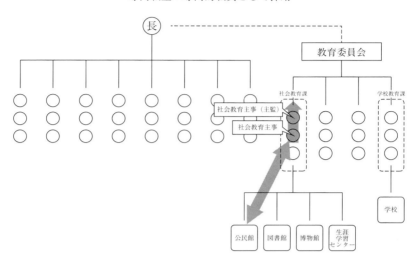

行政職型A：首長部局との人事交流に活用

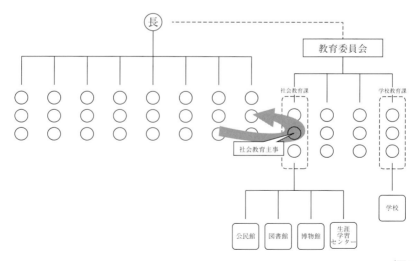

〈図4-5〉社会教

出典：文部科学省生涯学習政策局「社会教育の人材の在り方についての資料」、2013年5月、p.20

第 4 章　行政組織内における社会教育主事のキャリア　131

教員型：教員のキャリアの一環として任用

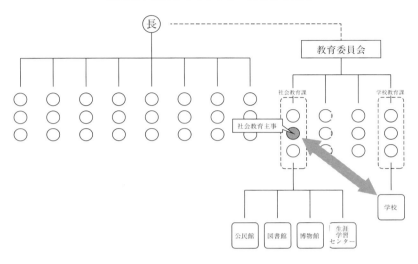

行政職型 B：教育委員会内での異動

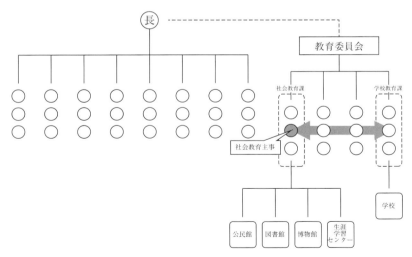

自治体に採用される場合があり、この場合は専門職採用となり、社会教育主事としての職務を続ける。次に行政職員が社会教育関係部署に異動した際に発令する場合で、大学等での資格を持っていない場合は、一定期間の関係業務期間と合わせて社会教育主事講習に派遣する。3つ目は、教員経験者に社会教育主事講習で資格を持たせて社会教育主事として発令する場合である。

文部科学省生涯学習推進局が平成25（2013）年5月に作成した「社会教育の人材の在り方についての資料」[3]では、社会教育主事のキャリアパスの例として、「専門職型」、「行政職型A」、「行政職型B」、「教員型」の4つが図示されている〈図4-5〉。行政職型AとBは首長部局か教育委員会内の異動であるかの違いである。教員型は、都道府県教育委員会に多く派遣社会教育主事もこれに該当する。教員から採用の場合、派遣社会教育主事は都道府県職員と市町村職員の身分を合わせ持つが、割愛による場合は身分、給与とも市町村となる[4]。

専門職型、行政職型、教員型のキャリアについて、それぞれ詳しく見ていくことにより、社会教育主事の実態を明らかにしていく。

第2節　専門職採用の場合

1　社会教育主事の資格

社会教育主事の資格については社会教育法で定められている。該当する条文は次のようになっている。

> 社会教育法
> 第九条の四　次の各号のいずれかに該当する者は、社会教育主事となる資格を有する。
> 一　大学に二年以上在学して六十二単位以上を修得し、又は高等専門学校を卒業し、かつ、次に掲げる期間を通算した期間が三年以上になる者で、次条の規

定による社会教育主事の講習を修了したもの
- イ　社会教育主事補の職にあった期間
- ロ　官公署、学校、社会教育施設又は社会教育関係団体における職で司書、学芸員その他の社会教育主事補の職と同等以上の職として文部科学大臣の指定するものにあった期間
- ハ　官公署、学校、社会教育施設又は社会教育関係団体が実施する社会教育に関係のある事業における業務であって、社会教育主事として必要な知識又は技能の習得に資するものとして文部科学大臣が指定するものに従事した期間（イ又はロに掲げる期間に該当する期間を除く。）
- 二　教育職員の普通免許状を有し、かつ、五年以上文部科学大臣の指定する教育に関する職にあった者で、次条の規定による社会教育主事の講習を修了したもの
- 三　大学に二年以上在学して、六十二単位以上を修得し、かつ、大学において文部科学省令で定める社会教育に関する科目の単位を修得した者で、第一号イからハまでに掲げる期間を通算した期間が一年以上になるもの
- 四　次条の規定による社会教育主事の講習を修了した者（第一号及び第二号に掲げる者を除く。）で、社会教育に関する専門的事項について前三号に掲げる者に相当する教養と経験があると都道府県の教育委員会が認定したもの

（社会教育主事の講習）
第九条の五　社会教育主事の講習は、文部科学大臣の委嘱を受けた大学その他の教育機関が行う。
2　受講資格その他社会教育主事の講習に関し必要な事項は、文部科学省令で定める。

　短大、高等専門学校卒の場合、資格相当の単位を修得し社会教育関係の業務に3年間従事すると社会教育主事の発令が可能となる。大学卒の場合は、資格取得のうえ、社会教育関係に従事した期間が1年間必要となる。したがって自治体に資格を持った新卒者が専門職採用された場合でも、すぐに社会教育主事として発令できるわけではない。

2　大学の社会教育主事養成課程と社会教育主事講習

　自治体職員が社会教育主事として発令される前に、その資格をどのように

〈表4-1〉社会教育主事資格を大学で取得した卒業者の進路

(平成21年度調査)

	教育委員会事務局	公務員（その他）	教員	社会教育施設	特例民法法人	特例非営利法人	民間教育関連事業所	進学	その他	合計
H21年度調査 (203大学)	10	232	401	24	40	7	55	243	102	2,614
	0.4%	8.9%	15.3%	0.9%	1.5%	0.3%	2.1%	9.3%	53.7%	100.0%

出典：文部科学省生涯学習政策局「社会教育の人材の在り方に関する資料」、2013年5月、p.22

取得するかは2通りある。大学で単位を取得（在学中の単位取得、あるいは就職してから通信課程で単位取得）するか、または、社会教育主事講習を受講して単位を取得するかのどちらかである。

　資格を有し、かつ、社会教育主事は教育委員会で任用されてはじめて称することができるため社会教育主事の資格は「任用資格」という。社会教育主事として発令されない限りは、せっかく学んだ知識や能力が活用されないという課題があった。

　平成30（2018）年の社会教育主事講習等規程の一部改正では、社会教育主事講習等における学習成果が広く社会における教育活動に生かされるよう、社会教育主事講習の修了証書授与者は「社会教育士（講習）」と、社会教育主事養成課程の修了者は「社会教育士（養成課程）」と称することができるとされ、規定改正の2年後からの施行となった。

　平成27（2015）年の調査によると、177の高等教育機関で社会教育主事の資格取得が可能（4年生大学157校）であった[5]。社会教育主事講習の受講者数と合わせると年間約3,000人が養成課程や講習を修了している。こうした資格所有者は、地方自治体の社会教育主事として任用されなければ、その資格を活用できなかった。実際の採用状況からは、社会教育主事の資格が採用に有利に働いているとは言い難く、大学での社会教育主事養成コースや単位選択が将来に役立つ明るいものになっていない。

　文部科学省調査によると、平成21（2009）年度に大学において社会教育主事資格を取得した卒業生2,614人のうち、教育委員会事務局に採用になった

人数はわずか10人で0.4％の割合である[6]。実際にこの10人が社会教育に携わっているかは不明である。同調査で、将来的に資格を活かすことができる可能性がある進路として、社会教育施設に24人（0.9％）が採用になっている。社会教育施設での１年の勤務経験（社会教育法第九条四、第一号ロ、ハと第三号に該当）を経た場合は、社会教育主事に発令可能である。232人（8.9％）の公務員と401人（15.3％）の教員も、教育委員会に配属になった際には資格を活かすことができるかもしれない。社会教育主事になるためには、まず資格を持ち公務員や教員などになることが前提である。

　社会教育主事資格取得者の進路を公務員以外に広げるためにも、資格が有利に働くよう様々な職場への働きかけが必要であり、大学での履修内容はより実践的なものにしていくべきであろう。

　平成29（2017）年、文部科学省「社会教育主事養成等の改善・充実に関する検討会」によって、社会教育主事養成等の見直しが図られている[7]。大学等における社会教育主事養成課程では、「社会教育経営論」４単位と「生涯学習支援論」４単位が新設され、実務経験に乏しい学生が社会教育主事の職務を遂行するために求められる実践的な能力を身につけることができるよう、「社会教育実習」１単位が必修となった。「生涯学習概論」３単位、選択の「社会教育特講」など合わせて24単位が社会教育主事養成課程に必要なものとなり、平成30（2018）年の社会教育主事講習等規程改正の２年後から施行される。

　平成27（2015）年度に社会教育に関する科目を開設する大学一覧は〈表4-2〉のようであった。

　続いて社会教育主事講習について述べる。

　社会教育主事の資格については、その専門性と合わせて度々論議されており、社会教育主事講習の内容も、時代の変化に合わせて見直されてきた。社会教育主事講習は、国立教育政策研究所社会教育実践研究センターが実施するものと、文部科学省から委託された大学が実施するものがある。

〈表4-2〉「社会教育に関する科目を開設している大学一覧」

(平成27年4月1日) 177校[8]

(4年制大学) 157校

(国立大学) 42
北海道大学　北海道教育大学　岩手大学　東北大学　宮城教育大学　秋田大学　山形大学
福島大学　茨城大学　筑波大学　宇都宮大学　群馬大学　埼玉大学　千葉大学　東京大学
東京学芸大学　お茶の水女子大学　新潟大学　上越教育大学　福井大学　山梨大学
信州大学　岐阜大学　静岡大学　名古屋大学　愛知教育大学　滋賀大学　京都大学
大阪大学　大阪教育大学　奈良教育大学　和歌山大学　鳥取大学　島根大学　岡山大学
広島大学　香川大学　福岡教育大学　佐賀大学　熊本大学　鹿児島大学　琉球大学

(公立大学) 7
高崎経済大学　都留文科大学　首都大学東京　京都府立大学　大阪府立大学　北九州市立大学
福岡県立大学

(私立大学) 108
稚内北星学園大学　札幌大学　札幌国際大学　北星学園大学　北海学園大学　札幌学院大学
北翔大学　酪農学園大学　青森大学　弘前学院大学　尚絅学院大学　仙台大学
仙台白百合女子大学　東北学院大学　東北福祉大学　いわき明星大学　茨城キリスト教大学
常磐大学　関東学園大学　東京福祉大学(※)　聖学院大学　人間総合科学大学(※)
和洋女子大学　江戸川大学　聖徳大学　文教大学　帝京平成大学(※)　青山学院大学
亜細亜大学　國學院大學　国士舘大学　駒澤大学　順天堂大学　上智大学　昭和音楽大学
清泉女子大学　創価大学(※)　大正大学　大東文化大学　拓殖大学　玉川大学(※)
中央大学　帝京大学　東海大学　東京家政大学　東京女学館大学　東洋大学　日本大学
日本社会事業大学　日本女子大学　日本体育大学　法政大学(※)　明治大学　明治学院大学
明星大学(※)　立教大学　立正大学　和光大学　早稲田大学　神奈川大学　八洲学園大学(※)
身延山大学　山梨学院大学　長野大学　岐阜女子大学　常葉学園大学　愛知大学
愛知学院大学　愛知学泉大学　椙山女学園大学　中京大学　同朋大学　日本福祉大学
大谷大学　京都女子大学　京都精華大学　京都橘大学　同志社大学　花園大学　佛教大学(※)
龍谷大学　大阪経済大学　大阪産業大学　大阪樟蔭女子大学　大阪大谷大学　追手門学院大学
関西大学　帝塚山学院大学　梅花女子大学　姫路獨協大学　天理大学　畿央大学
岡山学院大学　吉備国際大学　就実大学　ノートルダム清心女子大学　広島修道大学
広島女学院大学　徳島文理大学　九州共立大学　九州産業大学　福岡大学　鹿児島国際大学(※)
志學館大学　沖縄国際大学　日本映画大学　日本ウェルネススポーツ大学　放送大学(※)
松蔭大学　上野学園大学　東北芸術工科大学

(短期大学(部)) 20校
(私立短期大学) 20
帯広大谷短期大学　釧路短期大学　札幌大学女子短期大学部　郡山女子大学短期大学部
桜の聖母短期大学　國學院大學栃木短期大学　十文字学園女子大学短期大学部
昭和音楽大学短期大学部　自由が丘産能短期大学　白梅学園短期大学　愛知学泉短期大学
愛知大学短期大学部　京都女子大学短期大学部　大阪青山大学短期大学部　堺女子短期大学
岡山短期大学　徳島文理大学短期大学部　今治明徳短期大学　九州女子短期大学
九州龍谷短期大学

(※)は通信課程設置大学

出典：文部科学省 http://www.mext.go.jp/a_menu/shougai/gakugei/syuji/1284692.htm (2016年9月10日参照)

平成26（2014）年度の実施機関は、以下のようであった[9]。（　）内は定員。

　北海道教育大学（30）、弘前大学（50）、東北大学（120）、宇都宮大学（120）、金沢大学（50）、愛知教育大学（50）、滋賀大学（50）、岡山大学（50）、広島大学（40）、鳴門教育大学（30）、九州大学（80）、熊本大学（45）、国立教育政策研究所社会教育実践研究センター（各120、2回）

また、平成29（2017）年度の実施機関は、以下のとおりである。（　）内は定員。

　北海道教育大学（30）、岩手大学（50）、東北大学（120）、茨城大学（100）、信州大学（35）、金沢大学（50）、三重大学（40）、神戸大学（80）、広島大学（40）、高知大学（30）、九州大学（80）、熊本大学（45）、国立教育政策研究所社会教育実践研究センター（各120、2回）

東北などの地域ブロックでは大学間のローテーションが行われており、社会教育主事講習を実施する大学は年ごとに変わっている。

　社会教育主事講習の内容はどのようなものだろうか。国立教育政策研究所社会教育実践研究センターが平成28年度に実施した社会教育主事講習の概要を示す。

　　平成28年度　社会教育主事講習（A日程）
　　定員　120名　期間　平成28年7月20日（水）～8月25日（木）＜37日間＞
　　会場　国立教育政策研究所社会教育実践研究センター
　　〇生涯学習概論　平成28年7月20日（水）～26日（火）
　　〇社会教育計画　平成28年8月1日（月）～4日（木）、8日（月）
　　〇社会教育特講　平成28年8月9日（火）～19日（金）午前
　　〇社会教育演習　・宿泊研修（会場：国立女性教育会館）
　　　　　　　　　　　平成28年7月27日（水）～29日（金）
　　　　　　　　　・現地研修（会場：東京近郊自治体の社会教育施設等）
　　　　　　　　　　　平成28年8月5日（金）
　　　　　　　　　・事業計画の立案の実際（会場：社会教育実践研究センター）
　　　　　　　　　　　平成28年8月19日（金）午後～25日（水）

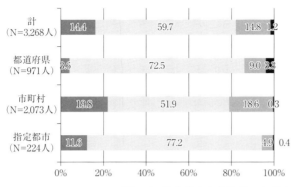

〈図4-6〉 社会教育主事資格の取得方法
出典：平成25・26年度社会教育実践研究センター調査、2015、p.50〔図3-1-10〕

　冬期間に行われるB日程では、国立教育政策研究所社会教育実践研究センターを主会場として、インターネットを活用したライブ配信によりいくつかの地方会場でも受講できるようになっている[10]。

　平成30（2018）年の社会教育主事講習等規程の改正では、必要な習得単位数を9単位から1単位削減し、受講者の負担軽減が図られた。「社会教育計画」2単位と「社会教育特講」3単位は、新たに「社会教育経営論」2単位と「生涯学習支援論」2単位に替わり、「生涯学習概論」2単位と「社会教育演習」2単位と合わせて8単位となった。

　自治体が職員を社会教育主事として養成する場合、長期間の出張を要する。大学で必要な単位を取得し、文部科学大臣が指定する職に1年以上就いて発令されるというケースは少なく、「文部科学大臣が委嘱した大学が行う社会教育主事講習」を受講してか、「社会教育実践研究センターが行う社会教育主事講習」を受講して発令される社会教育主事が多い。〈図4-6〉からもその割合が多いことが見てとれる。都道府県においては、社会教育主事発令者のほとんどが社会教育主事講習受講者である。

〈表4-3〉 専門職採用を行っている自治体数及び該当する社会教育主事数

	都道府県		市町村		指定都市	
	自治体 (N=47)	人数 (N=971)	自治体 (N=958)	人数 (N=2,073)	自治体 (N=16)	人数 (N=224)
回答数	2	9	93	197	4	71
回答率	4.3%	0.9%	9.7%	9.5%	25.0%	31.7%

出典：平成25・26年度社会教育実践研究センター調査、2015、p.52 ［表3-3-1］

3 専門職採用と社会教育主事有資格者

　平成25・26年度社会教育実践研究センター調査では、社会教育主事を発令している自治体のうち、一般行政職と別枠で専門職採用を行っている自治体と該当社会教育主事数は、都道府県では2自治体（該当者9人）、市町村では93自治体（該当者197人）、指定都市では4自治体（該当者71人）であり、〈表4-3〉のとおりとなっている[11]。

　指定都市では、やや専門職採用は多いものの、社会教育主事の多くは専門職採用ではない。社会教育主事は、資格を持つ専門職であるが、その資格については社会教育主事としての在任中のみ有効であり、他職に活かせる機会はないのが現状であった。「社会教育主事有資格者を活用する」という文脈においては、大学で単位を取得または社会教育主事講習を受講しその資格を有するものを積極的に社会教育主事として登用しようという場合と、有資格者の持てる力を他の職務においても発揮してもらおうという場合の2つがある。専門職採用をするかどうかは、それぞれの自治体による。例えば、東京都教育庁と特別区の社会教育主事の多くは、かつては専門職採用が多かったが、次第にそのような採用は減った。

　平成25・26年度社会教育実践研究センター調査による社会教育主事として発令されていない職員（以下、有資格者）がいる自治体数と人数をあげると、「都道府県」40（85.1%）、「市町村」1,019（59.9%）、「指定都市」11（57.9%）

140　第1部　社会教育主事制度の変遷

〈表4-4〉社会教育主事の発令状況

	都道府県(N=47)		市町村(N=1,700)		指定都市(N=19)	
発令者がいる自治体	47	100.0%	958	56.4%	16	84.2%
有資格者がいる自治体	40	85.1%	1,019	59.9%	11	57.9%
発令者か有資格者がいる自治体	47	100.0%	1,441	84.8%	19	100.0%
発令者も有資格者もいない自治体	0	0.0%	259	15.2%	0	0.0%

出典：平成25・26年度社会教育実践研究センター調査、2015、p.55［表3-2-1］

でその存在が確認されている〈表4-4〉。有資格者の合計人数は、「都道府県」540人、「市町村」3,085人、「指定都市」197人である。都道府県平均では13.5人、市町村平均では3.0人、指定都市平均では17.9人が自治体内における有資格者となる。発令者も有資格者もいない市町村は、259市町村（15.2%）であった[12]。

4　特別区社会教育主事

平成23（2011）年1月発行の『明日を拓く　特別区社会教育主事会50年

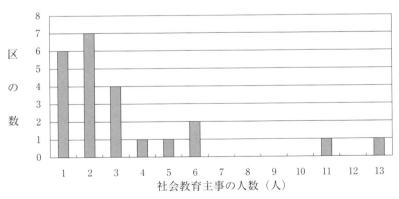

〈図4-7〉特別区の社会教育主事数

平成22（2010）年12月31日状況

出典：『明日を拓く　特別区社会教育主事会創立50周年記念誌』2011を参考に筆者が作成

第 4 章　行政組織内における社会教育主事のキャリア　141

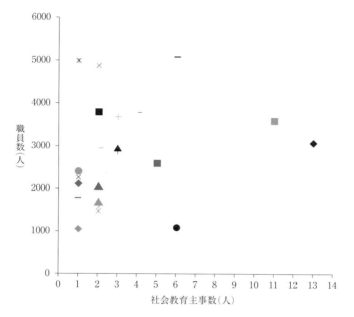

〈図4-8〉特別区の職員数と社会教育主事数

(2010年)

出典：『明日を拓く　特別区社会教育主事会創立50周年記念誌』2011による社会教育主事数と東京都職員数データをもとに筆者が作成

誌』2011により社会教育主事数の人数、所属先、経験年数、異動状況等について分析を行った。

　平成22（2010）年12月時点における特別区の社会教育主事数は77名であり、その数は区によって1人〜13人と異なり、自治体による認識差が大きいことがわかる〈図4-7〉。配置数だけではなく、配置先も「教育委員会事務局」の他、「総合支所地域振興課兼務」、「社会教育センター」、「青少年会館」など、区によって社会教育主事の扱いが大きく異なる実態が見てとれる（配置先は第1章〈表1-4〉）。

第1部　社会教育主事制度の変遷

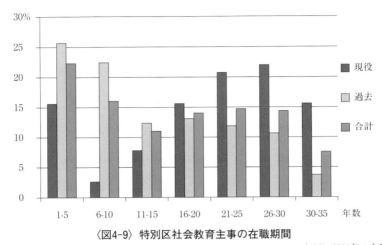

〈図4-9〉　特別区社会教育主事の在職期間

(1961-2011年の在職者)

出典：『明日を拓く　特別区社会教育主事会創立50周年記念誌』2011を参考に筆者が作成

　人口と社会教育主事数は相関するものではないが、人口、職員数と社会教育主事数の対比を行うと、人口70余万人、職員数5,000人に対して配置が1名という区がある〈図4-8〉。全体の職員数に比して社会教育主事の人数は少なく、社会教育主事の認知度は極めて低いと言わざるをえない。

　特別区社会教育主事会創立50周年記念誌のデータにより社会教育主事会員の経験年数を現役と異動者（退職者を含む）に分けて分析した。

　現役の社会教育主事経験年数は10年以上が83.1%と圧倒的に多く、「現役」77名、「異動者」160名、合計237名をそれぞれ経験年数の幅の百分率で表示すると〈図4-9〉のようになる。特別区の237名の社会教育主事経験者の在職期間から、特別区では専門職型の職員が多く、社会教育主事の異動が少ないことから、新たな社会教育主事が補充される機会も少ないことがわかる。

　また、1～5年の在職期間の人数も多く、一般職として異動している職員と専門職として長く留まっている職員の二つに大別されることが図に表れている。

東京都特別区社会教育主事会では任用制度問題に取り組み、身分の確立、昇格、増員の要求を行っていたが、任用形態は特別区内で統一されることはなかった。福島（1996）は、特別区の人事について、次のように述べる[13]。

 社会教育主事補から社会教育主事への昇任は、法律的には「教育公務員法第16条２」による社会教育主事としての「採用」になる。その資格は、「社会教育法第９条２」によることになっている。しかし、東京都及び特別区においては、制度上の位置づけが明確ではなかったため、どの時点で社会教育主事補を主事に承認するかの統一された基準や資格といったものはなかった。そのため、都をはじめとして多くの区では、「係長選考」（特別区職員は主事、主任主事、係長、総括係長、課長、総括課長、部長というように選考により昇給していく。主任主事は、大学卒の場合入区８年以降になって試験が受けられる。係長選考は主任主事５年で受けられる。）が社会教育主事になるための前提条件になっていた。そして1987（昭和62）年の「主任主事」の新設により、この前提も大きく崩れ、各区での対応は一層異なるものとなった。

　また、特別区は区独自の選考試験において社会教育職種の職員採用をしてきたことに対し福島（1996）は、一般事務職種と比較して次のように指摘する[14]。

 事務職が３〜５年で異動していくのに対して、社会教育主事は10年20年同一職場ということになる。したがって「社会教育職種」として採用され、他部への異動のない職員が「社会教育主事」なのである。社会教育主事は専門職というより、「専任職」として捉えた方がより内実を言い表せているといえる。

　こうした点については、坂本（2009）も自治体の組織規則で独自の形態で社会教育主事が設置されるようになってしまったと述べ、さらに専門職について次のように指摘している[15]。

 専門職を採用している自治体の場合は、専門職内での職階を置かない為に、管理職となった場合には、原則として専門職身分を離れることになる。それゆえに独立した職務体型を持たない『袋小路的職種』といわれ、社会教育主事もそれに当る。

〈表4-5〉 特別区社会教育主事の経験年数と平成22(2010)年12月末の所属先・役職

社会教育主事 経験年数	平成22（2010）年12月末の所属先・役職
3年	政策経営部企画調整課
	福祉事務所
4年	保健福祉部高齢社会対策室
5年	保健衛生担当部生活衛生課
6年	区民生活部税務課
	指導室教育センター
9年	出張所
12年	ものづくり経営支援課長
13年	清掃事務所清掃担当副参事
	教育委員会教育施設課長
15年	区民生活部文化スポーツ課
17年	保健衛生課長
	スポーツ協会(財)次長
19年	文化観光課長
23年	地域活動課
28年	地域文化部戸籍住民課
	環境保全課長
29年	図書館

出典：『明日を拓く 特別区社会教育主事会創立50周年記念誌』2011より筆者が作成

　特別区社会教育主事会50年誌より、社会教育主事の在職年数と社会教育主事を辞してからの平成22（2010）年12月末日時点における役職を〈表4-5〉に示す。在職先は社会教育主事から直後の異動先を示すものではないが、役職をみると社会教育関係部署で管理職を努める職員もみられるとともに、他の部署で管理職となっている職員の存在も確認できる。

　社会教育主事として定年まで勤めるか、昇任試験を受けて他の部署へ移動するかは本人の希望にもよるであろう。特別区は、専門職が多い例としてとりあげた。社会教育主事の待遇については、高倉（1975）が次のように指摘する。

社会教育主事は、公務員の機構の中で一定の独立した職務体系をもっていない。すなわち、いくら年功をへても社会教育主事は社会教育主事であり、一般行政職や、学校教員における階段をのぼっていくということはない。それはむしろ優れた点が多いのであるが、その中に身を置く者はいろいろな側面で不利な立場におかれる点はまぬがれない。すなわち、社会教育主事は袋小路的職種なのである。このことは社会教育主事をして、この分野で長く経験をつみ骨をうめることを少なからず躊躇させるのである。

とし、管理職待遇は、社会教育主事の職務を腰かけ的にし、この分野の一つの特色である息の長い地道な活動が継続・伝承されてゆかないことから、社会教育の専門性形成からマイナス要因の方が大きいと考えられるとしている[16]。

　社会教育主事は、個人のキャリア形成の面からも難しい立場であることが指摘され、特別区の社会教育主事の異動傾向からもこうしたことが確かめられる。

第3節　社会教育主事の異動

　専門職型が前提とされている自治体では、社会教育主事は異動せずにそのままその職に留まることが多い。社会教育主事を専門職採用する自治体は少なく、多くの自治体の社会教育主事は異動キャリアの中の一部に社会教育主事としての期間があることになる。

　行政組織内の異動は、異動の希望や公募制を取り入れている自治体も見られるが、多くは首長と人事担当部局の判断によって異動時期と異動先が決められる。社会教育主事の異動は、自治体職員のキャリアの一部として考えていく必要がある。市町村行政組織では、自ら社会教育主事を希望して異動できるケースは少ない。社会教育主事資格を有していない職員は、異動後に社会教育主事補を命ぜられ一定期間をおいて社会教育主事講習へ派遣される。

都道府県の社会教育主事は前述のように教員からの転用が多いため、ここでは市町村行政組織の異動に絞って論じていく。

　公務員としての資質・能力については、どのような職種においても基本となるものがある。それを担保するのが公務員採用試験である。自治体職員は大きく分けて、専門的分野で継続して職務を遂行していく専門職と一般事務を受け持つ一般職があり、将来的に管理職として組織を統括していく人材を育成していくことが求められている。様々な部署を経験する一般職を「ジェネラリスト」と呼び、専門的職員を「スペシャリスト」と区別した呼び方もある。社会教育主事の場合は、資格を有する専門的職員であるとともに、一般行政職員としての感覚が求められることもある。社会教育主事は、スペシャリストであるが、行政職の一部であり行政と様々な団体等との橋渡し的な役割が求められるためジェネラリストとしての感覚が必要な場面もある。

　公務員人事の特徴は頻繁に異動が行われることである。人事異動の目的を稲継（2008）は、おおむね２つの視点からまとめている[17]。

　①組織側の論理

　　　組織を運営するためには、人事異動が不可欠であるというもの。具体的には次のような理由が挙げられる。

　　・組織に刺激を与え活性化を図る。

　　・適材適所の配置により、組織力を向上する。

　　・人的な交流を行うことによりネットワーク財産を蓄積する。

　　・仕事上のアンバランス解消や、リストラクチャリング。

　　・部門間のセクショナリズムの打破。

　　・同一人の長期同一職場在籍による不正を防止する。

　②職員側の論理

　　　人材育成の観点から、ローテーションは不可欠であるというもの。

　　・職員本人の適性を発見する。

・職員本人の能力開発（仕事の幅を広げたり、難易度をあげる）。
・マンネリズムの打破。
・過度の専門化を防ぐ。

「ここで、自治体に限定して考えると、『住民サービスの向上に資する有能な職員集団を形成する』という自治体組織の目的からすれば、①も②も最終的に同じ方向を目指しているといえる。『適材適所の配置を行って、個人の能力の活用と意欲の向上を図り、同時に組織力を高める点にある』と要約できるだろう。」と稲継は述べる[18]。

金井（2007）は、自治体の幅広い配置転換管理には、いくつかの機能があるとして、①能力開発、②服務規程、③モラール、④政策転換の機会、⑤公平性を挙げている。実際に仕事をしながら研鑽を積み、住民・業者との癒着を防止し、新しい職場・職域の新鮮さによる職員の惰性や既存職員の膠着状況を変え、特定の職員だけが「辛い」職場に回され続けたり、特定職場に長く「無能」「問題」職員が滞留することを避けて公平性を保つこととして配置転換を捉えている[19]。

山中（2006）によるとキャリア形成とは日本語に訳しにくいが、「長期的な観点からの人材育成・能力開発を行って、仕事を通じて自己実現する」と訳すことができる[20]という。異動は、行政組織全体の運営の一部であるとともに、個人のキャリア形成にも深く関わっている。公務員の人事制度は企業と何が違うのかについて山中（2006）は、基本的勤務条件が法で定められているために硬直化されており、給与については議会が関与し法律や条例で決定され、人事制度改革には多くの手順を要する[21]と指摘する。

公務員は憲法上の労働基本権を有するが、職務の公共性から一定の制約を受けており、労働組合による団結権、交渉権などの制限を受けている。その代償として人事院勧告により給与支給水準が民間並みに維持されている。公務員は多くの部署や部門にまたがる異動が頻繁にあり、職種にもよるが自治体の場合の人事異動の周期は3〜5年というのが一般的である。

稲継（2006）は、自治体職員には計画的なジョブローテーションが必要であり「少なくとも採用後10年間に3箇所くらいの異なる行政分野（窓口、管理、事業部門……）と組み合わせる形で、計画的に経験してもらうことが有益である」[22]という。社会教育主事は単なるジェネラリストではなく資格をもったスペシャリストでもあることから、こうした考え方は直接当てはまるものではないが、自治体職員全体の異動がこのように認識されており、社会教育主事が全く例外ということはない。田尾（2007）は、中長期的に、大所高所の視点から考え仕切れる人材として「ゼネラリストの育成が、地方分権を実のあるものにするためには欠かせない」という[23]。

一方、山中（2011）は、自治体の人材開発において頻繁な異動のために専門性が高まらないことを指摘している[24]。「これまで、自治体では、ジェネラリストが良しとされる傾向にあった。事務職で入庁して、徐々に昇格する中で、財政や人事といった中核部門を経験して、幹部に昇格する。特に決まった専門分野はないが、幅広く様々な分野をそつなくこなす職員が実際は重宝されたのだ。」としたうえで、今後は専門性の高くない職員は淘汰されるだろうと述べている。

社会教育主事の異動は行政組織全体で考えるべきものであり、社会教育主事の専門性とともに、その経験者が組織に与える影響を考慮すれば、一般人事とは違った配慮が必要である。首長と人事担当者が社会教育主事に対する認識を正しく持っている場合には、適切な人事異動が行われるものと思われる。しかし、長期的な人材育成や社会教育主事というポジションを軽視している場合には、適切な社会教育主事の異動が行われにくい。人材育成のビジョンがしっかりしていても、それに伴う予算がない場合もあり一概に言えるものではないが、社会教育主事という役職には一般行政職員とは異なる配慮が必要であることは確実である。

小谷・中道（2009）による自治体職員のキャリアパターンの変容による研究では、大都市近郊のA市において係長級以上の職員191名をグループ化し

て昇進時のジョブローテーションを調べている。「消防本部」の入職者は全員が専門職として採用されるため、職位昇進時の継続・職務内異動率は98.7％であった。1名の例外を除いて職位昇進時の職務間異動は行われていない。消防本部を除くその他の9部署グループ155名についての職位昇進時の平均継続・復帰・職務内異動率は35.6％で、平均職務間異動率は64.4％であった。

　「市長公室」「市民生活部」「総務部」「水道局」については、入職・採用時からの職務間異動率が相対的に高かった。これに比して「まちづくり」（建設部・産業下水道部）、「教育部」（学校教育部、社会教育部）、「保健福祉部」については、継続・復帰・職務内異動率が相対的に多い。継続・復帰・職務内異動率は、「まちづくり」(51.9)、「教育部」(50.0)、「保健福祉部」(40.3)であり、平均35.6％を上回り、「総務部」(17.8)、「市民生活部」(17.6) と比べると高い。また、職務間異動率は、「まちづくり」(48.1)、「教育部」(50.0)、「保健福祉部」(59.7) は平均職務間異動率64.4％より低く、「総務部」(82.2)、「市民生活部」(82.4) と比べても職務間ではなく職務内での異動が多いことがわかる。小谷・中道（2009）は、「『まちづくり』『教育部』『保健福祉部』などの時代のニーズに直接対応する施策を遂行する部署グループへの入職時の配属者は、専門的知識や経験を深めるための職務継続・復帰や職務内異動が相対的に多いことが明らかになった」としており、部署によって異動傾向が違うことを示す結果となっている[25]。

　この研究結果は、社会教育主事の異動を直接示すものではないが、人事異動パターンは部署の特色によって異なるという実態を示している。社会教育主事という役職への配慮がどれくらい行われるかは、自治体の人材育成方針や人事担当者の情報収集次第と言えるであろう。

　平成9（1997）年に自治省（現総務省）が、各地方自治体に人材育成基本方針を策定するよう要請しており[26]、さらに人材育成への着眼点も示されている[27]。

150　第1部　社会教育主事制度の変遷

　地方自治・新時代における人材育成基本方針策定指針には、地方公共団体の留意・検討事項が4つ挙げられている。
　　(1)人材育成の目的の明確化　(2)学習的風土づくり等の総合的取組の推進
　　(3)職員研修の充実、多様化　(4)人材育成推進体制の整備等
　自治省の指針には、「庁内公募制の導入」が提案される。特定のポストについて職員からの異動希望をとり、申し出のあった職員の中から審査、選考を行ったうえで配属することにより、組織の活性化及び効率的な行政運営が促進されるとともに、職員の能力を有効に活用することができる。また、地方公共団体間の派遣研修は、都道府県・市町村間、広域行政圏内の市町村間などで行われており、幅広い視野の涵養等の利点があることから、より有意義な派遣となるよう検討するとともに、専門職員を含む幅広い分野での派遣研修についても検討することが挙げられている。人材育成に関し、都道府県と市町村が相互に連携を深めることも重要であり、地域の実情に応じた具体的な方策の検討が要請されている。

第4節　社会教育主事のキャリア

1　都道府県社会教育主事のキャリア

　平成25・26年度国立教育政策研究所社会教育実践研究センター調査では、回答のあった全国の自治体の社会教育主事数は3,268人で、そのうち都道府県が発令する職員は約3割（29.7％）の971人であった[28]。都道府県の専門職採用はわずか2自治体にすぎない。都道府県の社会教育主事が初めて社会教育主事として発令される直前の勤務・所属先は78％が教員であり、前職が「小学校教員」48.1％、「中学校教員」22.7％、「その他学校教職員」6.7％となっている。その他の前職が「教育委員会本庁・本局または教育事務所」5％、「都道府県立生涯学習・社会教育施設」2％である[29]。教員から社会

〈表4-6〉北海道教育委員会社会教育主事経験者(昭和49〜平成19年)の退職時の役職

学校	小学校	中学校	高校	特別支援	その他		合計	
校　長	89	65	11	0	市町村職員	20	合　計	
教　頭	7	3	3	0	道職員	13	学校	195名
教　諭	2	9	6	4	教育長	7	その他	48名
合計	98	77	20	4	その他	8	合計	243名

出典：『北海道教育委員会社会教育主事会50周年記念誌』2007より筆者が作成

教育主事以外の都道府県教育委員会や施設に入った後に異動して社会教育主事に発令されるケースも考えると、さらに教員経験者は多いと思われる。教員から登用された社会教育主事は、学校管理職としていずれ学校へと戻るというのが一般的なキャリアである。派遣社会教育主事も給与面では都道府県の社会教育主事であり、学校へ戻る以外の異動先は、本庁、教育事務所、青少年教育施設などで、都道府県社会教育主事と同様のキャリアパスとなっている。北海道教育委員会社会教育主事の退職時の役職を例として示す〈表4-6〉。

平成25・26年度社会教育実践研究センター調査では、都道府県の社会教育主事として通算勤務年数は「3年未満」が最も多く全体の5割弱（46.4%、451人）で、「3年以上5年未満」が18.6%、「5年以上10年未満」が17.3%、「10年以上」が6%となっている[30]。「3年未満」の比率は市町村（33.4%）、指定都市（32.6%）に比べて都道府県が高く、都道府県の社会教育主事は異動が多いことを示している〈図4-10〉。

同調査で、都道府県社会教育主事の内訳は40〜49歳の割合が一番多く、全体の約6割近く（57.5%、558人）となっており、一定年数の教職経験を必要とすることや管理職候補としての役割を担っていることが窺える[31]。

2　市町村と指定都市社会教育主事のキャリア

平成25・26年度社会教育実践研究センター調査による回答のあった全国の

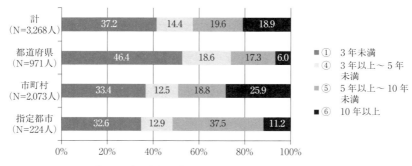

〈図4-10〉社会教育主事としての通算勤務年数

出典:平成25・26年度社会教育実践研究センター調査、2015、p.50［図3-1-10］

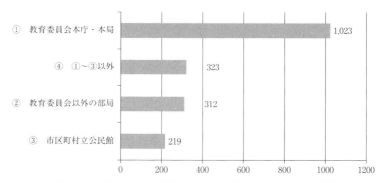

〈図4-11〉市町村　社会教育主事として発令される直前の勤務先

(N=2,703人)

出典:平成25・26年度社会教育実践研究センター調査、2015、p.51［図3-1-12］

　自治体の社会教育主事3,268人は、1,700市町村のうち958自治体、19指定都市のうち16自治体で社会教育主事の発令を受けている。市町村が発令する者が全体の6割強（63.4%、2,073人）、指定都市が発令するものが1割弱（6.9%、244人）となっている[32]。同調査で専門職採用を行っている市町村は93自治体（該当197人）、指定都市では4自治体（該当71人）である[33]。年齢では、市町村が29歳以下5.2%、30～39歳17.4%、40～49歳34.9%、50～59歳30.1%、60

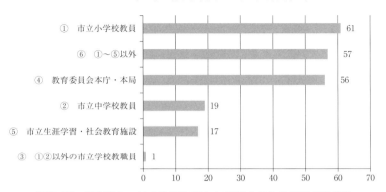

〈図4-12〉指定都市　社会教育主事として発令される直前の勤務先

(N=224人)

出典：平成25・26年度社会教育実践研究センター調査、2015、p.52［図3-1-13］

歳以上2.9%である。指定都市では、29歳以下2.2%、30〜39歳10.3%、40〜49歳54.0%、50〜59歳23.7%、60歳以上4.0%である[34]。

　また、同調査による市町村・指定都市の社会教育主事の通算勤務年数は、〈図4-10〉のとおりとなっており、都道府県に比べて通算勤務年数は長い傾向にある[35]。

　社会教育主事として初めて発令される直前の勤務・所属先は、〈図4-11〉（市町村）、〈図4-12〉（指定都市）のとおりである[36]。市町村では公民館から異動もあり、教育委員会内の異動とともに、首長部局からの異動も多い。指定都市では、部局間異動とともに、市内の小中学校からの異動もみられる。

　市町村・指定都市の資格を持たない職員を社会教育主事として任用するためには、3年の社会教育主事補の経験のうえに社会教育主事講習受講が必要である。市町村の人事異動はそれぞれの市町村の状況に応じて行われるが、他の部局を経験した社会教育主事経験者（有資格者）を再び社会教育主事として教育委員会に戻すという例もある。

　庁舎内で社会教育主事を養成するための予算化は難しいため、大学での単位取得済者を自治体職員として採用すると、将来の社会教育主事の確保につ

〈表4-7〉 Y町の社会教育主事（YA、YC）と有資格者の状況

記号	所属課	役職	役場経験年数	社会教育経験年数	主な他行政部局経験（年数）
YA	生涯学習課	社会教育係長	24	12	総務(2)、企画商工(4)福祉(7.5)
YB	生涯学習課	課長	31	20	農政(3)税務(3)総務(2)建設(1)
YC	生涯学習課	スポーツ振興係長	19	19	なし
YD	生涯学習課	課長補佐	25	9	福祉(6)、企画(2)、総務(2)、財政(2)他
YE	生涯学習課	文化振興係長	23	14	図書館司書(8.5)
YF	教育総務課	学校教育係主任	19	6	総務(8.5)、教育総務(4)
YG	商工観光課	商工労政係主事	7	3	教育総務(1)、税務(1)、商工観光(2)
YH	総務課	職員厚生係主任	13	6	税務(2)、保健福祉(1.5)、総務(3)
YI	住民税務課	町民活動係長	20	10	総務(9)、住民財務(0.5)
YJ	住民税務課	課長	29	8.5	総務(4)、企画商工(4)、税財(5)他
YK	商工観光課	課長	36	12	企画財政(4)、総務(5)、生活福祉(2)他
YL	学校給食センター	主任	16	7	福祉(2)、税財(5)、建設水道(1.5)

出典：2014年の聞き取り調査をもとに筆者が作成

ながる。社会教育主事の資格取得が大学で可能であるにも関わらず、実際にその資格を活かして社会教育主事になることができる人数は極端に少なく、社会教育主事としての市町村職員募集も少ない。市町村の教育委員会事務局の人事は、首長部局と合わせたものになっており市町村職員採用の際に社会教育主事資格が採用に有利な条件の一つには挙げられるが、資格そのものが採用を左右するものにはなっていないのが現状といえよう。

人事異動の例として、北海道のY町で行った平成26（2014）年の社会教育主事の異動等に関する調査をあげる。調査方法、時期等の詳細は次章に示す[37]。

平成25・26年度社会教育実践研究センター調査によると、社会教育主事資格を持ち発令されていない者（有資格者）の市町村あたりの平均は3.0人となっており[38]、Y町では現役2人を含めた社会教育主事経験者は12人であっ

た。この有資格者全員を調査対象とした。

〈表4-7〉の現役2人を含む12人がY町社会教育主事経験者で、YA、YCが発令を受けている現役社会教育主事である。Y町は2町が合併して人口約1万人となっており、一方の町は専門職採用を行っていたことがあり、役場経験年数19年のYCは専門職採用されており、異動経験がない。他の社会教育主事は、一般行政職と同様の異動が行われており、特別なキャリアを形成する者はいなかった。社会教育主事は専門職とされているものの行政組織内では、人事ローテーションの中に組み込まれている。Y町では有資格者の活用が行われており、社会教育主事発令資格を持つ職員が他部局を経験して再び社会教育主事として発令されている例が4人となっていた。

平成25・26年度社会教育実践研究センター調査によると、社会教育主事発令者も有資格者もいない市町村は、15.2%の259市町村であり[39]、社会教育主事の発令にあたっては自治体の人材育成計画が重要である。

以上が、社会教育主事の「専門職型」、「行政職型」、「教員型」のそれぞれのキャリアの実態である。都道府県においては教員のキャリアとの連続性が必要であり、社会教育主事の経験を学校へどのように活かしていくかが課題である。また、市区町村・指定都市の社会教育主事の異動は、行政組織全体の中で考えていくことが必要であり、人材育成の観点から計画的に行っていかなければならない。社会教育主事を目指す人にとっては、ロールモデルの存在は大きい。社会教育主事を経験したことによって、その後のキャリア形成に不利益になるようなことがあれば、将来希望する者がいなくなる。社会教育主事としての成功はもとより、その後のキャリア形成に社会教育主事の経験が大いに活かされるとすれば、社会教育主事を目指す人も多くなるのではなかろうか。社会教育主事の経験者から、優秀な人材が輩出されているというロールモデルが必要となる。

第1部では、社会教育主事制度を歴史的な背景をもとに考察し、実際の職員像を明らかにしてきた。

次の第2部では、社会教育主事への聞き取り調査から、社会教育主事の持つ資質・能力を明らかにするとともに、地域住民への支援の観点から論じていく。

〈注記・引用文献〉
1) 平成25・26年度社会教育活動の実態に関する基本調査事業『社会教育指導者に関する調査研究報告書』国立教育政策研究所社会教育実践研究センター、2015、pp.45-46
2) 同上 p.51から作成された文部科学省資料
3) 文部科学省生涯学習推進局が平成25（2013）年5月に作成した「社会教育の人材の在り方についての資料」p.20
4) 平成25・26年度社会教育活動の実態に関する基本調査事業『社会教育指導者に関する調査研究報告書』国立教育政策研究所社会教育実践研究センター、2015、p.15に示された宮城県石巻市の例では石巻市の教員から割愛により石巻市教育委員会の社会教育主事となっており、給与及び経費はすべて石巻市の負担である。割愛は通称で、自治体間において職員を交流させる場合、例えば国から県、国や県から市町村またはその逆などがある。1～3年の一定期間に、相手先の身分と給与で働き、もとの職場に戻る。組織を移る場合は、退職の手続きをとるが、戻った場合の身分や給与面での待遇は一般的に引き継がれる。
5) 平成27年4月1日の調査で177校、うち4年制大学が157校、国立大学が42である。
6) 文部科学省生涯学習政策局「社会教育の人材の在り方についての資料」平成25年5月、p.22
7) 7名の委員により、平成29年3月より7月まで4回にわたり討議が行われ、8月23日付で「社会教育主事養成の見直しに関する基本的な考え方について（案）」が出された。
8) 文部科学省生涯学習政策局社会教育課公民館振興係による
http://www.mext.go.jp/a_menu/shougai/gakugei/syuji/1284692.htm（2016年9月10日参照）
9) 各年度の社会教育主事講習実施機関は、文部科学省ホームページに記載されている。
10) 国立教育政策研究所社会教育実践研究センターが実施する社会教育主事講習は2回あり、1回目をA日程、2回目をB日程としている。平成29年度のB日程（平成

30年1月22日～2月28日）は、主会場の他、新潟、静岡、鳥取、島根東、島根西、広島、愛媛、沖縄の8つの地方会場でも受講することができた。

11）国立教育政策研究所社会教育実践研究センター平成25・26年度　社会教育活動の実態に関する基本調査『社会教育指導者に関する調査研究報告書』2015、p.52
12）同上 p.55　第3章　社会教育主事の任用・講習・研修について（調査票調査の結果）　1 社会教育主事の任用について　2）社会教育主事の任用に関する調査から見えてくるもの
13）福島　進「社会教育主事の役割と専門性について」『立教大学教育学科研究年報』40、1996、p.105
14）同上　p.107
15）阪本陽子「社会教育主事の専門性に関する一考察」『文教大学教育研究所紀要』18、2009、p.114
16）高倉嗣昌「社会教育主事をとりまく諸条件とその『専門性』形成――北海道市町村社会教育主事に関する調査結果を中心にして」『北海道大学教育学部紀要』24、1975、p.129
17）稲継裕昭『プロ公務員を育てる人事戦略』ぎょうせい、2006、p.33
18）同上　pp.33-34
19）礒崎初仁・金井利之・伊藤正次『ホーンブック地方自治』北樹出版、2014、pp.202-206
20）山中俊之『公務員人事の研究』東洋経済新報社、2006、p.37
21）同上　p.39
22）稲継裕昭『現場直言！自治体の人材育成』学陽書房、2009、p.42
23）田尾雅夫『自治体の人材マネジメント』学陽書房、2007、pp.82-83
24）山中俊之、『自治体職員のための人材ハンドブック』関西学院大学出版会、2011、p.36
25）小谷良子・中道　實「自治体職員のキャリア・パターン変容―大都市近郊のＡ市調査に基づく考察―」『奈良女子大学社会学論集』16、2009、pp.118-119
26）自治省事務次官通知「地方自治・新時代に対応した地方公共団体の行政改革の推進のための方針」1997年11月4日付
27）自治省公務員部長通知「地方自治・新時代における人材育成基本方針策定指針」1997年11月28日付
28）前掲　平成25・26年国立教育政策研究所社会教育実践研究センター報告書、p.45
29）同上　pp.45-46

30）同上　p.50
31）同上　p.49
32）同上　p.45
33）同上　p.52
34）同上　p.49
35）同上　p.50（図3-1-10）
36）同上　p.51（図3-1-12）p.52（図3-1-13）
37）桜庭　望「市区町村行政職型社会教育主事の経験と自治体での活用」『日本生涯教育学会論集』36、2015、pp.93-102　において自治体内での異動の実態が明らかになっている。
38）前掲　平成25・26年度国立教育政策研究所社会教育実践研究センター報告書、p.55　第3章　社会教育主事の任用・講習・研修について（調査票調査の結果）　1　社会教育主事の任用について　2）社会教育主事の任用に関する調査から見えてくるもの
39）同上　p.52

第 2 部　社会教育主事の役割と影響

第5章　市区町村行政職型社会教育主事の経験と自治体での活用

第1節　社会教育主事への聞き取り調査

　本章では市区町村の行政職型の社会教育主事に着目し、行政組織内の異動により社会教育主事の経験が、他部局でも活かされることを示していく。

　国立教育政策研究所社会教育実践研究センターの平成23（2011）年3月『社会教育主事の養成と活用・キャリアの実態に関する調査報告書』によると、現職の市区町村の社会教育主事がこれまで経験したことのある所属・勤務先は、「市区町村教委本局（社会教育主管係）」が7割を超え（76.4%）最も多く、次いで「市区町村首長部局」（44.5%）[1]と行政部局間の異動が行われていることを示している。また、第4章第4節2にも示したとおり同センターによる『社会教育指導者に関する調査研究報告書』2015においても、首長部局と教育委員会間で異動が行われている実態が示されている[2]。

　鈴木（2007）は、いくつかのデータから他の領域の専門職員と比較しても社会教育主事の勤務年数はきわめて短いことに触れ、「社会教育職員は、その量的充実が課題のままである上に、質的な向上にも困難な状況が存在している」[3]と指摘する。本章では、社会教育主事としてのキャリアが一般行政職としての資質能力向上にどのように影響しているのかを行政組織全体を視野に入れて検討する。古市（2012）は、生涯学習・社会教育行政の一般行政化が進む様々な背景を踏まえたうえで、「首長に所管があると、新規事業の立案や予算編成の面での利点が期待できる。（中略）首長を中心に関係部局長とも連携が取りやすい。」等々のメリットと「首長部局では、教育性、専

門性、育てる・人材育成の視点が薄れるのではないか。」等々のデメリットの声が挙げられていることを指摘している[4]。本章では、社会教育と他行政部局を比較するという観点から、こうした課題についても検討する。社会教育主事のあるべき職員像は、教育委員会のみならず首長部局を含めた行政組織全体の中で論じていく必要がある。

社会教育と社会教育以外の行政部局（首長部局と学校教育関係：以下、他部局と示す）との比較を行うことにより、社会教育主事の職務を特徴づけてみたい。社会教育と他部局との違いを職員の異動経験とともに、平成26（2014）年に聞き取り調査を実施した。選定した自治体は、社会教育主事の異動が行われていること、行政組織全体の動向が把握しやすい規模であることを条件とした。また、社会教育主事の業務を公民館業務と区別するため、公民館のない自治体とした。選定した自治体は北海道Y町（人口約1万人）とM市（人口約2.5万人）である。

Y町とM市は隣接し地域性の差はない。北海道内179自治体（平成26年時点）の平均人口は、札幌市（人口190万人）を除くと約2万人であり、調査対象自治体は北海道内では中庸の規模である。また、考察は調査対象自治体の異動経験をもとに行うため、専門職型と教員型の社会教育主事については対象外とする。

平成26（2014）年3月からY町とM市において自治体職員の異動実態に関

〈表5-1〉 Y町社会教育主事と有資格者への聞き取り調査項目

1）現在の所属・役職
2）これまでの配属先、年数、役職、職務内容
3）社会教育で携わった業務の内容
4）社会教育と他部局との違い(予算、考え方等)
5）社会教育の経験が他部局で活かされたと感じる業務、場面
6）社会教育で関わった地域団体・住民との関係、他部局との比較
7）社会教育の経験によって得た人的関係、その後の関係性
8）社会教育主事の研修機会、他部局との比較
9）社会教育主事について感じていること

第5章 市区町村行政職型社会教育主事の経験と自治体での活用　163

〈表5-2〉聞き取り対象者　Y町調査対象者

(社会教育主事経験者12名、人事担当者1名)

記号	所属課	役職	行政職採用前の資格取得先	社会教育主事講習派遣先	合併前町	行政職経験年	内社会教育行政経験年
YA	生涯学習課	社会教育係長		北海道教育大学（岩見沢）	A	25	12
YB	生涯学習課	課長		社会教育実践研究センター	A	31	20
YC	生涯学習課	スポーツ振興係長	社会教育主事講習（東北大学）		B	19	19
YD	生涯学習課	課長補佐	大学在学中取得		B	26	9
YE	生涯学習課	文化振興係長	大学在学中取得		B	23	14
YF	教育総務課	学校教育係主任		北海道教育大学（函館）	A	19	6
YG	商工観光課	商工労政係主事	大学在学中取得		A	7	3
YH	総務課	職員厚生係主任	大学在学中取得		B	13	6
YI	住民税務課	町民活動係長	大学在学中取得		B	20	10
YJ	住民税務課	課長		社会教育実践研究センター	A	29	8.5
YK	商工観光課	課長		北海道教育大学（釧路）	A	36	12
YL	給食センター	主任		社会教育実践研究センター	A	16	7
	総務課	人事担当者					

M市調査対象者

(社会教育主事経験者3名うち人事担当者1名、社会教育行政職員4名)

記号	所属課等	役職	所持資格	社会教育主事経験等
MA	生涯学習課	青少年係長	社会教育主事資格なし	
MB	博物館	館長	学芸員	
MC	博物館	係長	学芸員	
MD	図書館	奉仕係長	司書	
ME	図書館	主任	社会教育主事、司書	社会教育主事経験4年
MF	総務部庶務課	課長	社会教育主事	社会教育主事経験7年、人事担当者
MG	生涯学習課	社会教育主事	社会教育主事	社会教育主事経験0.5年（現職）

聞き取り調査をもとに筆者作成

する予備調査を行った。同年9月～11月にY町とM市の社会教育主事経験者等から〈表5-1〉の項目に基づき、20分～40分の半構造化面接による聞き取り調査を行った。

Y町は2町（A町、B町）の合併を経て人口約1万人となった。町職員159名のうち社会教育主事経験者12名を全員調査対象とした。M市職員は298名で、社会教育主事との比較のため、「社会教育主事経験者」3名の他、「社会教育行政職員」1名、「司書」1名、「学芸員」2名からも該当する項目について調査した。また、Y町の人事担当者、M市の人事担当者（社会教育主事経験を有す）からは、平均的な異動年数、社会教育主事資格保有者の把握、司書・学芸員等の資格と異動時の考慮について聞き取りを行った。Y町13名、M市7名、合計20名からの聞き取り内容をもとに分析を行った。聞き取り対象者の役職等を〈表5-2〉に示す。調査時に社会教育主事発令を受けている職員は、Y町2名（YA、YC）、M市2名（MG、他1）である。

第2節　人事異動実態

　Y町合併前のA町は、社会教育主事経験者7名のうち社会教育主事講習派遣者が5名（うち国立教育政策研究所社会教育実践研究センター2名）で、異動に合わせて資格者を養成していた。合併前のB町は既資格保有者への発令のみ行っており、社会教育主事講習への派遣はなかった。Y町社会教育主事の異動は1名（YC）を除き1～12年で行われ、異動年数、異動先に一般行政職の異動と大きな違いはみられない。社会教育主事として採用され19年間異動がない職員（YC）のみ専門職型（調査時）とみなされる。社会教育主事経験者が再び社会教育課・生涯学習課（名称変更による）へと戻る異動が6名になっている。また、司書資格は4名、学芸員資格は2名が保有しており、司書と学芸員はほとんど異動がない。

　M市では、社会教育主事、司書、学芸員等の資格は異動の際に考慮されているが、社会教育主事も一般職員と同様の年数で異動対象となる。人事担当者によると平均的な職員の異動年数は3年である。社会教育主事資格は地元大学で取得した職員が約20名に及び、人事ローテーションで困ることがない

第5章　市区町村行政職型社会教育主事の経験と自治体での活用　165

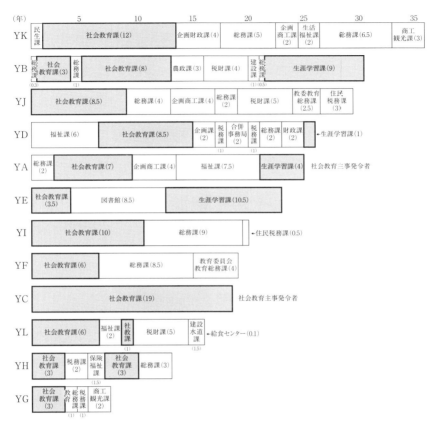

聞き取り調査をもとに筆者作成

〈図5-1〉　Y町社会教育主事経験者異動状況
（役場経験年数順・採用時から平成26年度まで）

という。司書、学芸員の異動も行われている。M市では3年前（調査時）より異動希望を自己申告する制度を始めた。この制度により現職の社会教育主事（MG）と学芸員（MC）は、自ら異動を希望し現在の役職に就いている。

　Y町の社会教育主事経験者のこれまでの異動先を役場経験の長い職員から順に〈図5-1〉に示す。また、M市の調査対象者異動状況を〈図5-2〉に示

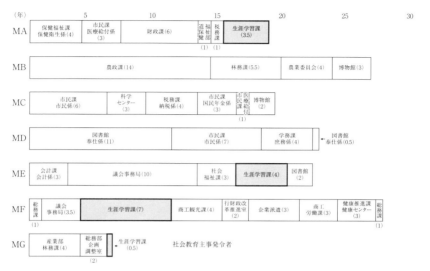

〈図5-2〉 M市調査対象者異動状況

(採用時から平成26年度まで)

第3節　社会教育主事の業務の特徴

1　社会教育主事・社会教育行政と他部局業務との違い

　異動の実態に即し、聞き取り調査では、社会教育主事・社会教育行政在職中に携わった業務の内容と他部局とを比較し、業務の進め方、考え方等の違いを収集した。

　他部局と比べた社会教育主事の特徴として最も多く挙げられたのは、「人とのつながりが多い」ことである。平成23年『社会教育主事の養成と活用・キャリアの実態に関する調査報告書』(国立教育政策研究所社会教育実践研究セ

ンター）においても、市区町村の社会教育主事の仕事をするうえで最も影響を受けた経験・事柄、社会教育主事としての勤務を通して得たものの第一番目に「地域の人々や団体等との人脈」(61.3%)が挙げられている[5]。それでは、その人脈はどのようなものか担当する業務と発言内容から、特徴を捉えてみる。

　総務課職員厚生係では、「職員と理事者（議会用語で説明者として出席する市長・副市長・教育長・各部長職の職員・財務課長等を指す）を対象とした業務を担当し、住民を対象とする社会教育主事とは相手が180度違う。」(YH)という。社会教育主事が対象とする住民の特徴として、次のような発言を挙げることができる。社会福祉課で、生活に困難を感じている人々の日々の生活に向き合っていた職員は、「社会教育は学習に前向きで、学習をサポートするという面で、基本的生活に密着した福祉担当の対象者とは180度違う。」(ME)という。団体活動を行う人、文化・スポーツの愛好者が主で、「（社会教育主事の人的関係は）生活に関係ない部分で肩の力を抜いたつきあいができる。」(YI)とされる。基本的生活支援ではなく、社会教育主事が対象とする相手は学習者である。

　続いて、人とのつながりを含め、他の社会教育主事・社会教育行政の特徴をみていこう。得られた発言の中から端的に業務の特徴を表す部分を抽出し、類似したものを整理すると、五つの社会教育主事・社会教育行政の特徴が認められた。いくつかの発言とともに示す。

1）人とのつながりが多い

　「社会教育後の異動先では町民とのつながりが全くないと感じる。」(YF)、「社会教育主事は人と接触する機会が多く、つながりが強い。」(MG)、「社会教育主事として人と人を結びつけるコーディネート役を経験した。」(YL)

2）自分で考え、自分が動くこと

　「他は組織で動くのに対し、社会教育主事は自分で動く。」(YH)、「社会教

育主事は自分で考え動き、町の様子や状況を見て仕事を進めていかなければならない。」(YG)、「他部局では自分の思うような仕事ができないように思う。」(YC)

3) 枠にとらわれない自由な発想を要する

「社会教育は、本人の発想でできる。」(YK)、「社会教育は、仕事に決まりがなく、枠にはまっていない。」(YG)、「社会教育は、自由な発想でどんなことでもできる。」(YD)

4) 現場での対応が求められる

「総務は条例等のチェックが優先、社会教育はまず行動が優先される。」(YK)、「社会教育は役場とは違う、管理畑ではなく現場、一緒に協力して作りあげるもの。」(YF)、「現場で個々の住民から意見を聴取できる。」(YA)

5) 効率にとらわれない長期的展望が必要

「他は効率優先、社会教育は違う。」(YG)、「社会教育は少しの予算で大きな効果を期待する、ただし目に見えた成果がすぐにでないところが教育分野。」(YI)、「社会教育は成果がすぐに出ないため直接手ごたえが感じられない場合があり、やっている人は大変。」(MF)

続いて、こうした特徴的な業務経験を有する職員の経験の活かし方をみていこう。

2　社会教育主事の経験が活かされる場面

他部局へ異動し社会教育主事の経験が活かされたと感じる業務、場面をあげる。

【総務課広報広聴係】「町民だよりを作成するには、社会教育主事以上に町職員全体と町民との広いネットワークを必要とし、社会教育主事の仕事と共通していた。」(YJ)

【健康推進課健康センター】「健康づくりは住民の意識変革であり、健康講

座、保健師との連携で社会教育主事の経験が活かされた。」(MF)

【総務課交通防災係】「防災マップづくりのワークショップは人を集めて行う事業であり、社会教育で行ってきた手法が使える場面であった。」(YD)

【住民税務課町民活動係】「町民を対象として話す機会があり、その際の話し方、人と人とのコーディネートをする場面で社会教育主事の経験が活かされている。」(YI)

【保健福祉課高齢者担当】「対象が社会教育主事として接してきた人たちと共通であり、人とのつながりができていた。」(YH)

【商工観光課商工労政係】「イベントやフェスティバル開催が多く社会教育主事の仕事と共通している。商工団体との関係づくりに社会教育主事の経験が活かされている。」(YG)

　その他の発言も含めて、社会教育主事として培った知識・技術とともに、人と接する場面、発想・企画が必要となる場合に、他部局においても社会教育主事の経験が活かされていた。では、経験が活かされるかどうかは、「配属先によるものか」、あるいは「業務内容であるのか」、について自治会担当業務を一例として挙げる。合併前のA町・企画商工課では、「自治会活動では、団体育成の観点から社会教育と通じる点はあったが、定型的な連絡業務が主であり、社会教育的な発想はあまり必要ではなかった。」(YA)とする一方、合併前のB町・企画課では、「自治会の自主的な活動を進めており、社会教育の手法が活かされる担当であった。」(YD)という。こうした発言から、社会教育的な発想や経験が活かされる場面は、担当する課や係ではなく業務内容や進め方によるものと解釈できる。総じて第3節1であげた社会教育主事・社会教育行政の特徴と近い業務内容や進め方である場合に、経験したことが活かされている。そうではない場合はどうだろうか。総務課と（教育委員会）教育総務課への異動経験がある職員は、「これまで社会教育主事としての経験が全く活かされる場面がなかった。」(YF)という。異動先の担当する業務内容や進め方によっては、社会教育主事経験を活かすことは

できない。同職員の「社会教育は役場とは違う」（YF）という発言からも、社会教育主事の業務が特殊であることが窺える。ここで、行政組織内において、社会教育主事が持つ特殊な面をみていこう。

3　社会教育主事の職務と他行政職との感覚のズレ

　他部局から異動し社会教育主事となった際に、感覚のズレを感じたという発言例では、社会教育主事が一般行政職とは違った側面で捉えられていることが示されている。社会教育主事の資格をもち異動した直後に参加した研修会について、「社会教育を長年やっている人たちとは根本的に考え方が違い、異質な感じがして自分が場違いであるようにも感じた。行政機関の一員として、違う考え方もあるという人もいなければならない。」（ME）と印象が語られている。同職員は、長い期間で専門性は高められていくが、社会教育主事は様々な行政部門を経験した方がよいと指摘する。

　同様に、専門職型の社会教育主事は、異動を前提とした行政職員とは異質に捉えられていた例があった。Y町合併前のB町では、社会教育主事の業務が専門分野に特化され、社会教育主事は他部局に異動しても仕事ができないという行政組織内での厳しい評価が生じていた。20年前に社会教育主事の異動が専門職型から行政職型へと変わったことについて、「20年前の社会教育主事は事務担当者が経理をしていたため専門分野だけ担当していた。そのため自分も異動先で苦労した。」（YE）という。同職員は、大きな自治体とは違い小さな自治体では、社会教育主事も他の行政職と同様に経理ができなければならないという。「当時の社会教育主事は専門職として事務処理も行っていなかったため、事務能力があるということで福祉課から（社会教育主事の）資格をもっていた自分が異動した。」（YD）という職員の発言も、組織内で社会教育主事の在り方が問われていたことを物語る。

第4節　異動のメリット・デメリット

　自治体職員の異動のメリット・デメリットは、組織、個人、地域・住民の三つの視点から考えることができる。自治体では、主事→主任→主査→係長→課長補佐→課長→次長→部長といった形で職位があり、Y町、M市ともに昇格試験は実施されずジョブローテーションによる人材開発が行われている。広い視野を持ち地域全体の長期的戦略を練ることができるジェネラリスト養成においても、社会教育主事の経験は資質能力向上に役立つ。社会教育主事の異動により社会教育的な思考や手法が他部局にも伝わるという組織的なメリットもある。しかし、デメリットとして、他行政職同様の頻繁な人事異動サイクルでは社会教育主事としての専門性を高めることができない。とはいえ、あまりにも長く社会教育主事にとどまることは、管理職コースからはずれた「専門職」として処遇されることにもつながりかねない。

　そもそも行政組織内では財政や人事という中核部門を経験して幹部に昇格するというジェネラリスト育成の考え方が根強く、社会教育主事の経験が評価されていない現実がある。「自治体により社会教育主事に対する考え方は大きく違う、社会教育出身の町長であれば、社会教育主事に対する認識が違うだろう」（YD、同じく YE）という声がそれを象徴する。専門性を持つ職員がより一層組織内で能力を発揮できる仕組みづくりが必要となる。

　小規模自治体の限られた人材の中でキャリアをスペシャリストとジェネラリストに分ける複線型人事制度は難しいが、資格保有者の自己申告制は有効である。M市では3年前から自己申告制を始めた。「職員採用面接で社会教育主事になりたいと希望した。」（MG）という職員は、産業部、総務部を経験し、異動希望が叶い社会教育主事となった。社会教育主事資格は約200の高等教育機関で取得可能であるが、社会教育主事の採用は極端に少ない[6]。社会教育主事があまりにも長く固定化されると、他職員の資格が活かされず

社会教育主事発令の機会が失われる。まちづくりなど市民協働を学び社会教育主事を希望する学生の採用を進めるためにも人事ローテーションは重要である。

次に、個人として異動はどのようなメリット・デメリットがあるか、聞き取り調査の発言からみてみよう。図書館奉仕係長（MD）は、自らの異動経験について「知らない部署でいろいろなことがわかるようになった、司書だけでは経験できない経理事務に堪能になり市役所的な流れがよくわかるようになった、役所内での人脈も広がり仕事がしやすくなった、図書館以外の経験によりレファレンスの幅が広がった」という。税務課を経験した職員は「滞納者と接することにより社会教育とは違った町民の側面を知ることができた。」（YB、同じくYG）と述べる。異動により視野が広がり、行政職能力と専門性が高くなり、他部局との連携が図りやすくなっている。Y町では、社会教育主事が他部局を経験し再び社会教育行政に戻る異動が6名で、キャリア形成と専門性向上の両面で異動のメリットが活かされている。

異動のデメリットとして、学芸員資格があり博物館への異動を自己申告した職員の発言をあげる。「何年で異動になるかわからない、長年いるのであればそれなりの仕事がしたい、長期展望が立てられないので自分の仕事の采配について考えてしまう。」（MC）という。

異動のメリット・デメリットはあるが、適切な年数による人事ローテーションにおいて行われる人材開発は、社会教育主事の専門性を高めることにもつながっている。

平成25（2013）年10月「全国公民館振興市町村長連盟要望書『公民館の強靭化』について」では、「『社会教育主事』は、市町村全体のあらゆる分野で活躍できる能力をもった人材である」とし、社会教育主事の「配置の柔軟な対応」「保持する能力水準の向上」「配置の強化」を実現するため国への支援を求めている[7]。

本章では、他部局との比較から社会教育主事の特徴と専門性を捉えた。社

会教育主事は、他部局とは大きく異なる経験を積むことにより、行政職としての資質能力も高められる。社会教育主事経験者は、市区町村行政を担う多くの分野において、社会教育に立脚した施策提案を行うことで自治体に高く貢献できる。社会教育主事としての専門性、行動特性を発揮するためには、独自性、自律性をもち特有の業務の進め方ができるふさわしい環境を要する。社会教育主事の配置をどのように行うかについては、充分な検討が必要である。

　財団法人地方自治研究機構による「地域の自主性及び自立性の向上のための人材開発に関する調査研究」(平成24（2012）年3月）では、自主性・自律性の向上に資する地域づくり・まちづくりの取組増大に伴い、新たな人材開発ニーズが増大し、市町村にも人材開発手法の確保が求められていることを調査研究の背景の第一に挙げている[8]。同調査では、地域協働のまちづくりを進める新たな外部人材の招聘も提案されている。地方分権時代の自治体職員に求められることは、住民顧客志向、前例にとらわれない発想・企画力、自らの考えで行動できることである。社会教育主事というポジションは、人材開発において、まさにそのインキュベーター的役割を果たしているといえる。

　地域住民への支援という観点から、地域住民の目線で思考が可能な社会教育主事の必要性はさらに高まっているといえよう。

〈注記・引用文献〉

1）国立教育政策研究所社会教育実践研究センター『社会教育主事の養成と活用・キャリアの実態に関する調査報告書』2011、p.28
2）国立教育政策研究所社会教育実践研究センター平成25・26年度社会教育活動の実態に関する基本調査事業『社会教育指導者に関する調査研究報告書』2015、p.51
3）鈴木眞理「社会教育職員論が語られる背後にあるもの」『日本生涯教育学会年報』28、2007、p.117
4）古市勝也「生涯学習振興における一般行政と教育行政」『日本生涯教育学会年報』

33、2012、pp.103-104
5）国立教育政策研究所社会教育実践研究センター 前掲2011年報告書、p.37
6）平成21年度文部科学省調査によれば、高等教育機関の2,614人の社会教育主事資格取得者進路のうち教育委員会採用は0.4％（10人）、8.9％（232人）は公務員となっている。
7）「全国公民館振興市町村長連盟要望書『公民館の強靭化』について」2013、p.7
8）財団法人地方自治研究機構『地域の自主性及び自立性の向上のための人材開発に関する調査研究』2012、p.3

第6章　社会教育主事のネットワーク

第1節　人とのつながり

　社会教育行政に関するネットワークという表現は、平成10（1998）年生涯学習審議会答申で使われている。『社会の変化に対応した今後の社会教育行政の在り方』において、生涯学習を推進していくにはネットワーク型行政の推進が必要であることが提案されている[1]。社会教育行政は、生涯学習社会構築を目指し中核的な役割を担う。ネットワーク型行政の推進には、首長部局の連携協力体制が必要であり、住民の多様なニーズに対応できるよう社会教育行政にも変化が求められてきた。社会教育行政は、住民と行政の主要な接点となっているが、行政組織内部ではその役割が十分に認識されていない。これからの地域社会において、住民と行政の接点はより一層重要となる。

　本章では、社会教育主事が地域住民とどのようなネットワークを形成しているかについて論じていく。市町村における社会教育行政の特徴の一つは、住民との密接なネットワークを培っている点である。社会教育行政は他行政部局と比較し住民との連携・協働の機会が多く、そこで培ったネットワークは行政他部局においても活用できることを示していきたい。市町村の社会教育主事は、住民とのネットワークを築くことができ、その専門的な経験を行政組織内で活かすことができることを明らかにする。

　第5章の第1～3節において行った聞き取り調査（平成26年9月～11月に実施）から本章では、住民とのネットワークに関する部分を抽出して扱う。社会教育主事への聞き取り調査項目のうち、「社会教育で携わった業務の内

容」、「社会教育と他部局との違い（予算、考え方等）」、「社会教育の経験が他部局で活かされたと感じる業務、場面」、「社会教育で関わった地域団体・住民との関係、他部局との比較」、「社会教育の経験によって得た人的関係、その後の関係性」が該当する。聞き取り調査による内容から、関係する各種団体との関わりと社会教育主事と住民とのネットワークという観点から述べていく。

聞き取り調査内容から、人との関わりに関する発言を整理した。他部局経験も含めて、発言者の職員記号（YA～YL、MA～MG）とともに示す。発言者記号は第5章〈表-2〉の聞き取り調査対象者である。

ここで第一に挙げられるのが、社会教育主事は「人とのつながりが多い」ことである。社会教育主事経験者全員（YA～YL、ME～MG）が、社会教育は他部局に比べ地域の団体・住民と関係する機会が多いと答えている。「社会教育主事としての仕事と他部局の違いは何か」、「社会教育主事の経験が他部局で活かされたと感じる業務、場面は何か」という問いに対しても、「人とのつながり」に関することが最も多くあげられている。「人とのつながり」に関する発言を分類してみる。

最初に挙げるのは、異動先で「人を知っている」という観点からである。平成26（2014）年9～11月に行った聞き取り調査から異動先と（ ）内に職員記号と発言を示す。

・総務課交通防災係（YD）では
　「顔のつながりがあることで、様々な仕事が始めやすい」、
・商工観光課商工労政係（YG）では、
　「商工会の取り組みでは、知っている人と仕事ができる」、
・保健福祉課高齢者担当（YH）では、
　「接する高齢者は、社会教育と共通する人が多い」、
・総務課広報広聴係（YI）では、
　「話を聞く場合に知っている人と気楽につきあうことができる」

などが挙げられ、顔見知りとしての知人が多くなったことが、他部局での仕事をやりやすくしている。

さらに、幅広い人とのつながりをネットワークとして捉え、総務課広報広聴係への異動経験（YJ）では、社会教育主事時代の経験が有効活用されている。「広報広聴係は町民との接触が社会教育主事と同様に多く、経験をそのまま活かすことができた」という。こうした「人とのつながり」は、その他の部局でも感じられるのだろうか。同職員（YJ）は、広報広聴係の後、企画商工課、総務課職員厚生係、税務課などを経験していくうち、次第に町民との接触はなくなり関係が薄れていったという。

町民と接する部署では、「人とのつながり」を感じる場面があるが、異動先によっては社会教育主事で培った人的ネットワークが活かされない場合もある。社会教育を6年経験後、総務課で選挙事務、合併事務局などを経験し、教育委員会教育総務課学校教育係となった経験（YF）では、管理事務的な業務が主で人とのつながりを活かすような業務に就いていない。「社会教育主事としての経験を異動先で活かすことができていない」（平成26年9月）と話す。「学校教育のつながりは管理が主であり、社会教育のつながりは一緒に協力してつくりあげること」と、その違いを指摘している。

異動先で「人とのつながり」という経験を積極的に活用している例をあげる。企画商工課へ異動した職員（YA）は、社会教育主事の経験を活かし「個々の住民と接することで意見・要望を取り入れることができた」という。同職員は、「まちづくり」の一環として行われていた首長部局の事業を社会教育主事経験の人脈と、行政と町民の「協働」という社会教育的な手法によって再構築した。「人とのつながり」を重視し、町主導で進めてきた事業を住民の視点を取り入れた形で転換させたことについて、「社会教育の経験がなければできなかった」という。個々の住民の様々な意見や要望を取り入れることができること、人と人をつなぐことができること、行政と町民の協働事業を推進できることなどは、社会教育主事としての経験により培われ

た「人とのつながり」である。

「人とのつながり」は、コーディネートすることでもある。住民税務課広報広聴係（YI）では、自治会の担当者として、人とのつながりをコーディネートしてきた経験を活かしている。

社会教育主事経験後、福祉課環境衛生係、地域振興課などの経験のある職員（YL）は、「対象とする相手が望むよう対応する」ことが、他部局の職員とは違う点であり、「人と人を結び付けるコーディネート役を経験したことが、なにより重要であった」と振り返っている。社会教育主事として得たネットワークを活かして、現在は個人的に子ども会事務局を受け持っている。

M市の社会教育主事（MG）は、「人とのつながりの多さ」とともに、「新たな仕事を立ち上げる際に実行委員などで協力を求めることができる人がいる」という。

企画商工課、企業派遣、健康推進課など様々な経験があるM市庶務課長（MF）は、社会教育主事の経験を「住民との関わり」、「人とのつながり」として他部局で活かしており、「一般職とは質が違い、住民の意識を変えることが社会教育の目的」と話す。

以上のことから、社会教育主事は、単に知人が多いだけではなく、人と人をつなぐ役割を積極的に果たしてきたことが確かめられた。様々な団体や個人との関係をコーディネートする役割を経験できる点で、他部局の職員とは大きく異なっている。

「人とのつながり」を異動先の業務ではなく、個人の「人づきあい」というレベルで捉えた例をあげる。社会教育主事の経験の後、長く総務課などの事務的な部署を経験した商工観光課長（YK）は、「人づきあいがあまり得意ではなかったが、社会教育主事として様々な人と会うことにより、人との接し方を学んだことが大きい」という。「どの部署でも人との関わりを避けて通ることができない、社会教育で培ったネットワークはずっと生きている」と振り返った。社会教育主事として「人との接し方」を経験から学び、その

後の「人脈」として活かしている。

　「人脈」の活かし方は、社会教育主事からの異動先がどのような業務を行っているかで異なる。つながりの程度も、人づきあい程度なのか、新たな行政のパートナーとしてしっかりとした関係を築くのか、結びつき方は多様である。また、人脈の捉え方も個々人で様々であり、どのように人脈を活かすのかは、それぞれの職員の持つ個性によって違うことも指摘しておかなければならない。

　さて、これまで社会教育主事は「人とのつながりが多い」ことを示してきたが、「つながる」人たちは、どのような人たちなのだろうか。様々な事業を行うため「一般町民を広く対象とする」（YI）という捉え方が前提とはなるが、その中でも特に「文化・スポーツ愛好者が主」（YL）というのが社会教育の側面である。そのつきあい方にも特徴がある。「生活と関係ない部分で肩の力を抜いたつきあいができる」（YI）という発言が示すように、住民とお互いに良好な関係を構築できる点は重要である。

　他部局で接する人々との比較から、社会教育主事が接する人々の特徴を捉えた例をあげる。福祉課において生活支援を担当し、異動により社会教育主事となった職員（ME）は、前職と比較した社会教育主事が接する人々を「学習に前向きで、学習を深めることをサポートするという面で、ある意味夢見がちな人でもある」という。というのも、前職では福祉障がい者担当という立場で、生活に困難を感じている人々の日々の生活に向き合っていた。基本的生活に密着した支援を行わなければならない人々と、社会教育主事として接する人々は、「対象とする人が180度違う」という。

　社会教育主事が接する人々の学習要求は、生活基盤のうえになりたっており、その関係には「しがらみがない」とも言えるであろう。社会教育主事として接することができた人々も、行政組織内で別の役職で接する場合には、その関係性が全く変わってしまう場合がある。その例は、税務課の経験（YB）で示される。税務課では、町民税の滞納者への対応をしていかなけれ

ばならず、「同じ人にも違った側面があることがわかった」という経験が語られている。

　社会教育には地域課題解決に向けた取り組みが求められる。地域住民、団体・組織、地元企業など利害関係を持つ人たちの「つながり」を必要とする場合、生活や職業に関わり複雑な要素が絡むことが予想される。その際も特定分野の利害関係にとらわれず様々な方面から、人と人をつなげる役割を市区町村の社会教育主事は担うことができる。

　人との接触が多い部署は、社会教育行政だけではない。役所の窓口には、日々多くの人が訪れる。戸籍等の窓口業務を経験したM市の図書館奉仕係長（MD）は、「窓口業務では、人とのつながりをあまり意識できない」という。図書館のレファレンスでは、「顔なじみになることで関係ができ情報交換が進む」と業務の違いを比較している。社会教育に携わることにより住民のニーズを把握し、様々な人々のニーズに応じて人をつなげていくという発展的な「人とのつながり」を経験できる。そうした経験により、人と人との新たな関係を築いていく能力が培われていく。

　以上のように、社会教育主事として培った「人とのつながり」は、他部局の異動先においても活かすことができることが明らかとなった。ただし、「人とのつながり」を必要とする業務や場面がなければ、活かすことができない。また、社会教育主事を経験し、他部局においても人と人とをつなぐ役割を果たし新たな関係を築いていることも（YA、YL、MGの例などから）確認できた。

　社会教育主事のコーディネート能力は、人と人をつなぐ役割を果たす経験により、より一層高められ、新たな側面で人間関係を築くことができる能力は、他部局においても発揮することができる。特に住民との「協働」が必要とされる場面では、社会教育主事経験が活かされる。

第2節　つながりの多さと中心性

　聞き取り調査対象とした社会教育主事経験者はいずれも社会教育と他部局との比較において、「人とのつながりが多い」と言及している。社会教育主事の「つながりの多さ」を可視化することにしよう。社会教育関係の各種団体と社会教育主事がどうつながっているのか、人的ネットワークを描く。
　Y町は隣接する同規模人口の2町が合併し、人口約1万人の町となった。合併時に、両町の社会教育関係団体の統合などはあったが、団体との関係は数十年前から大きな変動はなく、町内の社会教育関係団体の総会や会議に社会教育主事が出席している。Y町では各種団体と社会教育行政の協働による活動が行われており、個人や団体の代表が集まりイベントの企画や準備のための会議も数多く行われている。社会教育主事の人的関係を示すために、会議というイベントを通じて「人とのつながり」を見る。人と人との関係を分析するため、社会教育主事を中心としたネットワークを掘り起こすエゴセントリック・ネットワーク（ego-centric network）[2]に注目し、社会教育主事がどのようなネットワークを自己のまわりに取り結んでいるかを「会議」の場によって特定した。
　社会教育委員の会議、町民大学実行委員会は、社会教育主事が中心となって会議を開催する。町からの補助金が支出されているY町社会教育関係団体は、

　　　青少年指導センター（25）、青年団体協議会、PTA連合会（8）、文化連盟（53）、体育協会（21）、スポーツ少年団（14）、　（　）内は構成団体数

となっている。上記のPTA連合会を除く各団体の総会、役員会などに社会教育主事が出席している。その他、有志により結成されている町内二つの芸術鑑賞団体の会議にも社会教育主事は出席する。ボランティア・サークルとは年に数回の昼食会に同席している。また、ふるさとから学ぶ会は、社会教

育主事自らも会員として活動している。

　社会教育主事が出席する会議の場と、その場によってつながる人々の数により〈図6-1〉のような人的ネットワークが示される。中央の社会教育主事から発する放射状の線の先にある文化連盟、スポーツ少年団など団体の名称は、各種団体の会議の場である。中間点の会議の場から発する各枝の末端の点は、会議出席者である。文化連盟、スポーツ関連団体においては、それぞれのグループの代表者として、会議出席者名簿に示されその個人を特定することができる。

　他部局では、職員が関わるのは商工会、農業団体、高齢者団体、自治会、議会議員など業務に関係する特定の個人・団体のみであり、幅広い分野の団体・住民との接触機会はない。社会教育主事と各種団体とのつながりの多さは、この図からも明らかであり、社会教育主事は、様々な会議に出席し、他部局より多くの町民と接触する機会を持っている。

　さらに、社会教育主事は、会議だけではなく定期的に行われる高齢者大学、文化の日に行われる文化祭、各種スポーツ大会等の運営にもあたるため、それぞれのグループに所属する個々のメンバーにも接する。例として、調査時のY町文化連盟53団体の会員数は合わせて約500名、体育協会は21のスポーツ団体が所属し会員数は1,444名である。町民文化祭ではステージに立つ人、展示出品者など参加者の全ての名前を社会教育主事が把握している訳ではないが、それぞれの団体で積極的に活動する人々とは接触する機会が多くなる。各種団体の個々のメンバーとの関係を加えると、社会教育主事が接する人々との関係は、図示されたネットワーク以上に膨らんでいる。

　学校の芸術鑑賞、芸術鑑賞団体が開催するコンサート、演劇などの鑑賞事業に訪れる数百名の観客もこの図には示されないが、様々な事業にも社会教育主事が関わっており、さらに人的接触の機会が多いことを付け加えておく。

　社会教育主事は様々な団体とのコーディネートが可能であることは、〈図

6-1〉に示したようなネットワークの構造によって確認できる。ネットワーク構造において、異なる二つのグループを連結させる紐帯を「ブリッジ」と呼び、情報収集と伝達に極めて優れている[3]と言われている。

　社会教育主事と各団体の代表との結びつきがブリッジとなり、異なるグループを連結できる関係となっている。また安田（1997）によれば、ネットワークの核となるような中心人物は情報を媒介し、情報伝達のハブとしての役割を果たす[4]。社会教育主事は生涯学習に関連するネットワークの中心に位置するハブとして機能し、様々なグループを連結するブリッジとしてのつながりを持つことを〈図6-1〉から見てとることができる。

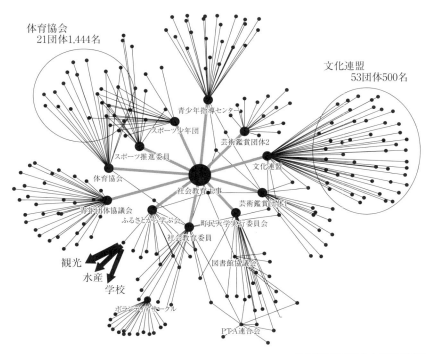

聞き取り調査をもとに筆者作成

〈図6-1〉　Y町社会教育主事が出席する会議による人的ネットワーク

増田（2007）は、人間関係を形成する際に、ハブになる要素として、「能力」、「先住」、「運」の3つを挙げる[5]。個人の能力に優れ、他人に先んじてネットワークに入り、運の要素が加わるとハブになることが可能だという。社会教育主事の場合は、当初から枝の多い組織構造上の中心となっているため、社会教育主事というポジションにつくことで人脈を作ることが容易となる。ただし、ハブを継続していくためには人間関係維持コストを払い続けなければならない。社会教育主事は多くの会議に出席する。文化・スポーツ団体の会議は、主として夜に開催され、趣味などの活動は週末や休日が多い。イベントの前は準備のための会議や活動が頻繁となる。社会教育主事としての人的ネットワーク維持のため、会議の出席や活動への参加という時間的コストは当然必要となる。ネットワーク維持のため、ハブはハブで大変[6]であり、こうした時間的コストを惜しめば、ブリッジもきわめてもろく壊れやすい[7]ということも、社会教育主事のネットワークの特徴であると言える。

　ネットワークの構造上から、社会教育主事はハブとしての機能とブリッジのつながりを持つが、社会教育主事の異動にともない、この場所から社会教育主事が消えた場合はどうなるのだろうか。中心のポジションに後任がなく不在の場合は、グループ同士をつなぐ役割が欠けることになり問題が深刻である。社会教育主事、または社会教育主事のような役割を持つ人材がいない場合は〈図6-1〉のようなネットワーク構造を保つことはできない。社会教育主事の異動により後任に新たな人材が投入された場合、組織的なつながりの活動フィールドが新しい社会教育主事となる職員に引き継がれる。例えば政治家や選挙候補者が持つ選挙区内の支持者の組織を「地盤」と呼ぶように、組織の仕組みが次の者に受け継がれていく。新たな人材が、すぐに機能することは難しいが、ポジションを理解したうえで業務を推進していくうちに役割を果たすことが可能になる。「協働」などに関するコーディネート能力は、こうしたネットワーク構造のポジションに置かれた経験により培われていくものであろう。

それでは、社会教育主事がその役職から離れた場合、異動した職員自身のネットワークは、どうなるのだろうか。社会教育関係のネットワーク構造からはずれると、仕事上はハブとして機能する場面はなくなる。個人的なつながりを維持することができれば、人的ネットワークは新たなポジションで活用することができる。しかし、現行のタテ割り行政のシステムの中では限界があり、組織を超えた関係を維持していくための負担は大きい。異動先によっては、社会教育主事としての経験が全く活かされず、ネットワークの資産も一気に失うことになる。社会教育主事の「人とのつながり」を行政組織全体で保持していくことが、今後の行政にとっても重要である。この点は、ソーシャル・キャピタル（社会関係資本）と関連して後述する。

　異動者に期待されることは、社会教育行政経験を異動により他部局に伝え、他部局と社会教育をつなぐブリッジとなることである。社会教育と他部局との連携・協働を図ることができれば、異動者をつないだ生涯学習振興のネットワーク型行政の推進が可能となるだろう。自治体の首長が、社会教育の重要さを認識し、社会教育の経験が活かされるジョブローテーションを確立することにより、社会教育行政経験者が行政部局間や住民とのつながりを構築する役割を果たすことができる。

　社会教育主事としての発令が重要であることにも触れておきたい。住民とのネットワークを構築する会議に出席するのは、社会教育主事という肩書の専門職であることに意義がある。社会教育主事が各種会議に出席することは、市町村行政としての姿勢を示すことであり、市民との協働を推進するうえでその役割は大きい。

第3節　ネットワークの特質

　これまで、人と人との関係性から社会教育主事を捉えてきた。行政組織に活かすため、社会教育主事のネットワークをソーシャル・キャピタル（社会

関係資本；Social Capital）とともに考えてみたい。

　ロバート・パットナム（2000）が、著書「Bowling Alone（孤独なボウリング）」において、アメリカではソーシャル・キャピタルが減退し、コミュニティの崩壊が起こっていることを指摘し、日本においても生涯学習と関連したソーシャル・キャピタルについて論じられ[8]、梶井（2010）[9]、松田ら（2012）[10]などにより、ソーシャル・キャピタルの視点から地域のつながりを比較分析する研究も行われている。

　ソーシャル・キャピタルの概念には様々なものがあり、個人が他者との関係からどのようなソーシャル・キャピタルを形成するかという個人に関わるアプローチと、組織や集団で捉えるアプローチがある。内閣府が日本総研に委託した平成14（2002）年度調査報告書では、パットナムの1993年の著書"Making Democracy Work"の論述をもとにソーシャル・キャピタルは「人々の協調行動を活発にすることによって社会の効率性を高めることのできる、『信頼』『規範』『ネットワーク』といった社会組織の特徴」[11]としている。

　社会教育主事と地域住民との関係において、対象となる住民側はインフォーマルなつながりが多い。学校・企業・地域の代表者は別として、文化・スポーツ活動、ボランティア等の活動者とのつながりは、本来の職業以外でのつながりである。関係性に縛られる地縁や血縁とは異なり、必要に応じた選択によって関係を変えていくこともできる。また、利害関係、指導管理の組織的な上下関係がないヨコのつながりである。こうした点は、本研究の聞き取り調査の中で、「人とのつながりは顔のつながり」（YD）、「肩の力を抜いた気楽なつきあい」（YI）などの発言にも表れている。

　弱いつながりが強さを発揮できることは、グラノヴェッター（1973）の「弱い紐帯の強さ」[12]に端を発する一連の研究によって裏付けられている。情報の仲介役として強さを発揮できるのは、同じ組織内などの強い結びつきではなく、グループとグループをつなぐ役割を果たす関係の中にある。社会教

育主事のコーディネート機能は、様々な個人や団体へのブリッジを持つことで果たすことができる。バート（1992）は、有用な他者へとつなげてくれることのできる人物に注目し、ネットワークとネットワークをつなげる役割を果たしうるこのような人物との紐帯こそ、ソーシャル・キャピタルとして重要であるとしている[13]。ソーシャル・キャピタルの観点から社会教育主事とつながる団体との関係は、個人のものではなく地域社会、行政組織全体にとっても重要と言える。

　フィールド（2005）は、ソーシャル・キャピタルと生涯学習について、北アイルランドにおいて行った調査から、自らのコミュニティに深くかかわっている人は成人学習者になりやすいことを示した。概して成人学習者の多くは何かに参加している傾向があると指摘する[14]。

　フィールド（2005）は、パットナムが、イタリアでの研究（1993）においてコーラスの貢献に光を当てていること、アメリカでのコミュニティ研究（1995、2000）ではボウリングの世界で起こっていることに関心を示していることをあげ、ソーシャル・キャピタルは広い見方ではコミュニティに根ざしたボランタリーな組織の参加と並んで、教会活動、文化活動、スポーツへの参加を含んでいるという[15]。

　社会教育主事は、グループ化を支援し、人々の参加を奨励し、学習を促進し、グループとグループをつなぐことによって生涯学習を振興する役割を担っている。社会教育活動は、成人の学習活動、文化活動、スポーツ活動を支援し生涯学習活動への参加を促すことによりソーシャル・キャピタルを醸成しているといえる。

　さて、Y町の社会教育主事のネットワークから、これまでの社会教育主事が果たしてきた役割を確認することができたが、昨今では社会教育関係者の非常勤・嘱託化、施設の財団化の進行などで、こうしたネットワーク構造に変化が生じている。行財政改革と団体の自主的活動推進から補助金の是非も問われ、行政と社会教育関係団体の距離が離れていく傾向にあり、新たな関

係性の検証が必要である。

　これまでネットワーク構造から社会教育主事の中心性について述べてきたが、ネットワーク型行政の推進においては、一カ所集中は望ましいことではないという側面がある。ハブに依存するネットワークは、中心の欠落によって崩壊するという脆弱性がある。生涯学習の振興を行政組織全体の課題で捉えると、住民の学習を支援していくための行政との接点を多数に分散化していく組織構造も考えられる。行政組織全体での生涯学習支援のネットワークづくりを、社会教育主事が中心となって進める必要がある。様々な改革による社会教育行政の再構築にあたっては、生涯学習への参加機会充実とコーディネーターの確保を抜きにしては考えることができない。自治体改革を市民公共性に向き合える行政づくりにつなげていくためにも、これまで社会教育主事が果たした役割を改めて認識したうえで、今後の行政と住民とのネットワークを考えていかなければならない。

第4節　新たなネットワークづくり

　最後に、Y町の社会教育主事のネットワークが新たなネットワークを生んでいる事例をあげ、社会教育主事が「協働」のネットワークを広げていることを示す。

　Y町には、合併によって一つの町となった経緯により、それぞれの地域をお互いに知らないという地域課題があった。社会教育委員の一人から、「ふるさとを学ぶ会を作って、町内の漬物名人とかの講座を実施したいけど迷っている」、「退職した世代にボランティアをしてもらおう」というアイデアが出されていた。社会教育主事（YA）が地域課題を意識し、その発言に応じ「応援するので一緒にやりましょう」と声かけをした。社会教育委員の一人が代表となり、退職者、商工業、漁業、僧侶、団体職員、高校教諭などが集まり、町との協働により15名のメンバーによって「ふるさとから学ぶ会」の

活動が行われるようになった。学芸員を講師とした町内の遺跡の学習、バス町内見学会、地域の特産品を学ぶ学習会、地域の魅力を再発見する講座など、会のメンバーから出された企画を次々と実行し、ふるさと講座には100名を超える参加者が集まるようになった。学ぶ会と教育委員会との共催、観光協会協賛など新たな仕組みにより、ほとんど予算をかけることなく魅力的な事業が推進されている。様々な人が集まることによる知恵の結集、出た意見を大切にしてできるだけ取り入れるという姿勢、教育委員会職員も会のメンバーとして共に活動するなど、町民との「協働」からさらにネットワークが広がっている。観光係、水産係、学校など行政の枠を超えて分野と対象が広がっており、「行政がやっていると面白くなさそうだが、町の人がやっていると面白そうだ」という口コミで参加者が増えている。定期的な会報も作成され、会員による活発な活動が展開されている。

　担当の社会教育主事（YA）は、住民参加というよりも「住民の力を解き放った」ことが大きいという。このような事業展開は、長年の子ども会などの活動による「待ち」の姿勢による経験に学んでおり、社会教育の経験が新たな「協働」事業の展開へと活かされている。〈図6-1〉の社会教育主事のネットワークにも、「ふるさとから学ぶ会」が、観光、水産、学校へと新たなネットワークを広げていることを示した。

　社会教育主事の役割には、新たなチームやネットワークづくりの支援があるが、その場に応じた人々の一時的な結びつきも時には必要である。チームやネットワークといった形態とは区別される新たな結びつきをエンゲストロームらは、「ノットワーキング（knotworking）」、すなわち「結び目づくり」と呼ぶ[16]。「ノット（knot; 結び目）」という考え方は、活動の「糸」を結び合わせ、ほどき、ふたたび結び合わせるというように変化に富んだコラボレーションの形態である。課題内容の変化に合わせて人やリソースをつねに変化させながら結び合わせ、人と人との新たなつながりが相対的に短時間だけ存続するような活動を指す。固定したメンバーで編成されるのではなく、ノッ

トワーキングと呼ばれる形態は、その場その場でコラボレーションの関係を組み替えていく。チームやネットワークを発達的に転換させるうえでは、ノットワーキング型の活動も必要である。新たなポジションや組織の中心を創造することを必要としない協働のパフォーマンスが展開されることにより、拡張的学習が生み出されていく[17]。

　活動理論については、「創発」[18]、「コミュニティ・オブ・プラクティス（実践コミュニティ）」にも触れておきたい。「創発」は、自律的な要素が集積し組織化することにより高度で複雑なシステムが生じる現象を指し、個々人の能力や発想を組み合わせて創造的な成果に結びつける取り組みが自発的に行われるものである。団体活動を結びつける仕組みとして、恩田（2011）は、それぞれの団体特性をネットワーク化することで新たな勢力を生み出す「創発特性」に注目している。「他の団体との協力関係の中からスポーツクラブの独自性も逆に発揮されるのではないだろうか。」[19]と互助社会とスポーツを通した地域づくりについて考察している。

　また、「コミュニティ・オブ・プラクティス（実践コミュニティ）」とは、あるテーマに関する関心や問題、熱意などを共有し、その分野の知識や技能を、持続的な相互作用を通じて深めていく人々の集団を指す[20]。実践コミュニティは、ナレッジマネジメントのコンセプトであり、ビジネスの世界のベストプラクティスを分析することによって、知識を維持・向上するための仕組みとして見いだされた。共通の専門スキルや、ある事業へのコミットメント（熱意や献身）によって非公式に結びついた実践コミュニティは、知識を相互に学び合い、高め合うような実践が継続して行われる。野村（2002）によると、「忘れてならないのは、『想いを持って人と人をつなげるコーディネーター役を果たす社員』の存在である。コーディネーターに対して経営者は十分なスポンサーシップを発揮し、コーディネーターが自由に社内外を動き回り、人と人をつないでいく活動を支援しなければならない。社内には変化を拒む、多くの抵抗勢力が待ち受けているからだ。経営者が腹を決めて、彼

らの活動を継続的に擁護することで、はじめて会社は自律的に変容し始めるのだ。」[21]と、組織をつなぐコーディネーターの想いや働きかけの強さについて言及している。実践コミュニティは、ビジネスの世界で論じられているが、社会教育主事の役割と自治体内での評価、首長から与えられるポジションについても同様にあてはめて考えることができる。

　本章では、社会教育主事は住民とのネットワークを形成し、その経験は他行政部局においても活かすことができることを明らかにした。学習集団の組織化、住民の学習支援などについてはこれまでも多くの活動事例報告があり、社会教育主事は地域住民のニーズに応じた学習機会を創造してきた。こうしたネットワークは社会教育だけに留まらず、今後の行政にも重要なものとなっている。行政が担う役割には限界がある。新しい公共が重要とされる中で、行政組織内にも新しい公共を理解し、地域創造を担う職員の育成が求められている。社会教育主事が培ってきた人的ネットワークを、地域づくり・まちづくりに活かしていくことができるよう、行政組織内で社会教育主事の存在認識を高めていかなければならない。

〈注記・引用文献〉
1）生涯学習審議会答申『社会の変化に対応した今後の社会教育行政の在り方』平成10（1998）年、第3節生涯学習社会におけるネットワーク型行政の推進1ネットワーク型行政の必要性として「社会教育行政は、ネットワーク型行政を目指すべきであり、社会教育行政は生涯学習振興行政の中核として、積極的に連携・ネットワーク化に努めていかなければならない。」とある。
2）ネットワーク全体を分析するソシオセントリック・ネットワーク（socio-centric network）と、行為者を中心としてのまわりのネットワークを分析するエゴセントリック・ネットワーク（ego-centric network）がある。安田　雪『ネットワーク分析―何が行為を決定するか』新曜社、1997、pp.13-15
3）安田　雪『ネットワーク分析―何が行為を決定するか』新曜社、1997、pp.111-112
4）同上　pp.85-86

5）増田直紀『私たちはどうつながっているのか―ネットワークの科学を応用する』中央公論新社、2007、p.155
6）同上　p.106
7）安田　雪『人脈づくりの科学「人と人との関係」に隠された力を探る』日本経済新聞社、2004、p.113
8）渋谷英章「生涯学習における社会的効果に関する研究―ソシアル・キャピタルの視点からの可能性―」『日本生涯教育学会年報』26、2005、pp.39-46
9）小林好宏・梶井祥子編著『これからの選択　ソーシャル・キャピタル　地域に住むプライド』（財）北海道開発協会2010、pp.59-91
10）松田武雄編著『社会教育・生涯学習の再編とソーシャル・キャピタル』大学教育出版．2012、pp.86-127　第5章で内田純一は高知県における公民館機能とソーシャル・キャピタルについて論じている。
11）内閣府国民生活局市民活動促進課、日本総合研究所委託報告書『ソーシャル・キャピタル：豊かな人間関係と市民活動の好循環を求めて』2003、p.15
12）Granovetter（グラノヴェッター），Mark 1973.5 "The Strength of Weak Ties"；American Journal of Sociology，Vol. 78, No. 6，pp.1360-1380
13）Burt（バート），R. S.（1992）"Structural Holes：The Social Structure of Competition, Cambridge：Harvard University Press.（安田　雪訳『競争の社会的構造：構造的空隙の理論』新曜社、2006）
14）Field（フィールド），John 2005 "Social Capital and Lifelong Learning" Bristo 1：Policy Press（矢野裕俊監訳　立田慶裕　赤尾勝己　中村浩子訳『ソーシャルキャピタルと生涯学習』東信堂、2011）pp.100-104
15）同上　pp.119-120
16）山住勝広、ユーリア・エンゲストローム編『ノットワーキング　結び合う人間活動の創造へ』新曜社、2008、pp.38-40
17）同上　pp.49-51、pp.27-28
18）スティーブン・ジョンソン著・山形浩生訳『創発―蟻・脳・都市・ソフトウェアの自己組織化ネットワーク』ソフトバンククリエイティブ、2004
19）恩田守雄「互助社会とスポーツを通した地域づくり」『流通経済大学社会学部論叢』21、流通経済大学社会学部論叢刊行会、2011、p.18
20）ウェンガー、マクダーモット＆スナイダー著・野村恭彦監修、野中郁次郎解説、櫻井祐子訳『コミュニティ・オブ・プラクティス　ナレッジ社会の新たな知識形態の実践』翔泳社、2002、p.33

21) 同上　p.18

第7章　社会教育主事の専門性

第1節　社会教育主事の資格

　平成27（2015）年の文部科学省中央教育審議会生涯学習分科会では、社会教育の果たすべき役割を「人づくり、地域づくり、ネットワークづくり」として、社会教育主事講習の見直しを始めた[1]。社会教育主事講習等規程の改正に向けた議論が行われて、社会教育主事としての資質・能力向上を目指したカリキュラムの再編成が行われた。

　社会教育主事の専門性を考えると、大学における単位取得や1か月程度の社会教育主事講習の受講で即座に知識・技術と資質・能力が高められるわけではない。現職研修やOJTによる実践経験を通じて社会教育主事の専門性は高められていく。社会教育主事となるためには資格を要するという前提条件は、長い間変わっていない。専門職であるがゆえに、一定の経験を必要とするという要件は当然必要であろう。社会教育主事の専門性については各種答申等で幾度か触れられているが、広範な学習活動を視野に入れた幅広い知識と、情報収集能力、様々な団体・組織とのコーディネート力が今後ますます重要となってくる。

　社会教育主事の配属先や所属する自治体により期待される役割や担う業務が異なるという社会教育主事の実態に即して考えると、職責として問われる専門性も多岐にわたる。現在、社会教育の領域では、行政が大部分の公共を担うのではなく、行政と社会教育関係団体、民間教育事業者、NPO、企業等が対等の立場で協働して公共を担っていく方向で進んでおり、指定管理者制度の導入自治体も増えた。地域全体の住民と各種団体の活動、行政組織全

体を視野に入れて「人づくり、地域づくり、ネットワークづくり」を進めていくために、条件整備や各種支援の企画等を行っていくことが社会教育主事に求められている。

　本章では社会教育主事の資格と専門性について考察する。社会教育主事の専門性に関する先行研究をもとに、聞き取り調査から明らかにされた市町村の社会教育主事の専門性について論じていく。

　社会教育法には「社会教育主事は、社会教育を行う者に専門的技術的な助言と指導を与える」とされている。社会教育主事は教育公務員特例法で指導主事とともに、「専門的教育職員」と規定される。その専門性については、これまで多くの論議が行われてきた。また、時代の変遷にともない必要とされる専門性も変化している。社会教育主事の専門性に関する論議をたどる。

　昭和46（1971）年の社会教育審議会答申『急激な社会構造の変化に対処する社会教育のあり方について』では、社会教育主事は「時代の進展に対応する豊かな教養と高い見識を要求され、社会教育に関する高度の専門的知識・技術と各種の情報の収集・整理の能力が必要である」とされる。市町村の社会教育主事の役割として、「住民の学習希望の実態と教育的必要の把握、住民の学習意欲の喚起、社会教育計画の立案と実施、指導者の発掘とその活用等、社会教育計画の立案者及び学習の促進者としての役割を担うこと」、さらに都道府県の社会教育主事については「広域的な視点に立った社会教育行政の推進と、市町村教育委員会に対しての助言・指導の役割を果たさなければならない」としている[2]。この時代には、学習を計画していく力が求められていたと言える。

　昭和61（1986）年の社会教育審議会報告『社会教育主事の養成について』では、社会教育主事には、「学習課題の把握と企画立案能力」「コミュニケーション能力」「組織化援助の能力」「調整者としての能力」「幅広い視野と探究心」の資質・能力が求められるとした。この答申をうけ、社会教育主事講習、大学での内容に「社会教育計画」が必修とされた[3]。酒匂（1986）は、

<社会教育主事講習>

(現行)

科 目	単位
生涯学習概論	2
社会教育計画	2
社会教育特講	3
社会教育演習	2
計	9

(見直し案)

科 目	単位	目 的	主な内容
生涯学習概論	2	生涯学習及び社会教育の本質について理解を図る	○生涯学習の理念と施策 ○社会教育の意義と展開 等
社会教育経営論【新】	2	多様な主体と連携・協働を図りながら、学習成果を地域課題解決等につなげていくための知識及び技能の習得を図る	○社会教育行政の経営戦略 ○社会教育行政と地域活性化 ○学習課題の把握と広報戦略 ○社会教育を推進する地域ネットワークの形成 等
生涯学習支援論【新】	2	学習者の多様な特性に応じた学習支援に関する知識及び技能の習得を図る	○学習支援に関する教育理論 ○効果的な学習支援方法 ○学習プログラムの編成 ○参加型学習の実際とファシリテーション技法 等
社会教育演習	2	社会教育主事の職務を遂行するために必要な資質及び能力の総合的かつ実践的な定着を図る	○社会教育に関する実践演習 ○社会教育に関する現場体験 等
計	8	※必要な習得単位数を1単位削減し、受講者の負担軽減	

〈図7-1〉「社会教育主事養成の見直しに関する基本的な考え方について」の概要から
出典：文部科学省社会教育主事養成等の改善・充実に関する検討会「社会教育主事養成の見直しに関する基本的な考え方について」の概要、p.1、平成29年8月31日

「社会教育主事の専門性として、従来にもまして計画立案能力が求められることとなった」[4]と指摘している

　社会教育主事講習の科目の変遷は、社会教育主事に求められるものの変化を反映している。平成30 (2018) 年の社会教育主事講習等規程の改正では、多様な主体と連携・協働を図りながら、学習成果を地域課題解決等につなげていくための知識及び技能の習得を図る「社会教育経営論」と、学習者の多様な特性に応じた学習支援に関する知識及び技能の習得を図る「生涯学習支援論」が新設された〈図7-1〉[5]。

　時代に応じて社会教育主事に求められる姿が論議され、それに応じて資格取得に必要な講習や大学における科目なども変化してきている。

　高倉 (1979) は、教員の場合は免許法がきびしく、大学における資格取得

が圧倒的主流であることに対し、社会教育主事の養成は複線型となっており、その資格の具体的部分は文部科学省令にゆだねられ、社会教育主事講習が資格取得の主流となっている問題点を指摘する[6]。平成27（2015）年からの社会教育主事養成等の見直しにおいても、大学等で行われる社会教育主事養成課程の議論は後まわしにされた[7]。それは、社会教育主事講習等規程（昭和26年6月21日文部省令第12号）の構造にも明らかで、第三条に社会教育主事講習における科目が示され、第十一条に大学において修得すべき社会教育に関する科目が記載されている。

> 社会教育主事講習等規程（昭和二十六年六月二十一日文部省令第十二号）
> 社会教育法（昭和二十四年法律第二百七号）第九条の五第二項及び社会教育法の一部を改正する法律（昭和二十六年法律第十七号）附則第二項の規定に基き、社会教育主事講習等規程を次のように定める。
> 第一章　社会教育主事の講習（第一条―第九条）（中略）
> 　　第三条　社会教育主事となる資格を得ようとする者は、講習において次の表に掲げるすべての科目の単位を修得しなければならない。（中略）
> 第二章　準ずる学校
> 　　第十条（中略）
> 第三章　社会教育に関する科目の単位
> 　　第十一条　法第九条の四第三号の規定により大学において修得すべき社会教育に関する科目の単位は、次の表に掲げるものとする。
> （以下略）

大学における社会教育主事養成課程が「社会教育主事講習等規程」の中に記述されていることは、これまで述べてきた社会教育主事の歴史的成り立ちにも関係している。平成30（2018）年に改正された社会教育主事講習の科目は「生涯学習概論」、「社会教育経営論」、「生涯学習支援論」、「社会教育演習」の4科目であり、社会教育主事の任務を遂行する上で求められる能力とは何かという議論に応じたものである。

第2節　社会教育主事の専門性における先行研究

　社会教育関係職員の制度として、図書館司書、博物館学芸員、公民館主事があるが、社会教育主事のみ教育専門職員と法的に認められている。にもかかわらず、他の職名に比して具体的なイメージがわきにくい。例えば指導主事については、その担い手と対象は学校・教員であり、法的裏付けも複数となっている。社会教育主事は必置制になっているが、社会教育法に資格要件が定められ、単独法は持たずに文部科学省令などで規定されている。また、社会教育主事の指導助言の範囲がどこまでなのかという捉えにくさがある。

　そもそも社会教育のわかりにくさを鈴木（2015）は、「社会」も「教育」も日常的に使われる言葉であり、2つの言葉が結びついた「社会教育」となると、「わかるつもりになる人も少ないといわざるをえない」という。さらに鈴木（2015）は、生涯学習と社会教育の混乱があること、社会教育関係者だけでの論議は成り立つが、一般の人からの共通認識にはほど遠いことも指摘し、教育の一環として社会教育は様々な特性をもっていることを歴史、教育、社会といった角度から見直している[8]。

　そうした中で、社会教育主事の専門性については、これまで様々な論議がなされ、果たすべき役割も多様な捉え方がなされてきた。

　日高（1972）は、社会教育主事の専門性としてプランナー（政策企画者）、プロデューサー（演出者）、プロモーター（推進者）、プログラマー（学習計画立案者）の「4P論」をあげている[9]。

　また、今村（1971）は、社会教育主事の必須要件として、①社会教育行政の対象である集団等の性質の熟知、②一般民衆の学習意欲の調査のための技術、③学習組織化の技術、④学習意欲を喚起するための広報の知識・技術、⑤予算とその執行に関する基礎知識、⑥レクリエーションの最小限の知識・技術、⑦評価に関する知識・技術などをあげている[10]。

小山（1984）は、コミュニティ・オーガナイザー（地域社会における組織者）、コンサルタント（診断・助言者）、コーディネータ（調整者）、カウンセラー（相談役）などの４Ｃ論を提唱した[11]。

昭和61（1986）年の社会教育審議会報告『社会教育主事の養成について』では、社会教育主事は「幅広い視野の中で、人々の学習要求や社会が要請する課題を敏速かつ的確に把握して、必要な施策を企画実施し、社会教育に関連する事業との調整を図る資質・能力等が求められており」とし、５つの資質・能力「学習課題の把握と企画立案の能力」「コミュニケーションの能力」「組織化援助の能力」「調整者としての能力」「幅広い視野と探究心」が挙げられている。

国立教育政策研究所社会教育実践研究センター『社会教育主事の専門性を高めるための研修プログラムの開発に関する調査研究報告書』平成20（2008）年度では、社会教育主事の資質・能力等に関して、都道府県と市町村の社会教育主事からの回答を集約している。社会教育主事に必要な資質・能力を３つまで選択してもらうと都道府県では９割近く（87.2％）、市町村でも７割強（74.7％）が「学習課題の把握と企画立案能力」を挙げている。また、都道府県では８割（80.9％）、市町村でも６割強（65.4％）が「調整者（コーディネーター）としての能力」を挙げている[12]。また、「コミュニケーション能力」は、都道府県（40.4％）市町村（36.7％）、「幅広い視野と探究心」は都道府県（31.9％）市町村（36.5％）である〈表7-1〉。「組織化援助の能力」は、市町村（14.6％）で高くなっている〈図7-2〉。こうした結果は、昭和61（1986）年に社会教育審議会において挙げられた５つの項目と一致しており、同調査報告書は、「現在でも社会教育主事の基幹的な資質能力であることがわかる」としている[13]。

国立教育政策研究所社会教育実践研究センター『社会教育主事の職務等に関する実態調査報告書』平成17（2005）年度では、「社会教育主事として重要と考える職務」について都道府県及び市町村の社会教育主事が３個を選択

〈表7-1〉社会教育主事に必要な資質・能力

順位	資質・能力	都道府県 %	市町村 %
1	学習課題の把握と企画立案能力	87.2	74.7
2	調整者としての能力	80.9	65.4
3	コミュニケーション能力	40.4	36.7
4	幅広い視野と探究心	31.9	36.5
5	各分野の指導に必要な知識や技術	25.5	28.0

出典:『社会教育主事の専門性を高めるための研修プログラムの開発に関する調査研究報告書』2009、p.26　図13より作成

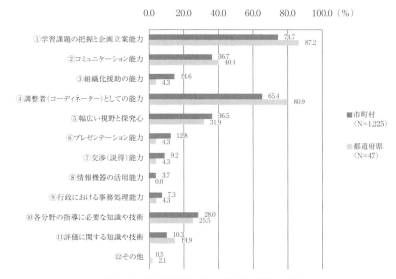

〈図7-2〉社会教育主事に必要な資質・能力
出典:『社会教育主事の専門性を高めるための研修プログラムの開発に関する調査研究報告書』2009、p.26　図13

肢から回答している。

「事業の企画・立案・運営」が都道府県(83%)、市(区)町村(65%)ともに最も多く、次いで都道府県では、「生涯学習・社会教育関係職員の研修の

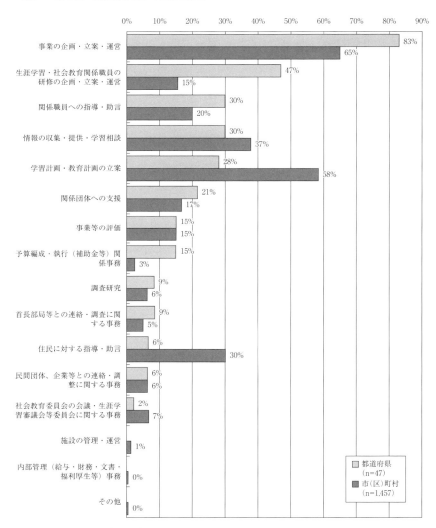

〈図7-3〉 社会教育主事として重要と考える職務
出典:『社会教育主事の職務等に関する実態調査報告書』2006、p.18　図2-19

企画・立案・運営」（47％）、「関係職員への指導助言」（30％）、「情報の収集・提供・学習相談」（30％）となっている。

　市（区）町村の場合は、「事業の企画・立案・運営」（65％）に続き、「学習計画・教育計画の立案」（58％）、「情報の収集・提供・学習相談」（37％）となっている[14]〈図7-3〉。

　〈図7-2〉〈図7-3〉からは、都道府県と市（区）町村の社会教育主事が重要と考える職務の違いと、社会教育主事に必要な資質・能力の違いを見ることができる。「組織化援助の能力」、「学習計画・教育計画の立案」、「住民に対する指導・助言」は、市町村の社会教育主事においてより一層必要とされる。

　社会教育主事の専門性については、公民館との関係を欠くことができない。戦後の社会教育法成立過程で公民館活動が重視され、公民館を拠点とした社会教育活動が描かれていた。公民館主事についても数々の議論があったが、公民館主事については法に定められた資格はなく、社会教育法の第27条に「公民館に館長を置き、主事その他必要な職員を置くことができる。」と規定されているのみである。

　ここで、公民館職員あるいは公民館主事と社会教育主事の役割に重なる部分が生じたことは間違いなく、社会教育主事の議論に混同がみられた時期があった。自主グループづくり、様々な講座の企画、計画の作成などは、公民館職員として重要な仕事である[15]。公民館を主たる活動場所とする社会教育主事もあり、公民館から教育委員会事務局への異動例も多い。不当配転問題は、市民の学習権との関係で論じられることが多かった[16]。確かに短い年月で社会教育専門職員を社会教育以外の職場へ配転させることは、本人の力量形成にとっても、地域の学習者と社会教育の充実にとってもよいことではない。しかし、社会教育主事の専門性をあまりにも強く公民館と関係づけることは、社会教育主事が広く行政組織において果たすべき機能を狭めてしまうことになる。特定の公民館・地域での課題解決においても、市民との協働と

広範なネットワークを通じた解決策を講じるために、行政組織全体と地域社会の連携が必要なのである。

平成12（2000）年の生涯学習審議会答申では、「住民の学習ニーズの高度化・多様化に伴って、地域における幅広い人々の自主的な学習活動を側面から援助する行政サービスの提供者としての役割を果たす社会教育主事」の姿が示されている[17]。平成20（2008）年の中央教育審議会答申では、「地域の学習課題やニーズの把握・分析、企画立案やその企画の運営を通じた地域における仕組みづくり、関係者・関係機関との広域的な連絡・調整、当該活動に参画する地域の人材の確保・育成、情報収集・提供、相談・助言等」という社会教育主事の機能をあげ、今後の期待として、連携のための調整とコーディネーターとしての積極的な役割を果たすことが述べられている[18]。

生涯学習の考え方が広まるにしたがい、施設中心の地域活動から行政組織全体に及ぶ学習領域も社会教育のネットワークを通じた領域とみなされるようになっている。特に社会教育主事に求められものは、様々な組織と組織をつなぐコーディネーター機能である。

平成25（2013）年9月の中央教育審議会生涯学習分科会「社会教育推進体制の在り方に関するワーキンググループにおける審議の整理」及び地域学校協働答申の趣旨に沿って、平成26（2014）年4月以降、社会教育主事講習のカリキュラム内容等の見直しに関し、特に市町村教育委員会の社会教育主事に焦点を当てて検討が重ねられた。見直しに当たっては、社会教育主事がその任務を遂行する上で求められる能力を①基礎基盤的な知識、②施策立案能力、③把握・分析能力、④ネットワーク構築能力、⑤学習環境設計能力、⑥学習支援能力の6点に絞った上で、そうした能力を育成するための新たな社会教育主事講習のカリキュラム内容が構築された[19]。

社会教育主事の専門性に関しては、研究者の提言とともに国立教育政策研究所社会教育実践研究センター、北海道立生涯学習推進センター[20]等の調査研究があり、その成果に基づき専門性を高めるための研修が実施されてき

た。社会教育主事は、専門性を有する人材＝スペシャリストとして資格を与えられているが、現実には多く自治体で、一般職と合わせたジョブローテーションの中に組みこまれている。では、他部局職員と比較して、社会教育主事の違いは何か、社会教育主事は何ができるのかを明らかにすることにより、社会教育主事の専門性を確かめていきたい。

第3節　他部局と比較した社会教育主事の専門性

　第5章第1節において行った聞き取り調査における〈表5-2〉への対象者による結果をみていこう。

　「他部局と比較した社会教育の違いは何か」という問いに対する発言の第一声が、「基本的に役所の仕事、どこでも同じ」（YL、同様 MB、MC）という3人の返答があった。この発言にも示されるように、行政職型の社会教育主事は、行政職としての基本的な知識・技術のうえに専門性を高めていく必要がある。服務規定、基本施策、財政状況、会計などの知識とともに、コミュニケーション、接遇などのスキルの習得は職位、職種によらず行政職一般に共通するものである。伊藤（2009）は、社会教育主事の職務と専門性において、専門職である社会教育主事は、地方公務員であることを第一に挙げている[21]。

　　　社会教育主事の身分は、都道府県や市町村の教育委員会事務局に置かれる地方公務員である。単純な法解釈をすれば、社会教育主事は事務局に置かれるので、公民館などに置く場合は事務局職員との併任発令が必要だろう。ただし、施設等に社会教育主事を配置するのは人事処遇上の措置とも考えられるが、社会教育主事はインストラクター的機能も備えた社会教育活動の専門家だという実践から帰納された専門性への期待があるなら、これは見逃してはいけない「事実」である。他方、教育行政以外でも学習作用を伴う事業が増えてきたので、社会教育主事資格はこれらの部署でも通用する汎用資格にしたら、という意見がある。この発想は壮大で注目に値するが、相手もあり、「万能は普通に通じる」とのたとえ

もあるので、結果として専門性の希薄化を招くとしたら元も子もなくしてしまうだろう。

　配置先によって職務内容が変わる社会教育主事という立場が内包する不確かさが表現されている。社会教育主事の仕事は、一極集中した場所に特化されるのではなく、かといって一般行政職と同様の感覚での仕事はできない。他の部署と比較した聞き取り調査の中にも、社会教育主事の組織内での位置付けに関する言及がみられる。第5章第3節3に示した「社会教育主事の職務と他行政職との感覚のズレ」が生じると、一般行政職から特別視されることになる。社会教育主事という職種の特殊化により一般行政職との能力差が生じる場合もあったことを見過ごすべきではない。一般行政職との感覚的なズレが大きくなり、社会教育主事が行政組織内で孤立することは避けなければならない。

　行政職としての基本的な知識・技術を持つことを前提とし、社会教育主事の専門性について検討してみたい。第5章第3節1で示した社会教育主事・社会教育行政の特徴と、社会教育の業務と対極的なキーワードを聞き取り調査内容の中から抽出してみる。一例として、「総務は理事者との調整が大変で、組織で動かなければならない」（MG）という発言と社会教育を対比すると「組織優先」という対極的なキーワードが得られる。このようにして抽出された、社会教育主事・社会教育行政と対極なキーワードは、「組織優先」「前例踏襲」「定型業務」「厳密的」「管理的」「効率的」があげられる。また対象に関しても、「職員・理事者対象」、「基本的生活優先」が社会教育と対極的なキーワードとなる。理事者とは、議会用語で会議に説明者として出席する市長・副市長、教育長、各部長職の職員、財務課長等を指す。

　〈表7-2〉に、聞き取り調査から得られた社会教育主事・社会教育行政の特徴と対極的なキーワードをまとめる。さらに、聞き取り調査の結果を踏まえ社会教育と対極的なキーワードから社会教育主事に必要な能力を捉えると、「行動力」「発想力」「企画力」「対応力」「継続力」「調整力」を挙げることが

〈表7-2〉社会教育主事・社会教育行政の特徴と社会教育の業務と対極的なキーワード

社会教育・社会教育行政の特徴		対極的なキーワード
1）人とのつながりが多い　　住民が対象	⇔	職員・理事者対象
学習者が対象	⇔	基本的生活優先
2）自分で考え、自分が動くこと	⇔	組織優先
3）枠にとらわれない自由な発想を要する	⇔	前例踏襲　　定型業務
4）現場での対応が求められる	⇔	厳密的　　　管理的
5）効率にとらわれない長期的展望が必要	⇔	効率的

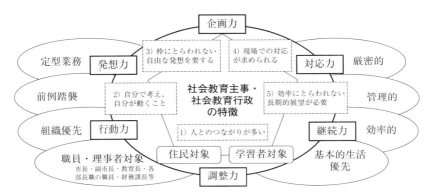

聞き取り調査をもとに筆者作成

〈図7-4〉社会教育主事・社会教育行政の特徴と対極的なキーワード、社会教育主事に必要な能力

できる。この結果を〈図7-4〉に示す。

　こうした社会教育主事・社会教育行政の特徴的な業務や進め方を経験することにより、社会教育主事としての能力が培われ、異動後には第5章第3節2で示したような場面で、社会教育主事経験が活かされる。

　第5章第3節2　社会教育主事経験が活かされる場面から抜粋
　　総務課広報広聴係……町民との広いネットワーク
　　健康推進課保健センター……健康づくり、保健師との連携
　　総務課交通防災係……人を集めて行う事業の手法

住民税務課町民活動係、保険福祉課高齢者担当……人とのつながり
　　商工観光課商工労政係……イベントやフェスティバルの開催
　また、〈図7-4〉の中心の特徴から離れ、社会教育と対極的なキーワードの特色を持つ業務にあっては、社会教育に従事した経験が活かされる機会がないことも、社会教育主事・社会教育行政の特殊性、専門性を裏付けるものである。
　社会教育主事という特別な役職において、人的関係、仕事の進め方を経験することにより、本研究であげた「行動力」「発想力」「企画力」「対応力」「継続力」「調整力」が培われ、こうした総合的な資質能力を社会教育主事の専門性と捉えることができる。
　本研究では、他部局との比較から社会教育主事の特徴と専門性を捉えた。社会教育主事としての経験を積むことにより、行政職としての資質能力も高められることが明らかになった。社会教育主事としての専門性、行動特性を発揮するためには、独自性、自律性をもち特有の業務の進め方ができるふさわしい環境が必要である。「組織優先」「前例踏襲」「定型業務」「厳密的」「管理的」「効率的」という特徴を持つ部局や仕事内容においては、社会教育主事としての経験が活かされない。地方分権時代の自治体職員に求められることは、住民顧客志向、前例にとらわれない発想・企画力、自らの考えで行動できることであり、社会教育主事を経験したことによって高められる専門性は、自治体職員としての資質・能力の向上にもつながる。

第4節　社会教育主事の研修

　社会教育主事の専門性の向上には、研修機会が充実していることも関係している。Y町聞き取り調査対象者は全て（YA-YL）、社会教育主事は他部局に比して研修の機会が多いと答えている。様々な形式の研修を受ける機会は、他部局の職員にはほとんどない。

北海道の場合、近隣のいくつかの自治体による地域ブロックの研修会が月一回程度行われており、さらに自治体をまとめた管内研修会が年に数回、北海道内を四つに分けたブロック研修会が年に一回、全道各地から社会教育主事等が集まる研修会が年二回行われている。研修内容は、実施する社会教育主事会が自主的に決めている点も、他部局で行われている研修とは大きく異なる。

　「一般行政の研修は法律の研修などで、社会教育の研修はプログラムや企画。」（YK）、「社会教育の研修は、自分を磨く研修。」（YF）という発言が、研修の特徴を示している。

　社会教育主事を12年経験したY町課長は、「社会教育で研修の重要性がわかった。」（YK）とし、異動後も積極的に研修に参加してきた。同課長は、「イベント、式典、講習などを型通りにやるのではなくそこにプラスアルファの要素を加えようという発想は、社会教育の発想であり、常にその後の仕事の原点となっている。」（YK）と語る。多くの研修を受け、社会教育主事としての経験を重ねることにより、行動特性に変化がもたらされ、異動後の仕事の進め方にも影響を与えていた。

　Y町の事例からも、北海道の社会教育主事は他の行政職員より研修の機会が多いことがわかる。教育公務員特例法には、次のように記されている。

> 教育公務員特例法
> 第四章　研修
> 第二十一条　教育公務員は、その職責を遂行するために、絶えず研究と修養に努めなければならない。
> 2　教育公務員の任命権者は、教育公務員の研修について、それに要する施設、研修を奨励するための方途その他研修に関する計画を樹立し、その実施に努めなければならない。
> 第二十二条　教育公務員には、研修を受ける機会が与えられなければならない。
> 2　教員は、授業に支障のない限り、本属長の承認を受けて、勤務場所を離れて研修を行うことができる。

3　教育公務員は、任命権者の定めるところにより、現職のままで、長期にわたる研修を受けることができる。

　Y町の社会教育主事の研修は、町独自に行っているのではなく北海道や社会教育主事会が行うものである。社会教育法第六条二には、都道府県教育委員会の事務として「社会教育を行う者の研修に必要な施設の設置及び運営、講習会の開催、資料の配布等に関すること」が記され、社会教育主事の研修は、都道府県の果たす役割の一つである。

　国立教育政策研究所社会教育実践研究センター『社会教育主事の専門性を高めるための研修プログラムの開発に関する調査研究報告書』平成20年度では、社会教育主事を対象とした研修の実施についての調査が行われている。

　各都道府県が平成19（2007）年度に実施した研修の数は、2件以下というところが18自治体で4割弱（38.3％）、うち3自治体（6.4％）においては、全く実施していないとの回答結果であった。そのほか、3〜4件が15自治体（31.9％）、5件以上が14自治体（29.8％）で、それぞれ3割を占めていた。生涯学習・社会教育センターや、社会教育主事会等で実施している研修も含めて回答した自治体と、含めずに回答した自治体とがあり、各都道府県の実施件数の多少については単純に比較できない。また、0件と回答した自治体については、専ら社会教育関係者を対象とする研修ではなく、行政職一般を対象とした研修や、人権に関するセミナー等テーマを絞った研修に社会教育主事も参加しているとのことであり、具体的なデータはとっていないとの回答であった[22]。

　同調査で、今後研修で学ぶ必要のある内容を4つまで挙げてもらったところ、都道府県では9割以上（93.6％）、市町村では8割以上（81.1％）において、「社会全体の教育力の向上のために、学校・家庭・地域が連携する仕組みづくり」との回答があった[23]。平成20（2008）年に社会教育法が改正され、第九条三に「社会教育主事は、学校が社会教育関係団体、地域住民その他の関係者の協力を得て教育活動を行う場合には、その求めに応じて、必要

な助言を行うことができる。」が追加された時期と同調査は重なっている。
　続いて多かったのは、「住民の主体的な社会参加を促進するための事業企

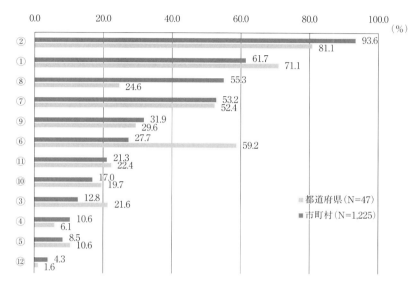

①住民の主体的な社会参加を促進するための事業企画
②社会全体の教育力の向上のために、学校・家庭・地域が連携するための仕組み作り
③成人が社会の変化に対応するための総合的な力を身につけるための学習環境整備
④企業や団体等との連携による職業教育やキャリア教育等の事業企画
⑤地域や社会・産業界のニーズを把握し、キャリア形成支援等の事業開発
⑥住民の学習意欲を支えるための多様な学習機会の提供
⑦学習成果の活用・還元が図られる活動機会を提供するための事業企画
⑧地域の拠点としての学校を社会全体で支援する基盤整備
⑨放課後活動や居場所づくり等の充実による、子どもの学校外活動を充実させるための事業計画
⑩学習成果の活用を促進させるための評価に関する知識・技術
⑪社会教育における事業評価を推進するための知識・技術
⑫その他

〈図7-5〉 今後研修で学ぶ必要のある内容
出典：『社会教育主事の専門性を高めるための研修プログラムの開発に関する調査研究報告書』2009、p.22　図10

画」であり、都道府県では6割（61.7％）、市町村では7割（71.1％）の回答であった。「住民の学習意欲を支えるための多様な学習機会の提供」については、市町村では6割近く（59.2％）の回答があったのに対し、都道府県では3割弱（27.7％）にとどまっている。

　今後研修で学ぶ必要のある内容のうち、「地域の拠点としての学校を社会全体で支援する基盤整備」については、市町村では2割強（24.6％）の回答にとどまるのに対し、都道府県では5割強（55.3％）であった。都道府県の社会教育主事のほとんどが教員出身であり、当事者意識をもっていることも関係していると考えられる。今後研修で学ぶ必要のある内容について、都道府県と市町村の回答を〈図7-5〉に示す。

　社会教育主事には研修の機会が確保されなければならないが、前掲平成17年度社会教育実践研究センター『社会教育主事の職務等に関する実態調査報告書』によると、市町村の社会教育主事の専門性を高めるための国や都道府県が実施する研修への派遣について「派遣していない」が44％であった（回答数649、n＝1,457）。49％で研修への派遣が実施されているものの「派遣しているが充分ではない」が19％であった。その理由として、「本務が忙しい」が最も多く72％であり、続いて「参加経費（出張旅費等）の確保が難しい」67％、「職員が少ない」54％となっていた[24]。

　社会教育主事は、研修が行われるという一般行政職よりも有利な条件が活かしきれていない。教育公務員特例法に、「絶えず研究と修養に努めなければならない」と明記されていることも忘れてはならない。

　伊藤（2009）は、「社会教育主事は専門職である」として、「任命権者はもとより、都道府県教育委員会や文部科学大臣も社会教育主事の研修を行うように法律は定めている。その意味では、社会教育主事は研修を手抜きする怠惰は許されない。」と言及している[25]。

　ここで、社会教育主事を含めた行政職の研修について考えてみよう。日本経営協会『地方自治体の運営課題実態調査報告書』2011では、「職員の専門

第7章　社会教育主事の専門性　213

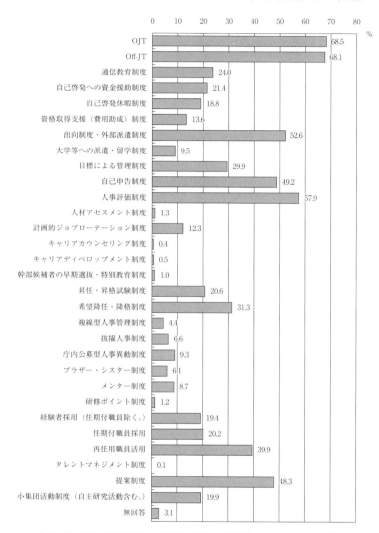

〈図7-6〉職員の専門性・創造性を高める目的で実施している制度

複数回答（MT=6.9）

出典：日本経営協会『地方自治体の運営課題実態調査報告書』2011、p.54

性・創造性を高める目的で実施中の制度」として、人材育成の手段として「OJT」とともに「Off-JT」が挙げられ、多くの自治体で研修が行われていることが示されている。さらにこの調査から、「出向制度・外部派遣制度」や「自己申告制度」などの人事異動に関する制度の導入状況もわかる[26]〈図7-6〉。

　平成28（2016）年の経済同友会による『若者に魅力ある仕事を地方で創出するために―"志ある者が動けるメカニズム"を創ろう―』（地方創生委員会提言）には、「自治体業務の高度化で公務員のモティベーションアップを」という次のような提言がなされている[27]。

> 　地方公務員が行う業務は、「公務員の身分がないとできない業務」に限定すべきである。例えば、水道や公共交通などの現業部門は、事業の広域化により効率性を高めた上で、上下分離方式（注）を活用して民間委託を推進していくことが望ましい。また、公的書類発行等の民間への事務委託、人事の給与事務・業務システムのアウトソーシングなどの取組みを、可能な分野から速やかに進めるべきである。こうした取組みにより、政策立案業務の人員を充実させることで、より効率的に質の高い業務を行うことが可能となり、住民サービス並びに自治体職員の働きがいの向上、さらには若者雇用の創出を実現することができる。
> 　（注）「上下分離方式」とは、インフラ整備等において、下部（インフラ）の管理と上部（運行・運営）を行う組織を分離し、下部と上部の会計を独立させる方式。

　改めて地方公務員・自治体職員が行う業務について考えてみる必要がある。山中（2011）は、自治体職員にとって必要な能力を、「知識・スキル」「行動特性」「個人的特性」の三つのレベルで捉え、職位、職種ごとに検討している[28]。

　「知識・スキル」は、文字通り、自治体職員が習得しているべき業務に関するものであり、知識とスキルの違いは、知識が若干学問的な面を含むのに対して、スキルはより実践的な側面が強いという程度で大きな違いはないと考えてよいという。「個人的特性」は、「知識・スキル」とは逆で、具体的な行動を促す心理要因を示す。「行動特性」は、「知識・スキル」「動機」を具

体的な行動レベルで把握する。自治体の現場では、この行動特性が変化する必要があり、いかに知識・スキルがあり、動機が素晴らしくても、行動特性というレベルで十分に発揮されないと現場で役にたたなくなる[29]。

山中（2011）は、「行動特性」として「思考面」から情報収集・学習、前例排除、大局観を挙げ、「対人行動面」からは、巻き込み、対人感受力、部下後輩の育成、「資質面」からは、目標達成志向、ストレス耐性、住民顧客志向、リスクテイクを挙げている[30]。

同じく「個人的特性」については、各人の行動特性に及ぼす心理的要因であるので、明確な分類を行うのは容易でないとしながらも、第一に自治体職員になろうと思った際の積極的な動機・信念を挙げている。第二は、仕事だから仕方ないといった消極的な動機・信念、第三は、自治体職員としての責任感やプライドが行動特性に影響を及ぼし、これらはキャリアの問題と密接に関連するとしている[31]。

自治体の場合、主事→主任→主査→係長→課長補佐→課長→次長→部長といった形で職位が規定されることが多く、その他に主幹や参事、理事などいわゆるスタッフ職が存在する場合もある。それぞれの職位や入庁からの年数によって、求められる能力がある。さらに職種が事務職、技術職、保育職、保健師・看護師・医師、消防職、司書・学芸員、現業職によって人材開発の面で配慮する点が違ってくる。

山中（2011）による、自治体職員にとって必要な「知識・スキル」「行動特性」「個人的特性」の三つの能力を社会教育主事にあてはめて考えてみよう。

社会教育主事は、「社会教育を行う者」に専門的技術的な指導と助言を与える職務の職員である。社会教育に関する「専門的知識・スキル」のうえに、情報収集、住民顧客志向、行動力、発想力、企画力、対応力、継続力、調整力などの「行動特性」を備え、「個人的特性」として幅広い視野と探究心などの意欲を持っていることが、社会教育主事として求められる専門的資

質・能力といえよう。

　こうした資質・能力を持つ社会教育主事が、地域住民の支援のために果たす役割について、次章で考えていく。

〈注記・引用文献〉
1）文部科学省生涯学習分科会第80回（平成27年12月14日）配付資料2-1　前回に「①住民の主体的・自律的な課題解決活動・地域づくり等における学びを通じた支援　②学校・家庭・地域の連携促進」が出され、「人づくり」〈人々の自発的な学習活動の支援を通して、地域を担う人材を育成する。〉「地域づくり」〈住民が主体的に地域課題の解決や、地域づくりに向けた行動ができるよう学びを通じて支援する。〉「ネットワークづくり」〈学校・家庭・地域の連携を促進するなど、地域の様々な主体の連携・協働体制を整備する。〉が、社会教育主事の果たすべき役割とされている。
2）社会教育審議会答申『急激な社会構造の変化に対処する社会教育のあり方について』昭和46年、社会教育における指導者　(2)社会的条件の変化と指導者　(イ)行政関係職員　(i)社会教育主事に記載
3）「社会教育主事講習等規定」第3条、第11条にそれぞれ社会教育主事講習と大学の課程で「社会教育計画」が必修とされる
4）酒匂一雄「社会教育主事の専門性」、碓井正久・倉内史郎編『改訂新社会教育』、学文社、1986、p.126
5）文部科学省、社会教育主事養成等の改善・充実に関する検討会「社会教育主事養成の見直しに関する基本的な考え方について」の概要、平成29年8月31日、p.1
6）高倉嗣昌「社会教育主事の『専門性』」、国本哲人・古野有隣編『社会教育の経営』第一法規出版、1979、p.198
7）平成27年10月から文部科学省生涯学習分科会において「社会教育主事講習の見直しについて」の討議が開始されたが、主として社会教育主事講習についての議論が中心であり、社会教育主事養成課程についても同様に扱われている。
8）松岡廣路・松橋義樹・鈴木眞理（編著）『社会教育の基礎』学文社、2015、pp.161-175　第12章「社会教育とは何か」鈴木眞理
9）日高幸男「社会教育主事の専門性とその職務」『社会教育』1972-5、全日本社会教育連合会、1972、pp.38-39　はじめはプランナー、プロデューサー、プロモーターの3P論（『社会教育』1972-5）を提唱し、後にプログラマー（学習計画立案者）

を加え4P論としている。
10) 今村武俊「社会教育主事の専門性に関する一考察」『社会教育』1971-9．全日本社会教育連合会、1971、pp.36-37
11) 小山忠弘「専門性の変革を図れ」『社会教育』1984-10、全日本社会教育連合会、1984、pp.38-39で4C論を提唱している。
12) 国立教育政策研究所社会教育実践研究センター『社会教育主事の専門性を高めるための研修プログラムの開発に関する調査研究報告書』2009、p.26
13) 同上　p.55
14) 国立教育政策研究所社会教育実践研究センター『社会教育主事の職務等に関する実態調査報告書』2006、p.18
15) 村田和子「社会教育主事になるには」『社会教育のしごと』社会教育推進全国協議会、2005、pp.24-34　社会教育主事の仕事を公民館職員の立場から伝えている
16) 長堀雅春「社会教育推進全国協議会―全国の仲間とともに―」『社会教育のしごと』社会教育推進全国協議会、2005、p.106
17) 生涯学習審議会答申『家庭の教育力の充実等のための社会教育行政の体制整備について』平成12（2000）年の「はじめに」に記載。この審議会答申では、家庭の教育力の充実に関する社会教育行政の法制面の体制整備と、社会教育主事の資格要件の緩和の具体的方策がとりまとめられた。
18) 中央教育審議会答申『新しい時代を切り拓く生涯学習の振興方策について』平成20（2008）年、2⑶生涯学習・社会教育の推進を支える人材の在り方に記載
19) 国立教育政策研究所社会教育実践研究センター平成26・27・28年度　社会教育活動の実態に関する基本調査事業『社会教育主事の養成等の在り方に関する調査研究報告書～社会教育主事講習の見直し（案）について～』、2016、p.1
20) 北海道立生涯学習推進センター『社会教育主事の専門性に関する調査研究』2007及び『社会教育主事の専門性に関する調査研究Ⅱ―研修プログラム事例集―』2008
21) 前掲　国立教育政策研究所社会教育実践研究センター報告書、2009、p.1　第1章　社会教育主事に求められる役割と研修の意義・必要性　1社会教育主事の職務と専門性　(1)専門職としての社会教育主事　①社会教育主事は地方公務員である。
22) 前掲　国立教育政策研究所社会教育実践研究センター報告書2009、p.10
23) 同上　p.22
24) 前掲　国立教育政策研究所社会教育実践研究センター報告書2006、p.21
25) 社会教育実践研究センター報告書2009、p.2　第1章社会教育主事に求められる役割と研修の意義・必要性　1社会教育主事の職務と専門性　(1)専門職としての社

会教育主事　④社会教育主事は専門職である。
26) 日本経営協会『地方自治体の運営課題実態調査報告書』2011、p.54
27) 経済同友会『若者に魅力ある仕事を地方で創出するために―"志ある者が動けるメカニズム"を創ろう―』（地方創生委員会提言）、2016、p.7
28) 山中俊之『自治体職員のための人材開発ハンドブック〜キャリア開発・配置・研修の進め方〜』関西大学出版会、2011、p.59
29) 同上　p.60
30) 同上　pp.70-75
31) 同上　pp.75-76

第8章　新たな時代の地域住民への支援

第1節　社会教育主事が果たす役割の変化

　様々な機関・団体との連携、学校への支援など社会教育主事に求められる役割は高まっている。笹井（2013）は、次のように指摘する[1]。

> 　教育的営みを講座や学級における学習のような「形」にしたほうが事業化しやすく予算も取りやすい（＝行政システムになじむ）こともよくわかるが、それは、社会教育の固有性・専門性に対する誤った理解であるとともに、かつ社会教育行政の可能性や社会的妥当性を不当に狭めるものと考える。

　社会教育行政は、講座・学級を開設して知識を提供したり実践の場を提供したりすることが主ではなく、学習を支えるシステムづくりとして捉えていかなければならない。昭和46（1971）年の社会教育審議会答申では、

> 　市町村の社会教育主事は、住民の自発的学習を助成し、その地域における社会教育活動を推進するための実際的な世話役であるから、住民の学習希望の実態と地域の教育的必要を把握し、学習意欲を喚起し、集会等の開設を計画し、施設の配置・利用計画を立て、学習内容を編成し、さらには指導者の発掘とその活用計画を立てるなど、地域における社会教育計画の立案者および学習の促進者として、重要な役割を果たさなければならない[2]。

とされている。また、昭和49（1974）年の社会教育審議会答申では、社会教育主事の職務が、1）教育要請の把握、2）学習意欲の鼓発、3）学習の組織化、4）施設利用の推奨、5）指導者の発見と活用、と整理された[3]。

　こうした学習面の支援に社会教育主事の主たる役割が期待されていた背景には、戦後の社会教育が公民館を主として振興が図られたことと無関係では

なかろう。社会教育には幅広い学習活動があるが、社会教育行政の中では地域の学習活動をどのように進めていくかが主たる課題であった。本研究では公民館活動については、詳しく触れていない。その理由としては、公民館を設置していない市町村もあること、社会教育主事の役割を公民館活動との関わりから距離をおいてみることにより、幅広い組織や団体との関係を読み取ることができるからである。

現代社会においては、「教育要請」とされる部分を地域課題に取り組む「新しい公共」と位置づけ、これまで培ってきた社会教育的な種々の技法をネットワーク型の社会教育行政に活かしていかなければならない。「新しい公共」の推進役は、社会教育主事にふさわしい責務であろう。本章では地域住民への支援の視点から新たな時代の社会教育主事の役割を考える。

戦前において、社会教育は団体活動を支援してきたが、戦後は民主的な団体支援へと一変している。戦後の復興期は青年団活動が盛んであり、社会教育行政が活動の振興に大きな役割を果たしていた。しかし、社会構造の変化により主として農村を活動の場としていた青年団活動の場は、都市部の拡大により衰退していく。地域振興は現代でも社会教育の大きな役割の一つであるが、青年団を活動の核とした時代は終焉を迎えた。公民館活動も主として生活向上を目指す講座内容から教養を高めたり趣味の分野を充実させる生涯学習としての場へと時代とともにシフトしてきた。社会教育法の定義として「主として青少年及び成人に対して行われる組織的な教育活動」という捉え方は、平成18（2006）年の新教育基本法において「個人の要望や社会の要請にこたえ、社会において行われる教育」という表現によって、生涯学習的な観点が取り入れられ、それぞれの時代の社会の要請に応えていくことが社会教育の役割であるという考え方に広げられている。こうした流れは、直接行政方式から人々の社会教育活動を支援するという方向への変化と捉えることができる。平成24（2012）年の第6期中央教育審議会生涯学習分科会では、社会教育行政の状況について、「依然として多くの地方公共団体では、公民

館等の社会教育施設における講座等の実施を中心とした社会教育担当部局で完結した『自前主義』から脱却できないでいる」[4]と指摘する。社会教育主事の役割も、新たな時代へ対応していくものでなければならない。

第2節　コーディネーターとしての役割

　現代においては、行政が大部分の公共を担うのではなく、行政と社会教育団体、NPOなどが協働で公共を担っていくという方向に向かっており、平成15（2003）年の地方自治法改正によって、地方公共団体で運営・管理する公の施設への指定管理者制度の導入が始まった。社会教育施設においても導入が進み、平成23（2011）年の社会教育調査では、公民館（類似施設を含む）の8.6％（15,393施設中1,319施設）、図書館（同種施設を含む）の10.7％（3,249施設中347施設）、博物館（類似施設を含む）の29.9％（3,522施設中1,053施設）において指定管理者制度が導入されている[5]。社会教育主事はこうした指定管理者とも業務遂行上密接な関係を保っていかなければならない。既存の団体・機関とのネットワークを活用し、新たな制度の定着にも力を注いでいく必要がある。

　教育委員会制度の見直しも進んだ。文化・スポーツを首長部局が担うこともできるなど、教育委員会の業務の在り方にも変化が生じている。こうした場合の社会教育主事の位置付けの検討が必要である。「新しい公共」の推進は、教育委員会よりもむしろ首長部局において必要であり、社会教育主事的な機能は、教育委員会に固定されるものではない。社会教育の在り方や社会教育制度についても、教育委員会と首長部局双方の制度を合わせて論議を進めていかなければならない。

　社会教育主事は、教育委員会事務局や社会教育施設を主たる職場とし、様々な団体・機関との接触を持っており、各種の機関や人とのネットワークをつなぐコーディネーターとしての役割を担っている。

教育基本法の改定に伴い、平成20（2008）年の社会教育法の改正では、教育委員会の事務に「地域住民等による学習の成果を活用した学校等における教育の機会の提供」（第五条十五）が加えられ、社会教育主事の職務の規定にも「学校が社会教育関係団体、地域住民その他の関係者の協力を得て教育活動を行う場合には、その求めに応じて、必要な助言を行うことができる」（第九条の三）が追加された。文化団体、スポーツ団体の他、地域の関係団体との接触の機会が多い社会教育主事が、学校の求めに応じて助言を行うことができるということは、学校、地域、家庭を結ぶコーディネーターとしての機能をさらに高めていくことが求められている。

　平成29（2017）年の社会教育法改正は、地域と学校が連携・協働し、幅広い地域住民や保護者等の参画により地域全体で子供たちの成長を支え、地域を創生する「地域学校協働活動」を全国的に推進するためのものであった。同活動に関する連携協力体制の整備や「地域学校協働活動推進員」に関する規定が整備された。幅広い地域住民等の協力を得て、社会総掛かりでの教育を実現し、地域を活性化していくことが期待されている。

　社会教育法において、「学校の教育課程として行われる教育活動を除き」とされてきた社会教育の範疇が生涯学習の視点も得て、学校を含めて考えられるようになったことは、当然の成り行きと言えよう。学校が地域の学校として機能を高めていくためには、社会教育的な視点が必要である。

　有薗・鵜飼（2008）は、「将来的には、社会教育行政と地域の教育力の充実度が当該地域の学校教育の質を左右する状況が生まれるかもしれない」[6]と指摘する。学校教育の充実にとっても、地域の教育力を高めていく社会教育は重要であり、社会教育主事のより一層のコーディネート力が期待される。

　小山（2005）は、生涯学習振興を図るため地教行法をはじめとする関係法律の抜本的な改正があるとしたうえで、指導主事と社会教育主事を統合した「生涯学習支援主事」制度の創設を提言した[7]。教育委員会内で捉えれば確

かにこの方法も一理あるが、指導主事は規制行政としての働きをしているのに対し、社会教育主事は奨励行政の役割を担ってきた。指導主事と社会教育主事は対象となる学校や団体へのアプローチの仕方が異なるため統合は慎重に検討すべきであろう。しかし、教職員から行政職員への任用によって、学校との接点が広がるため、学校教育と社会教育のより一層の融合を図るため派遣社会教育主事を継続するか、指導主事にも社会教育的なアプローチを期待するなど学校教育と行政をつなぐ仕組みは縮小させてはならない。市町村内の行政職員の異動により発令された社会教育主事は、学校という組織や仕組みに熟知しているわけではないため、学校との連携を図るアプローチは難しい。社会教育主事経験者は、行政職員、教職員を問わず新たな異動先でネットワークを築き、社会教育へのコネクションを増やす働きをしていくことで、その経験を活かすことができる。異動後も、行政各部署や様々な団体と何らかの関係性を保持できる仕組みが必要である。

　従来明確にされてきた公私の関係が、自治体においても不明確になってきた原因として、佐藤（2009）は、次のように指摘する[8]。

> 　第1に、行政機能が著しく拡大された結果、もはやこれまでのように専任職員だけでは対応するのが困難になり、ボランティア、NPOその他さまざまな住民の協働が欠かせなくなり、あるいは民間企業への委託等が必要になってきたことが挙げられる。第2に、高度な専門化が進む行政機構のなかには、民間企業や研究機関に在籍する専門技術者や研究者、あるいはその集団への依存が高まることもある。第3に、行政への需要は高まる一方なのに、それに必要な財源には自ずから限界があり、まして慢性的不況期になると、行政のスリム化要求が高まって、第三セクターや民間への委託が増えるということも指摘できよう。

　こうした変化への対応が、自治体職員に求められているのである。社会教育主事は、時代の変化に即した視点を備えていかなければならない。

第3節　現代自治体職員に求められるもの

　平成15（2003）年の総務省第27次地方制度調査会答申『今後の地方制度のあり方に関する答申』では、地方分権時代の基礎自治体の役割を次のように述べている[9]。

　　　今後の我が国における行政は、国と地方の役割分担に係る『補完性の原則』の考え方に基づき、『基礎自治体優先の原則』をこれまで以上に実現していくことが必要である。
　　　このためには、<u>今後の基礎自治体は、住民に最も身近な総合的な行政主体として、これまで以上に自立性の高い行政主体となることが必要であり、これにふさわしい十分な権限と財政基盤を有し、高度化する行政事務に的確に対処できる専門的な職種を含む職員集団を有するものとする必要がある。</u>これを踏まえると、一般的には、基礎自治体の規模・能力はさらに充実強化することが望ましい。

（下線は筆者）

　ここには、基礎自治体の職員集団への期待が込められているが、職員個々に求められる資質・能力については、どのようなものだろうか。
　平成12（2000）年の地方分権推進本部による冊子[10]において、地方自治体職員に求められるものは、「政策形成能力の向上等」、「地域住民の視点に立った仕事の企画と実施」、「積極的な自己啓発等」の3つが挙げられている。
　また佐藤（2009）は、時代の変化を背景として、どのような職種にも共通して必要と思われる望ましい地方公務員の資質と能力を、次の6点にまとめている[11]。

　　（1）政策形成能力の充実　　（2）チャレンジ精神の持続
　　（3）政策変更能力の養成　　（4）説得・調整能力の獲得
　　（5）自発性・創造性の発揮　（6）暖かみのある行政の確保

　それでは、職員や地方自治体が重点を置く政策課題や取り組みをみてみよ

う。平成23（2011）年の日本経営協会『地方自治体の運営課題実態調査報告書』には、全国1,730団体を対象として772団体から得られた結果が示されている。調査時点で重点を置く政策課題は、「産業振興」（65.2%）と「地域活性化」（53.1%）であり、これに「住民との協働」（47.9%）が続いている。また、3～5年程度先に重要な、または重要性を増す政策課題については、「産業振興」（56.3%）、「住民との協働」（49.6%）、「地域活性化」（49.2%）となっている〈表8-1〉[12]。

また、3～5年先に職員が発揮すべき重要な能力として最多は、「住民との協働能力」で69.2%という回答になっている〈表8-2〉[13]（複数回答）。

公共領域において行政と住民がともに役割を担う協働という言葉が、住民参加という表現にとって代わろうとしている[14]。公共の領域を担うのは行政だけという考え方は過去のものとなった。協働の名の下で住民や住民活動団体が行政の下請けをするのではなく、住民自治を前提として行政サービスの

〈表8-1〉 3～5年程度先に重要な、または重要性を増す政策課題20%超のもの

順位	政策課題内容	団体数	%
1	産業振興	435	56.3
2	住民との協働	383	49.6
3	地域活性化	380	49.2
4	高齢者福祉・介護	364	47.2
5	定住促進	254	32.9
6	雇用維持・創出	247	32.0
7	まちづくり	203	26.3
8	環境対策・循環型社会・新エネルギー対策	192	24.9
9	過疎対策	175	22.7
10	交通システム・公共交通対策	175	22.7
11	児童福祉	171	22.2

出典：日本経営協会『地方自治体の運営課題実態調査報告書』2011、p.14 表2

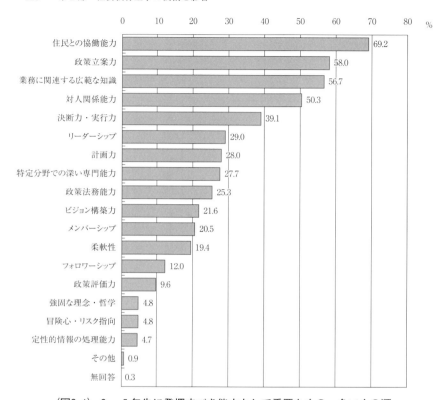

〈図8-1〉 3～5年先に発揮すべき能力として重要なもの・多いもの順

複数回答（MT=4.8）

出典：日本経営協会『地方自治体の運営課題実態調査報告書』2011、p.50

量や質を変えながら生み出される新たな領域を「新しい公共」と呼んでいる。川崎市では、協働型事業を次のように定義する[15]。

> 市民団体と行政が協働で行う公益的な事業のことで、行政のみで実施するよりも市民活動団体が加わることでより一層の価値を生み出す場合、または市民活動団体が実施する事業に行政が加わり公的資源（場、資金、人材等）を投入することでさらに価値を生み出す場合に実施する。

第8章　新たな時代の地域住民への支援　227

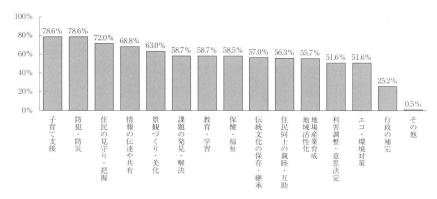

〈図8-2〉市区町村における地域協働が必要となる分野
出典：財団法人地方自治研究機構『地域協働のまちづくりと人材開発に関する調査研究』2011、p.45　図表2-10

(協働型事業の定義　川崎市総合企画局自治推進部　平成20（2008）年策定)

　このような表現の中に、市民活動団体と行政の新しい関係をみることができる。地方自治研究機構が、平成22年度に全国の市区町村を対象に行ったアンケートでは、地域協働が必要な分野として「子育て支援」「防犯・防災」「住民の見守り・把握」が上位になっている〈図8-2〉[16]。
　こうした分野への地域協働を推進していく上での課題については、75.1％の市区町村が「地域リーダーや担い手等の育成・増加」を挙げ、地域の人材開発が地域協働の取組のなかで最も重要な課題のひとつとなっている。また、住民等の意識の涵養や啓発」も59.9％の市区町村が挙げており、住民意識などの広義の人材育成の重要性も認識されている〈図8-3〉[17]。
　社会教育主事は、研修の機会が多いことは先にも述べたが、「新しい公共」や「協働」に関する研修機会も少なからず行われている。第7章において、社会教育主事に求められる能力として、「学習課題の把握と企画立案能力」、「コミュニケーション能力」、「組織化援助の能力」、「調整者としての能力」、

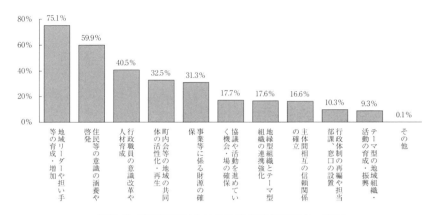

〈図8-3〉市区町村における地域協働の問題点・課題
出典：財団法人地方自治研究機構『地域協働のまちづくりと人材開発に関する調査研究』2011、p.47　図表2-12

「幅広い視野と探究心」を挙げた。地域課題の把握とともに地域リーダーの発掘や、その後の学習活動支援などは、まさに社会教育主事が培った経験を活用できる場面である。

　本研究では、社会教育主事の歴史等から社会教育主事の姿を見てきた。現代の社会教育主事に求められているものについて考えてみよう。

　社会教育主事の役割は、個人の要請も視野に入れていることは社会教育法成立時の「あらゆる場所、あらゆる機会、すべての手段方法」という表現にも見られ、人々の学習支援の役割を担っていることは間違いない。一方、社会教育は組織的に行われるものであり、生涯教育もまた生涯の学習を支えていく仕組みである。とすれば、社会教育主事の役割の大きなものは、「学習を支援する仕組みづくり」である。そのためには、コーディネート能力と個人や団体のもつネットワークを活かしていかなければならない。教育委員会内という組織にあって、学校のネットワーク化を支援することもまた社会教育主事の役割である。

山本（2007）は、「これからの知識基盤社会にあって、激変する地域社会を生涯学習推進の面から支えていくためには、『生涯学習推進主事といわれてもおかしくないような社会教育主事の出現が待たれている』」[18)]と指摘する。

　社会教育主事は、これまでの社会教育行政の範囲に捉われない発想を持つ必要がある。新しい公共の対応においては、社会教育関係団体にとどまらず、様々な団体や行政関連事業にも通じている必要があり、幅広い視野を持つことは社会教育主事として当然のことであろう。これまで社会教育主事の資質・能力について答申等により様々な提案がなされてきたが、特に直接市民との接点を持つ市町村の社会教育主事については、様々な人々と団体をコーディネートしていく力が必要である。また、各種事業そのものの運営に追われていては、社会教育主事の本来の仕事はできない。地域の自主的・継続的な学習が進んでいくよう様々な方策と計画を立てることができるかどうか、社会教育主事としての資質・能力が問われるところである。新しい公共は、社会教育事業においてもその仕組みの利用が考えられるが、首長部局とのさらなる連携協力が求められる。社会教育行政の経験者は、異動した部署においても社会教育的な発想ができることから、自治体組織内の社会教育経験者のネットワークは有効である。「社会教育は個人の要望のみならず、社会の要請に応えること」という言葉に象徴されているように、行政サービスの基本を踏まえながら大局的に地域の将来像を描いていくことが社会教育主事に期待される。生涯学習推進の役割を担う社会教育主事は、首長部局も含めて学習を総合的に支援していかなければならない。

　各自治体が社会教育、生涯学習をどのように推し進めるかという理念を持っていれば、社会教育主事の果たすべき役割も明らかになるであろう。様々な機関・団体との連携、学校への支援など社会教育主事に求められる役割は高まっている。

　講座の運営やワークショップの進め方など、様々な教育技法については学校教育とは違った社会教育事業らしさもあるが、重要なことは地域のための

社会教育というビジョンを描いたうえで各種事業の計画立案を行うことである。「新しい公共」「協働」というキーワードは、社会教育事業の将来にも関係する。これからの社会教育主事に求められることは、従来のシステムの変革であり、様々な連携関係をもとにして地域の人々が学ぶことができる環境を構築することである。

人事システム上で可能となる派遣社会教育主事の継続や県と市町村間の人事交流の促進などは、学校や様々な団体とのネットワークの拡充にとって有効な手段である。新たな人材を幅広く社会教育主事として登用し、首長部局とも連携がとりやすい体制が市区町村行政組織に望まれる。そのためには、首長をはじめとする市区町村行政組織に対して、社会教育主事の重要性・必要性をアピールしていかなければならない。現在の市区町村社会教育主事には、より一層の活躍が期待される。

本研究では社会教育主事をめぐる状況の変遷から、現在の社会教育主事に求められる役割を検討した。社会教育主事の役割は「地域住民の側で考えることができ、住民のニーズに応じて学習を支援し、住民との協働を実現すること」であると捉えて論じてきた。行政組織の中で社会教育主事は住民と接する窓口の役割を果たしており、なおかつ長期的展望をもち地域住民の立場で考えることができ、地方行政が「新しい公共」を求める風潮の中で、社会教育主事はそれを実現する役割の推進が期待される。地域コミュニティが変質し、人とのつながりが希薄となっていく現代社会において、人々の交流連携は新たな価値を生み出す。社会教育主事は、行政他部局との連携と住民との協働によって、地域の絆を再構築する役割を担っていかなければならない。

〈注記・引用文献〉
1）笹井宏益「市民協働の視点からみた社会教育の可能性」『生涯学習政策研究』悠光堂、2013、p.38

2) 文部省昭和46年社会教育審議会答申『急激な社会構造の変化に対処する社会教育のあり方について』において社会教育主事の在り方が指摘されている。
3) 文部省昭和49（1974）年の社会教育審議会答申『市町村における社会教育指導者の充実強化のための施策について』
4) 文部科学省平成24年８月中央教育審議会生涯学習分科会『第６期中央教育審議会生涯学習分科会における議論の整理（中間とりまとめ）』１において、「２．社会教育の役割及び課題　(3)社会教育行政が抱える課題　２多様な主体による社会教育事業の展開への対応」として社会教育をめぐる状況が示されている。
5) 社会教育調査—平成23年度結果の概要　p.11　２．調査結果の概要　表２種類別指定管理者別施設数より
6) 有薗裕章・鵜飼孝導「社会教育法等改正案〜教育基本法改正を踏まえた規定の整備〜」『立法と調査』参議院事務局企画調整室、2008、p.23
7) 小山忠弘「生涯学習の振興と教育委員会制度の課題」『日本生涯教育学会年報』26、2005、p.10
8) 今川　晃・馬場　健編、佐藤　竺監修『市民のための地方自治入門』実務教育出版、2009、p.201　佐藤　竺　第11章　自治の課題（公務員）
9) 総務省第27次地方制度調査会答申『今後の地方制度のあり方に関する答申』2003、pp.2-3　第１基礎自治体のあり方　１地方分権時代の基礎自治体の構築(1)地方分権時代の基礎自治体
10) 地方分権推進本部『スタート！地方分権　—うるおいと真の豊かさを実感できる地域づくりに向けて』2000、p.20
11) 前掲書　今川　晃・馬場　健編著、pp.201-204
12) 日本経営協会『地方自治体の運営課題実態調査報告書』2011、p.14
13) 同上　p.50
14) 前掲書　今川　晃・馬場　健編著、p.39
15) 財団法人かわさき市民活動センター『川崎市協働型事業ガイドブック〜協働ってなあに！？』2009、p.2
16) 財団法人地方自治研究機構『地域協働のまちづくりと人材開発に関する調査研究』2011、p.45
17) 同上　p.47
18) 山本恒夫「これからの社会教育主事への期待」山本恒夫・蛭田道春・浅井経子・山本和人編『社会教育計画』2007、p.124

終　章

第1節　本研究の総括

　本研究は、社会教育や生涯学習に関する情報の整理から始めた。社会教育の歴史を遡っていくと、現在の社会教育主事が置かれている状況が明らかとなってくる。特に社会教育主事制度については、戦前の制度が現在の社会教育主事制度を巡る論議にも少なからず影響を及ぼしていたことがわかった。

　研究をさらに進めるため、自治体職員、学校からの派遣職員等を対象として、社会教育・生涯学習振興行政の経験年数と経験が、異動後にどのように活かされているかの聞き取り調査とその内容分析を行った。本研究では、これまでの行政組織へのアンケート調査では解明されていない詳細な異動の実態を調査対象とした。異動後の経験を調査することにより、社会教育の経験年数、社会教育に関する考え方、異動後に活かされた経験、行政組織内で行われる異動の実態などが明らかになった。調査により勤務形態、人的接触等、社会教育行政職員に関する業務の特徴も得られた。社会教育主事には企画力、調整・交渉力、組織化していく力などが必要とされてきたが、そうした能力は、他行政部局に異動後にも活かされている。

　また、各種関連団体との関係から社会教育主事は地域住民との人的ネットワークを広げており、新たな地域活性化の取り組みを進める核となっていることを示した。住民サービスとして社会教育・生涯学習振興行政を捉えた場合、行政組織内に住民と接することができる役職が必要であり、社会教育主事はまさにそうした役割を果たしていた。

　行政組織全体として社会教育主事をどう位置付けるかは、各自治体により

かなりの意識差がある。社会教育主事の異動実態は、社会教育・生涯学習に対する自治体の捉え方を端的に示しており、社会教育に対する理事者の理解が深い自治体とそうではない自治体では、社会教育主事の人事異動に関する考え方が大きく違っていた。

　研究を進めていくうえで、解明できなかったことや新たな課題も得られた。社会教育主事の異動は、人材育成の面から行政組織全体で捉えていく必要がある。各自治体の人事担当者は、社会教育主事に対して理解が深いわけではない。社会教育主事経験がある人事担当者であれば、どのような人事が理想的であるかを把握できるであろう。たとえ社会教育主事として理想的な人事異動体系が形作られたとしても、該当自治体の人事異動システムにそぐわない場合もある。社会教育主事の異動は、該当する自治体行政組織内の事情も鑑み、その仕組みの中で最も効果的と思われる年数や異動先を考慮して進められなくてはならない。そのためにも、社会教育主事の認知を深めていかなければならないのである。

第2節　社会教育主事経験者のロールモデル

　社会教育主事の異動を組織内で捉えると同時に個人のキャリア形成としてみた場合、社会教育主事としての経験は、その後のキャリア形成にも大きく影響していることは間違いない。というのも、行政組織内において社会教育主事は一般行政職ではなく専門職であるからだ。多くの社会教育主事が行政職のキャリアの一部として、社会教育主事の業務を経験しており、その業務の特殊性は本研究においても明らかにしたところである。では、社会教育を経験していない職員との意識の違いは何であろうか。本研究では、社会教育主事としての資質・能力はその職務経験により高められるという結果は得られたものの、その後の行政職としてのキャリアにどう影響しているのかは明らかにできていない。その後の仕事の進め方に対する取り組み姿勢が異なる

ことは、社会教育主事経験者の多くが指摘していたが、人事異動へ反映されているという結果は本研究では得られていない。社会教育主事経験者を積極的に活用している自治体の例は多いとは言えないが、事例研究を進めていく必要性があろう。

今日、社会教育主事を経験した首長も少なからず在職中であり、自らの経験により社会教育の重要性は認識しているが、行政組織全体を治める立場になると、社会教育ばかりに注力することはできないようであった。社会教育行政経験のあるK町長へのインタビューから、行政組織全体として社会教育を捉えることの重要性を改めて認識することができた。社会教育主事経験のある首長の存在は、現役社会教育主事にとってもロールモデルとなるものである。首長が社会教育行政経験者であればなおさら心強い。

また、社会教育主事を経験した教育長も同様に、社会教育ばかりを重視しているわけではなかった。家庭教育や地域づくりを基礎として着実な学校教育の改革を進めていたN自治体の教育長も、社会教育主事経験者のロールモデルとなる。社会教育主事の経験は、教育行政を主導する立場においても重要なものであり、地域づくりと学校教育は切り離すことができないことを、N自治体教育長は地域教育力の向上という結果で示していた。

社会教育主事のロールモデルについては、二つの意味において、その存在は大きい。一つは、新たな社会教育主事を目指すものにとっての指針となるべき存在である。社会教育の仕事がしたいという大学生は、実習先の社会教育主事の仕事ぶりを見て、自分もやってみたいと思うようになったという。派遣社会教育主事の中にも、身近な教員が派遣社会教育主事の仕事をしている場面に接し、自分自身も社会教育主事を目指すようになったという例があった。二つ目のロールモデルの役割は、社会教育主事が他の社会教育主事から学ぶことである。同一自治体内であれば、先輩の社会教育主事の仕事ぶりが模範となる。社会教育主事には、他自治体と合同で研修を行う機会もある。優れた実績を持つ社会教育主事が、近隣の自治体の社会教育主事に影響

を与えているケースもある。社会教育主事の仕事が人事担当者に理解されるためにも、地域づくりを進めている社会教育主事の姿がよく見えるようにしていく必要がある。縦割りの行政組織の中でも、組織を越えた連携をより一層進めていくことが重要である。

第3節　今後の課題

　本研究では、社会教育主事は行政職員のなかでも特に地域住民と接する機会が多く、今後の地域づくりや新しい公共の実現のために必要な役職であることを示したが、現行の社会教育主事制度を維持していくことのみを主眼としているわけではない。

　平成12（2000）年施行の地方分権一括法により、国が地方公共団体における組織や職の措置を義務付けている必置規制について、地方公共団体の自主的組織権を尊重する観点から、その廃止や緩和が図られることになった。これに伴い、地方公共団体は、それぞれの団体の状況に応じた行政の総合化・効率化を推進していくことができるようになっている。例えば、公立図書館の館長の国庫補助を受ける場合の司書資格規制及び専任規定の廃止や、青年学級主事及び青年学級講師の必置規制の廃止、農業委員会に置く農地主事の必置規制の廃止などが行われた。また必置から任意必置となったものについては、その必要性をあらためて検討することが求められた。

　社会教育主事については、この時点での見直しの対象になっていない。全国市長会から平成24（2012）年7月に出された『「さらなる基礎自治体への権限移譲」及び「義務付け・枠付けの見直し」について』において、社会教育主事の必置義務の廃止が提案されたのを受け、平成25（2013）年に文部科学省中央教育審議会生涯学習分科会のワーキンググループで審議された結果、「引き続き必置を原則とすることが望ましく、配置先も教育の独立性から教育委員会が望ましい」とされている。平成25（2013）年10月に全国公民

館振興市町村連盟からは、社会教育主事の権限強化と必置規定順守の要望が挙がっており、社会教育主事の設置場所と必置規制は引き続き議論の対象となっている。

　必置規制廃止・緩和という流れから言えば、社会教育主事についても検討の余地は大いにあるが、地方分権一括法の対象となった資格・職名、行政機関・組織・施設の設置緩和・弾力化などは、いずれも時流に沿って整理が行われたものであり、社会教育主事の資格はむしろ重要なものとして残された制度である。

　第8章にも示したように、社会教育主事には新たな役割が期待されており、現代自治体職員に求められる地域協働の視点による「まちづくり」への取り組みは、社会教育行政がこれまで推進してきたことである。社会教育主事という制度を活かすことにより、さらに地域協働を推し進めることが可能であろう。社会教育主事の経験により培った職員の資質・能力は、他行政組織でも活用できる。逆に言えば、他の行政部局では住民と協働で取り組む事業を受け持つという経験は得難い。社会教育主事経験者を行政組織内で有効活用するための組織的な人材育成が、より一層求められる。新たな制度や仕組みを作るためには、法・条例改正等の様々な論議と、それに伴う手続きと手順が必要となる。インターンシップによる社会教育主事業務の経験なども、いくつかの大学や自治体、施設において行われている。将来、社会教育主事を目指そうという大学生や自治体職員にとって、社会教育主事への道は、あまりにも狭き門となっている。自治体の社会教育主事をロールモデルとし、また自治体が行う社会教育事業に魅力を感じて採用試験に挑む大学生の例もある。社会教育主事の仕事を学んだ大学生や、社会教育主事の資格を持ちながら社会教育主事として発令されていない自治体職員の複数から、「社会教育主事の仕事がしたい」という声を聞く。自治体職員の採用時に、社会教育主事課程の資格を取得した大学生がより多く採用されるよう大学側のより一層のアピールが必要であり、自治体人事担当者にも「町づくり」を

学ぶことの重要性への理解を一層促していかなければならない。

　全国の社会教育主事数が平成10（1998）年から急激に減った原因は、派遣社会教育主事への国庫補助金の見直しがまずあげられる。派遣社会教育主事は教員から登用され、学校との連携促進を第一の目的として派遣を実施している島根県の方針は、時流に沿ったものと言える。派遣社会教育主事は、学校との連携において大いに力を発揮できることは、その身分からしても明らかであるが、地域住民の生涯にわたる学習を支援していくのは自治体職員の責務である。地域の教育力や家庭教育の在り方が、未来の地域づくりには欠かせない。生涯学習の重要性に対する認識を自治体組織の中でさらに高めていかなければならない。社会教育主事制度は、そのような大きな枠組みの中で教育委員会事務局に留まらず、持てる力を発揮できるような位置づけが与えられてこそ、必要性が高められる。社会教育主事を社会教育行政の枠内のみで捉えていてはならない。

　1993年、ユネスコ欧州委員会委員長ジャック・ドロールを委員長として発足した21世紀教育国際委員会から、1996年にユネスコに報告書が提出されている。ドロール報告書とも呼ばれる「学習：秘められた宝」（Learning：The Treasure Within）の表題は、「農夫とその子供たち」の寓話に由来する。子供達が宝を求めて畑を掘り起こす物語を、学習により潜在的な能力を掘り起こす例えとして使っている。ドロール委員長の序文には「生涯学習の理念は21世紀の扉を開く鍵」と書かれており、生涯学習の視点から人類発展のための教育の在り方が幅広く検討されている。委員会が掲げた教育方針である学習の4本柱は今日でも広く使われている。

　　知ることを学ぶ（learning to know）
　　為すことを学ぶ（learning to do）
　　共に生きることを学ぶ（learning to live together）
　　人間として生きることを学ぶ（learning to be）

という理念は、教育の枠組みだけではなく、今日様々な場面で必要な人間としての姿勢である。

　文部科学省では、平成27年度から学習指導要領改訂に向けて、「何ができるようになるか」「何を学ぶか」「どのように学ぶか」の視点から学習指導要領の論議が行われた。「主体的・対話的で深い学び」や、学校教育の改善・充実の好循環を実現することが挙げられているが、特に教員の意識改革では従来の「教える」というイメージから、学びの支援をいかに進めるかが審議された。主体的・協働的な学びは、社会教育・生涯学習行政が積極的に進めてきたことでもある。社会教育・生涯学習関連事業に共通する視点は、参加者が自ら気づき行動することである。

　社会教育・生涯学習推進行政は、個々の学びの意識を高めていく支援を進めてきた。教育は、長期的に学びを支えていくシステムであり、教育行政が一般行政と異なる点は、コストに見合った成果を得るために、一定の期間が必要となる点である。さらに、社会教育主事が、行政職や教育職の中でも特殊な点は、学習する当事者の立場に重きを置くことである。

　従来の社会教育主事が果たしてきた役割を充分に認識したうえで、社会教育行政の枠組みを越え、生涯学習社会の実現に向けた社会教育主事制度の議論が求められる。

謝辞・おわりに

　「はじめに」で述べたとおり、本書は日本大学大学院総合社会情報研究科博士後期課程における博士（総合社会文化）の学位論文である。本書の多くの部分は、学会発表・論文を基に加筆修正して構成されている。その各論文を以下に掲載しておきたい。

> 「社会教育主事のネットワーク」『八洲学園大学紀要第11号』2015年3月、pp.17-28
> 「都道府県における社会教育主事の役割〜情報化の進展への対応」『日本教育情報学会第31回年会論文集』2015年8月、pp.250-251
> 「市区町村行政職型社会教育主事の経験と自治体での活用」『日本生涯教育学会論集36』2015年9月、pp.93-102
> 「社会教育主事の役割」『八洲学園大学紀要第12号』2016年3月、pp.9-20
> 「派遣社会教育主事の役割に関する研究」『日本生涯教育学会論集37』2016年9月、pp.113-122

　研究を進めるにあたり、指導教員の北野秋男教授には、多大なるご指導、ご鞭撻を賜った。ここに厚くお礼を申し上げたい。

　多数の自治体関係者に調査ではお世話になった。特にインタビューをお願いした方々には貴重な時間を割いていただいた。様々な情報を収集することができたことに深く感謝申し上げる。本研究は、社会教育の現場の声なくしては成り立たないものであった。行政職や教職を通じて知り合った同僚や仲間に意見を求めた際に、快く応じていただいたことにもお礼申し上げたい。研究のためにということで、多くの自治体の方々に資料提供いただいた。貴重なデータを分析に役立てることができ、非常にありがたかった。

　国立教育政策研究所社会教育実践研究センターには、何度も足を運び資料

の閲覧をお願いした。資料収集の相談にも応じていただき、このセンターにしかない貴重な資料もあり、研究を進めるうえで社会教育実践研究センターの存在は大きかった。センターの方々のお力添えに、心からお礼申し上げる。

　最後に本書の出版の機会を与えていただいた株式会社風間書房・風間敬子氏に深く感謝申し上げたい。妻の真智子と家族の協力にも感謝する。

　本論を新たな一歩とし、今後とも全国の仲間と社会教育・生涯学習推進のために尽力していきたいと思う次第である。

2018年2月13日

桜　庭　　望

参考・引用文献

〈図書〉

相場和彦『現代生涯学習と社会教育史　戦後教育を読み解く視座』明石書店、2007
礒崎初仁・金井利之・伊藤正次『ホーンブック地方自治』北樹出版、2014
井内慶次郎・山本恒夫・浅井経子『社会教育法解説』全日本社会教育連合会、2001
今川　晃・馬場　健編・佐藤　竺監修『市民のための地方自治入門：サービスの受け手から自治の担い手へ』実務教育出版、2002
ウェンガー、マクダーモット＆スナイダー著・野村恭彦監修、野中郁次郎解説、櫻井祐子訳『コミュニティ・オブ・プラクティス　ナレッジ社会の新たな知識形態の実践』翔泳社、2002
稲継裕昭『現場直言！自治体の人材育成』学陽書房、2009
稲継裕昭『プロ公務員を育てる人事戦略』ぎょうせい、2006
碓井正久・倉内史郎編『改訂新社会教育』学文社、1986
岡本　薫『行政関係者のための入門・生涯学習政策』全日本社会教育連合会、1994
小川利夫・新海英行編『GHQの社会教育政策―成立と展開―』大空社、1990
倉内史郎・鈴木眞理『生涯学習の基礎』学文社、1998
国本哲人・古野有隣編『社会教育の経営』第一法規出版、1979
国立教育研究所編『日本近代教育百年史第7巻社会教育(1)』国立教育研究所、1974
国立教育研究所編『日本近代教育百年史第8巻社会教育(2)』国立教育研究所、1974
経済同友会『若者に魅力ある仕事を地方で創出するために―"志ある者が動けるメカニズム"を創ろう―』（地方創生委員会提言）、2016
小林　繁『現代社会教育〜生涯学習と社会教育職員』クレイン、2008
小林好宏・梶井祥子編著『これからの選択ソーシャル・キャピタル地域に住むプライド』（財）北海道開発協会、2010
桜庭　望『学習成果の活用と地域学習支援情報の提供』角川学芸出版、2009
社会教育推進全国協議会調査研究部編『派遣社会教育主事問題資料Ⅱ』社会教育推進全国協議会調査研究部、1975
社会教育推進全国協議会『社会教育の"しごと"』社会教育推進全国協議会、2005
鈴木眞理・伊藤真木子・本庄陽子編著『社会教育の連携論』学文社、2015
鈴木眞理・佐々木英和編著『社会教育と学校』学文社、2003

スティーブン・ジョンソン著・山形浩生訳『創発─蟻・脳・都市・ソフトウェアの自己組織化ネットワーク』ソフトバンククリエイティブ、2004
瀬沼克彰『市民が主役の生涯学習』学文社、1999
高橋　満『社会教育の現代的実践─学びをつくるコラボレーション』創風社、2003
特別区社会教育主事会『明日を拓く特別区社会教育主事会創立50周年記念誌』2011
日本学習社会学会創立10周年記念出版編集委員会『学習社会への展望　地域社会における学習支援の再構築』明石書店、2016
日本社会教育学会社会教育法制研究会編『社会教育法制研究資料』Ⅰ～Ⅶ、1969～1970
田尾雅夫『自治体の人材マネジメント』学陽書房、2007
田中　啓『日本の自治体の行政改革（分野別自治制度及びその運用に関する説明資料18）』財団法人自治体国際化協会、2010
土岐　寛・平石正美・外山公美・石見　豊著『現代行政のニュートレンド』北樹出版、2011
長崎県派遣社会教育主事会『派遣社会教育主事のあゆみ：1974～2007』2007
長澤成次編『社会教育』学文社、2010
秦　郁彦『官僚の研究』講談社、1983
Burt（バート），R. S.（1992）"Structural Holes：The Social Structure of Competition，Cambridge：Harvard University Press.（安田　雪訳『競争の社会的構造：構造的空隙の理論』新曜社、2006）
Putman（パットナム），Robert D, 2000, Bowling Alone‐The Collapse and Revival of American Community，New York：Simon and Schuster（柴内康文訳『孤独なボウリング─米国コミュニティの崩壊と再生』柏書房、2006）
Field（フィールド），John 2005 "Social Capital and Lifelong Learning" Bristo 1：Policy Press（矢野裕俊監訳　立田慶裕　赤尾勝己　中村浩子訳『ソーシャルキャピタルと生涯学習』東信堂、2011）
蛭田道春『社会教育主事の歴史研究』学文社、1999
北海道教育委員会社会教育主事会『50周年記念誌・50年のあゆみ』2007
増田直紀『私たちはどうつながっているのか─ネットワークの科学を応用する』中央公論新社、2007
松岡廣路・松橋義樹・鈴木眞理編著『社会教育の基礎』学文社、2015
松田武雄編著『社会教育・生涯学習の再編とソーシャル・キャピタル』大学教育出版、2012

松下圭一『社会教育の終焉』筑摩書房、1986
宮坂広作『生涯学習の創造—理論と実践』明石書店、2002
文部省『学制百年史』帝国地方行政学会、1972
山名次郎『社会教育論』金港社、1892
山住勝広・ユーリア・エンゲストローム編『ノットワーキング　結び合う人間活動の創造へ』新曜社、2008
山本瀧之助研究会同人『青年団運動の父「山本瀧之助の生涯」』1987、沼隅町教育委員会
湯上二郎編著『新訂・社会教育概論』日常出版、1982
横山　宏・小林文人編著『社会教育法成立過程資料集成』昭和出版、1981
安田　雪『人脈づくりの科学「人と人との関係」に隠された力を探る』日本経済新聞社、2004
安田　雪『ネットワーク分析―何が行為を決定するか』新曜社、1997
山中俊之『公務員人事の研究』東洋経済新報社、2006
山中俊之『自治体職員のための人材ハンドブック』関西学院大学出版会、2011
山本恒夫・蛭田道春・浅井経子・山本和人編『社会教育計画』文憲堂、2007
ユネスコ「21世紀教育国際委員会」報告書（天城勲監訳）『学習：秘められた宝』ぎょうせい、1997
ポール・ラングラン著・波多野完治訳『生涯教育入門』全日本社会教育連合会、1971

〈学術論文〉
有薗裕章・鵜飼孝導「社会教育法等改正案～教育基本法改正を踏まえた規定の整備～」『立法と調査』280、参議院事務局企画調整室、2008、pp.19-24
稲葉　隆「社会教育行政の『埋没』状況に関する一考察」『日本生涯教育学会年報』33、2012、pp.197-212
今村武俊「社会教育主事の専門性に関する一考察」『社会教育』1971-9、日本社会教育連合会、pp.36-37
内田和浩「地域社会から求められる社会教育主事養成（その２）：北海道内市町村教育委員会へのアンケート調査をもとに」『北海学園大学開発研究所開発論集』95、2015、pp.1-12
内田和浩「２種類の社会教育主事をめぐっての一考察：『職としての社会教育主事事件』（高知地判平成５年３月22日判例地方自治116号14頁）を事例に」『社会教育研究』14、北海道大学教育学部社会教育研究室、1995、pp.41-57

大谷壽子「指定管理者の社会教育主事の活かし方」『社会教育』2014-6、日本青年館「社会教育」編集部、2014、pp.32-34

荻野亮吾「学校・家庭・地域の連携協力における推進担当者の役割に関する考察」『生涯学習・社会教育学研究』32、東京大学大学院教育学研究科生涯学習基盤経営講座社会教育学研究室紀要編集委員会、2007、p.23-32

恩田守雄「互助社会とスポーツを通した地域づくり」『流通経済大学社会学部論叢』21、流通経済大学社会学部論叢刊行会、2011、pp.1-22

梶　輝行「神奈川県の戦後教育行政に関する一考察―指導主事制度の創設とその改編を中心に―」『神奈川県立教育センター研究集録』18、1999、pp.89-92

梶　輝行「平成10年度長期研修員報告・神奈川県の戦後教育行政に関する一考察―指導主事制度の創設とその改編を中心に―」神奈川県立教育センター、1999、pp.1-56

神田嘉延「社会教育主事の専門職問題―貝塚市と鶴ヶ島市の事例を中心として―」『鹿児島大学教育学部教育実践研究紀要』4、1994、pp.9-22

神田雅貴「戦前の社会教育主事の役割～埼玉県における成人教育講座への関わりから～」『日本生涯教育学会論集』34、2013、pp.103-112

木村真介「派遣社会教育主事制度を活かした市町村支援」『社会教育』2013-6、全日本社会教育連合会、2013、pp.34-27

Granovetter, Mark "The Strength of Weak Ties"; American Journal of Sociology, Vol.78, No. 6 , 1973.5, pp.1360-1380

国生　寿「社会教育主事の職務と専門性」『人文學・同志社大学』152、1992、pp.58-89

小谷良子・中道　實「自治体職員のキャリア・パターン変容―大都市近郊のＡ市調査に基づく考察―」『奈良女子大学社会学論集』16、2009、pp.111-130

小林　繁「社会教育職員の専門性に関する研究」『明治大学人文科学研究所紀要』36、1994、pp.199-211

小山忠弘「生涯学習の振興と教育委員会制度の課題」『日本生涯教育学会年報』26、2005、pp.3-11

小山忠弘「専門性の変革を図れ」『社会教育』1984-10、全日本社会教育連合会、1984、pp.38-39

阪本陽子「社会教育主事の専門性に関する一考察」『文教大学教育研究所紀要』18、2009、pp.113-119

桜庭　望「社会教育主事のネットワーク」『八洲学園大学紀要第11号』2015、pp.17-28

桜庭　望「都道府県における社会教育主事の役割～情報化の進展への対応」『日本教育情報学会第31回年会論文集』2015、pp.250-251

桜庭　望「市区町村行政職型社会教育主事の経験と自治体での活用」『日本生涯教育学会論集』36、2015、pp.93-102

桜庭　望「社会教育主事の役割」『八洲学園大学紀要第12号』2016、pp.9-20

桜庭　望「派遣社会教育主事の役割に関する研究」『日本生涯教育学会論集37』2016年、pp.113-122

笹井宏益「市民協働の視点からみた社会教育の可能性」『生涯学習政策研究』悠光堂、2013、pp.37-46

渋谷英章「生涯学習における社会的効果に関する研究―ソシアル・キャピタルの視点からの可能性―」『日本生涯教育学会年報』26、2005、pp.39-46

鈴木眞理「社会教育職員論が語られる背後にあるもの」『日本生涯教育学会年報』28、2007、pp.111-118

側島　哲「社会教育主事制度の歴史研究―戦後岐阜県の社会教育主事設置とその後の動きを中心に―」『岐阜県歴史資料館報』24、岐阜県歴史資料館、2001、pp.111-125

高倉嗣昌「社会教育主事をとりまく諸条件とその『専門性』形成――北海道市町村社会教育主事に関する調査結果を中心にして」『北海道大学教育学部紀要』24、1975、pp.123-139

国立社会教育研修所「昭和49年度の社会教育主事の研修計画」『社会教育』1974-3、全日本社会教育連合会、1974、pp.90-91

中沢松治「派遣社会教育主事の任務―実践を通して」『社会教育』1974-4、全日本社会教育連合会、1974、pp.86-90

永守良治「戦前社会教育主事のおもいで」『月刊社会教育』1962-11、月刊社会教育編集委員会編、1962、pp.60-65

馬場祐次朗・上田裕司・稲葉　隆・松橋義樹「派遣社会教育主事に関する実証的研究～都道府県状況調査の分析～」『日本生涯教育学会論集』30、pp 33-42

日高幸男「社会教育主事の専門性とその職務」『社会教育』1972-5、全日本社会教育連合会、1972、pp.36-40

蛭田道春「社会教育主事の歴史に関する研究」『大正大学研究紀要』83、1998、pp.141-162

福島　進「社会教育主事の役割と専門性について」『立教大学教育学科研究年報』40、1996、pp.101-112

冨士貴志夫「派遣社会教育主事に関する実証的研究（社会教育職員の養成と研修；特論）」『日本の社会教育』23、日本社会教育学会年報編集委員会、1979、pp.225-231
古市勝也「生涯学習振興における一般行政と教育行政」『日本生涯教育学会年報』33、2012、pp.91-106
堀井啓幸「派遣社会教育主事と生涯学習活動—S県における町村派遣社会教育主事の意識調査から—」『日本生涯教育学会年報』14、1993、pp.93-106
松橋義樹「派遣社会教育制度に対する評価の視点に関する検討」『生涯学習・社会教育研究ジャーナル』2、生涯学習・社会教育研究促進機構、2008、pp.89-108
松橋義樹「社会教育職員評価指標の枠組みに関する検討—派遣社会教育主事制度の効果に関する調査研究をもとに—」『生涯学習・社会教育研究ジャーナル』3、生涯学習・社会教育研究促進機構、2009、pp.41-62
村上博光「社会教育主事の性格と問題」『教育学論集』11、大阪教育大学教育学教室、1982、pp.43-53

〈報告書〉
石川県教育委員会『石川県における派遣社会教育主事の役割と派遣効果等に関する調査研究報告書』1983
鹿児島県教育委員会『派遣社会教育主事の役割等に関する調査研究報告書』1983
群馬県教育委員会『派遣社会教育主事の役割等に関する調査研究』1982
国立教育政策研究所社会教育実践研究センター『社会教育主事の教育的実践力に関する調査研究報告書』2001
国立教育政策研究所社会教育実践研究センター『社会教育主事の職務等に関する実態調査報告書』2006
国立教育政策研究所社会教育実践研究センター『社会教育主事の専門性を高めるための研修プログラムの開発に関する調査研究報告書』2009
国立教育政策研究所社会教育実践研究センター『社会教育主事の養成と活用・キャリアの実態に関する調査報告書』2011
国立教育政策研究所社会教育実践研究センター『成人の主体的な活動等を促進支援する地域の指導者の資質と役割に関する調査研究報告書〜社会教育主事有資格者の位置付けを中心に〜』2012
国立教育政策研究所社会教育実践研究センター平成25・26年度社会教育活動の実態に関する基本調査事業『社会教育指導者に関する調査研究報告書』2015

国立教育政策研究所社会教育実践研究センター『社会教育施設における職員養成の在り方〜指定管理者制度を通して見た社会教育施設における職員養成に関する調査研究報告書〜』2015

国立教育政策研究所社会教育実践研究センター平成26・27・28年度社会教育活動の実態に関する基本調査事業『社会教育主事の養成等の在り方に関する調査研究報告書〜社会教育主事講習の見直し（案）について〜』2016

財団法人地方自治研究機構『地域の自主性及び自立性の向上のための人材開発に関する調査研究』2012

佐賀県教育委員会『派遣社会教育主事の役割等に関する調査研究報告書』1983

内閣府国民生活局市民活動促進課、日本総合研究所委託報告書『ソーシャル・キャピタル：豊かな人間関係と市民活動の好循環を求めて』2003

栃木県生涯学習推進会議報告書『生涯学習情報提供システム整備について』1990

広島県教育委員会『派遣社会教育主事の役割等に関する調査研究報告書』1983

兵庫県教育委員会『派遣社会教育主事の役割等に関する調査研究中苩のまとめ』1982

福島県教育委員会『派遣社会教育主事の役割等に関する調査研究』1983

北海道教育委員会『派遣社会教育主事の役割等に関する調査研究』1983

北海道立生涯学習推進センター『社会教育主事の専門性に関する調査研究』2007

北海道立生涯学習推進センター『社会教育主事の専門性に関する調査研究Ⅱ―研修プログラム事例集―』2008

〈文部科学省（文部省）各種資料〉
(調査)
『教育委員会の現状に関する調査』（平成23年度間）
『地方教育費調査（教育行政調査)』平成9、25年度
『社会教育調査』平成8、11、14、17、20、23年度
『社会教育調査平成23年度結果の概要』2013

(答申他)
中央審議会答申『後期中等教育の拡充整備について』1966（昭和41）年
社会教育審議会答申『急激な社会構造の変化に対処する社会教育のあり方について』1971（昭和46）年
ユネスコ第19回総会（ナイロビ）勧告『成人教育の発展に関する報告』1976
中央教育審議会答申『生涯教育について』1981（昭和56）年

社会教育審議会成人教育分科会『社会教育主事の養成について』1986（昭和61）年
臨時教育審議会『教育改革に関する第4次答申（最終答申）』1987（昭和62）年
社会教育審議会成人教育分科会『社会教育主事の養成について（報告）』1986（昭和61）年
中央教育審議会答申『生涯学習の基盤整備について』1990（平成2）年
中央教育審議会答申『新しい時代に対応する教育の諸制度の改革について』1991（平成3）年
生涯学習審議会答申『今後の社会の動向に対応した生涯学習の振興方策について』1992（平成4）年
生涯学習審議会答申『地域における生涯学習機会の充実方策について』1996（平成8）年
生涯学習審議会社会教育分科審議会『社会教育主事、学芸員及司書の養成、研修等の改善方策について』1996（平成8）年
生涯学習審議会答申『社会の変化に対応した今後の社会教育行政の在り方について』1998（平成10）年
生涯学習審議会答申『学習の成果を幅広く生かす』1999（平成11）年
生涯学習審議会答申『家庭の教育力の充実等のための社会教育行政の体制整備について』2000（平成12）年
中央教育審議会答申『新しい時代を切り拓く生涯学習の振興方策について』2008（平成20）年
中央教育審議会生涯学習分科会『第6期中央教育審議会生涯学習分科会における議論の整理（中間とりまとめ）』2012（平成24）年
中央教育審議会答申『新しい時代の教育や地方創生の実現に向けた学校と地域の連携・協働の在り方と今後の推進方策について』2015（平成27）年
中央教育審議会『第6期中央教育審議会生涯学習分科会における議論の整理』2013年
中央教育審議会生涯学習分科会『社会教育推進体制の在り方に関するワーキンググループにおける審議の整理』2013（平成25）年
中央教育審議会『新しい時代の教育や地方創生の実現に向けた学校と地域の連携・協働の在り方と今後の推進方策について』2015（平成27）年

（文部省・文部科学省会議資料等）
社会教育局「派遣社会教育主事制度の実施状況」1971年
生涯学習局長通知各都道府県教育委員会教育長あて「生涯学習情報の都道府県域を越

えた提供の在り方について」1991年10月
中央教育審議会・生涯学習分科会「社会教育推進体制の在り方に関するワーキンググループ」第1回社会教育推進体制の在り方ワーキンググループ資料、2013年5月8日
中央教育審議会生涯学習分科会（第65回）社会教育の推進を支える人材の在り方に関する基礎データ集、2012年5月
生涯学習政策局「社会教育に関わる人材の在り方についての資料」2013年5月
生涯学習政策局「社会教育主事制度に関する基礎資料」2015年10月
中央教育審議会生涯学習分科会第80回配付資料2-1、2-2、2-4、2015年12月14日

（その他、省庁・自治体・各種団体資料）
石川県教育民生部社会教育課『社会教育の参考資料』1947
財団法人かわさき市民活動センター『川崎市協働型事業ガイドブック～協働ってなあに！？』2009
財団法人地方自治研究機構『地域協働のまちづくりと人材開発に関する調査研究』2011
全国市長会『「さらなる基礎自治体への権限移譲」及び「義務付け・枠付けの見直し」』2012
全国公民館振興市町村長連盟要望書『公民館の強靱化について』2013
総務省第27次地方制度調査会答申『今後の地方制度のあり方に関する答申』2003（平成15）年
総務省『平成23年地方公共団体定員管理調査』
自治省事務次官通知「地方自治・新時代に対応した地方公共団体の行政改革の推進のための方針」1997年11月4日付
自治省公務員部長通知「地方自治・新時代における人材育成基本方針策定指針」1997年11月28日付
地方分権推進本部『スタート！地方分権—うるおいと真の豊かさを実感できる地域づくりに向けて—』2000
日本経営協会『地方自治体の運営課題実態調査報告書』2011

[著者略歴]

桜庭　望（さくらば　のぞむ）

1958年生まれ、秋田県大館市出身
1983年〜　北海道高等学校教諭
1993年〜　北海道教育庁網走教育局社会教育主事（上湧別町教育委員会派遣）
1997年〜　北海道立社会教育総合センター社会教育主事
2002年〜　国立オリンピック記念青少年総合センター主任研修指導専門職
2005年〜　北海道立生涯学習推進センター学習情報課長・研修調査課長
2009年〜　北海道教育庁生涯学習推進局生涯学習課社会教育主幹
2013年〜　紋別市小学校校長
2015年〜　国立研究開発法人宇宙航空研究開発機構　宇宙教育センター長

博士（総合社会文化）日本大学大学院総合社会情報研究科（総合社会情報専攻）
東京学芸大学客員教授、八洲学園大学講師、日本生涯教育学会常任理事
北海道教育委員会社会教育主事会会長（2007〜2009年）、文部科学省「地域における教育情報発信・活用促進事業検討委員」「教育・学習情報の発信・提供の在り方に関する調査研究検討委員」等を歴任

主な著書
「生涯学習[eソサエティ]ハンドブック」共著　文憲堂　2004年
「学習成果の活用と地域学習支援情報の提供」角川学芸出版　2009年

社会教育主事に求められる役割
―市区町村行政組織に着目して―

2018年6月7日　初版第1刷発行

著　者　　桜　庭　　望
発行者　　風　間　敬　子
発行所　　株式会社　風　間　書　房
〒101-0051　東京都千代田区神田神保町1-34
電話03(3291)5729　FAX 03(3291)5757
振替00110-5-1853

印刷　藤原印刷　　製本　高地製本所

©2018　Nozomu Sakuraba　　　　　NDC分類：379
ISBN978-4-7599-2231-8　　Printed in Japan
JCOPY〈(社)出版者著作権管理機構　委託出版物〉
本書の無断複製は、著作権法上での例外を除き禁じられています。複製される場合はそのつど事前に(社)出版者著作権管理機構（電話03-3513-6969、FAX 03-3513-6979、e-mail: info@jcopy.or.jp）の許諾を得て下さい。

床(ゆか)に下ろされたぼくは、おどおど、まわりを見回すばかりだった。

飼(か)い主は、事務(じむ)的な手続きを済(す)ませ、帰っていこうとする。

そんなの、ひどいよ！　ぼくを置いていかないで！

のわてて追いかけたけれど、出入り口にある犬用のフェンスが閉められてしまった。

キューン、キューン！

そんなぼくを見かねてか、スタッフの人がだきあげ、背中(せなか)をよしよしとなでてくれた。

「だいじょうぶ。今日からしばらくは、ここでいっしょにくらそうね。早く新しい家族が見つかるといいね！」

ほかのスタッフたちも、声をかけてくる。

「ようこそ、ポーちゃん！　これから仲良くしようね」

そのころぼくの名前は、「こん」じゃなくて「ポー」だったんだ。

ポーッとしていたから？

のんびり屋のぼくには、ぴったりの名前だったかもしれない。

アークのスタッフは、みんなニコニコやさしそうな人ばかりだった。男の人も、女の人もいる。

「ポーちゃんなら、かわいいしまだ若いし、すぐにもらい手が見つかるね！」

気がつくと、事務所に放し飼いにされているほかの犬たちが、寄ってきてぼくのにおいをかいでいる。茶色い犬や、黒い犬もいる。

《新入りが来たぞ》

《おめえも、飼い主から見放されたのか？》

《う、うん……。そうなのかも……》

それまで、ほかの犬に囲まれたことなんかなかったから、怖くてかなりビビッた。でもぼくは、ぐっと歯をくいしばって、にげ出したりさわいだりしなかったよ。

さて、次の日のことだ。思いがけない人が、アークにやってきた。

日本聴導犬協会の、矢澤昌子さんだ。ショートカットの髪に、細身の体をしている。この協会は、聴導犬と介助犬を育て、ユーザに無料で貸す活動を行っている。

矢澤さんはもうベテランで、犬を育てる仕事だけでなく、後輩の指導もしていた。ちょうどその日は、この協会が運営する学院（日本聴導犬・介助犬訓練士学院）の学生五名を、動物保護について学ばせるために連れてきていた。学生たちは、犬の訓練士になることを目指して勉強中だった。そこで、アーク代表のエリザベス・オリバーさんの講義を受けに来ていたんだ。オリバーさんは、しょうらい聴導犬や介助犬になる候補の犬を、どのように選んだらいいかということについても、話してくれたらしい。

だから、聴導犬のベテラン訓練士である矢澤さんは、事務所の中をちょこちょこ歩き回っていたぼくを見て、ピンと来たんだって。

「あのシーズー、ひょっとして、聴導犬にむいていないかしら……」

矢澤さんは、アークのスタッフに頼んだ。

「あの犬は、とても性格がおだやかですね。聴導犬の候補にならないか、見せていただいてもよろしいでしょうか?」

アークと日本聴導犬協会は、聴導犬の候補となる犬の訓練について協力契約を結んでいたんだ。

聴導犬にむいていそうな子犬が来たときは、アークのスタッフから協会にすぐ連絡する約束になっていた。

こうすれば、聴導犬に育てる犬を、アークに保護されたたくさんの犬の中から選ぶことができるし、ぼくみたいに、飼い主がいなくてさみしい思いをしている犬の引き受け先もできて、一石二鳥というわけだ。

その日ぼくは、保護されて二日目だったから、獣医さんの健康診断を受けた。

もし、体のどこかに悪いところがあったら、治してもらうためだ。

矢澤さんは、その様子を、じっと見ている。

ぼくは、獣医さんに体のどこをいじられても、いやがったりしなかったよ。

ほかの犬なら、ほえたり、うなったり、大さわぎをするのが普通らしい。